Sahel :

Les paysans dans les marigots de l'Aide

Collection *Alternatives rurales*
dirigée par Babacar Sall

Dernières parutions

D. DESJEUX, *Stratégies paysannes en Afrique Noire. Essai sur la gestion de l'incertitude. Le cas du Congo.*
M.-D. RISS, *Femmes africaines en milieu rural.*
V. PFEIFFER, *Agriculture au Sud-Bénin : passé et perspectives.*
A. GUICHAOUA, *Destins paysans et politiques agraires en Afrique Centrale. T1 : L'ordre paysan des hautes terres du Burundi & Rwanda, T2: La liquidation du monde paysan congolais.*
LEDEA-OUEDRAOGO, *Entraide villageoise et développement. Groupements paysans au Burkina-Faso.*
J. LE MONNIER, *Créer son emploi en milieu rural.*
T. MAMA, *Crise économique et politique au Cameroun.*
J. BROUARD, *Paroles et parcours de paysans.*
A.AÏT ABDELMALEK,*L'Europe communautaire, l'Etat-nation et la Société rurale.*
B. FALAHA, *Création sociale dans la réforme agraire chilienne.*
S. DAMIANAKOS, *Le paysan grec. Défi s et adaptations face à la société moderne.*
A. LE ROY, *Les activités de service : une chance pour les économies rurales ?*
S. YATERA, *La Mauritanie. Immigration et développement dans la vallée du fleuve Sénégal..*
E. M. HERNANDEZ, *Le management des entreprises africaines.*
S. BOUCHEMAL, *Mutations agraires en Algérie.*
A. CORVOL, P. ARNOULD et M. HOTYAT (eds), *La forêt. Perceptions et représentations.*
B. CARRYER, *Femmes rurales dans le Mozambique contemporain. Politique et quotidien. Une émancipation manquée ?*
M. TIESSA-FARMA MAÏGA, *Le Mali : de la sécheresse à la rebellion nomade.*

ISBN : 2-7384-6155-7

Marie-Christine GUENEAU
Bernard J. LECOMTE

Sahel :

Les paysans dans les marigots de l'Aide

L'Harmattan
5-7, rue de l'École-Polytechnique
75005 Paris - FRANCE

L'Harmattan Inc
55, rue Saint-Jacques
Montréal (Qc) - CANADA H2Y 1K9

Ouvrages des mêmes auteurs :

Marie-Christine GUENEAU :

Les petits projets sont-ils efficaces ?, L'Harmattan, Paris 1986.

Cheminement d'une action de développement, en collaboration avec Etienne BEAUDOUX, Geneviève de CROMBRUGGHE, Francis DOUXCHAMPS et Mark NIEUWKERK, L'Harmattan, Paris, 1992.

Bernard J. LECOMTE :

L'aide par projet, limites et alternatives, Centre de Développement de l'OCDE, Paris, 1986.

Un message de remerciement...

Le rôle des amis dans ce livre est essentiel.

D'abord, les amis africains interviewés parmi lesquels : Mamadou Cissokho, Birahim Diop, Ndiogou Fall, Pape Maïssa Fall, Mamadou Goïta, Demba Keita, Soukeyna Ndiaye Ba, Joséphine Ndione, Julien Nyuiadzi, Adama Ouedraogo, Ramata Sawadogo, Joseph Sene, Jean-Gabriel Seni.

Tout au long de la rédaction, émaillée de doutes, de ratures et de reconstructions, d'autres amis nous ont prodigué leurs encouragements.
Ils ont partagé leur expérience en apportant des points de vue, des analyses, des exemples. Ils n'ont pas compté leur temps en acceptant des travaux de relecture.

Nous les remercions de tout coeur : Loïc Barbedette, Elena Borghèse, Emmanuel Braun, Nathalie Brisson, Maria Teresa Cobelli, Annette Corrèze, Geneviève De Crombrugghe, Pierre Debouvry, Marie-Jo Demante, Alain Dubly, Hugues Dupriez, Philippe Egger, Ruth Egger, Daniel Fino, Michel et Jacqueline Floquet, Pierre Forrat, Alexis Fossi, Michel Grolleaud, Martin Harder, Pierre Harrisson, Pierre Kwan Kai Hong, Agnès Lambert, Dominique Lesaffre, Marc et Myriam Mees, David Naudet, Sophie Nick, Mark Nieuwkerk, Michel Pernot du Breuil, Marie-Hélène Pierret-Rieucaud, Antoine Sawadogo, Andreas Schild, Christophe Vadon, Claude Wambergue, sans oublier Brigitte Rey.

Nous remercions la Fondation de France pour sa participation.

Préambule

Ce livre est le fruit de « coups de colère ». Colères face à l'observation répétée des mêmes défauts, au sein des projets des organisations non gouvernementales (ONG) du Nord et du Sud et des coopérations publiques. Nos métiers d'évaluateurs nous mettent, en effet, dans des situations d'observation privilégiée. Un évaluateur n'est-il pas, en quelque sorte, un voyeur des opérations d'aide au développement appelées, par abus de langage, « opérations de développement » ?

Et puis, au fur et à mesure des cinq années de notre cheminement, notre duo a eu l'occasion soit de mener de longues interviews d'amis africains responsables d'organisations paysannes ou d'ONG, soit de noter les paroles des paysans sur des carnets remplis au fil des missions. Ces interviews et ces notes ont apporté un matériau concret qui, petit à petit, a donné un deuxième sens au livre ; celui de l'écho de l'irritation et des analyses de responsables paysans. Ceux-ci expriment leurs difficultés à créer leurs organisations et à tisser des relations équilibrées avec les divers acteurs du système d'aide. Notre sujet est donc devenu celui-ci : les pratiques du système d'aide en matière d'appui ou d'opposition aux dynamiques et à l'autonomie des organisations paysannes et des villageois. Une rapide présentation du système d'aide, dans la diversité et l'interdépendance de ses composantes, figure en introduction.

Chacun des onze chapitres du livre porte la marque de ces deux courants. A l'exposé des agacements succèdent des analyses qui cherchent à décortiquer le défaut observé, à en comprendre l'origine et à examiner la logique des pratiques d'aide.
Puis, la partie centrale du chapitre, composée d'un diagnostic court et ramassé, indique l'essentiel de la faiblesse ou même du contresens du travail d'aide sur le terrain dans son rôle d'appui aux dynamiques locales.
Un exemple positif d'un projet intéressant pour un aspect de sa démarche méthodologique est donné ensuite. Ces exemples ont, pour la plupart, été vécus par nous-mêmes ou nous ont été rapportés par

des personnes de confiance. Ils sont issus d'expériences d'ONG ou de coopérations publiques. Dans le texte, ils sont repérables par le symbole ■ et leur composition en italique.

Débute alors la deuxième partie du chapitre : des pistes d'amélioration, des voies issues des leçons de notre expérience que nous souhaitons partager. Certaines pistes paraîtront peut-être utopiques et donc difficilement recevables par le système d'aide car elles supposent une capacité d'ouverture qui risque d'être antinomique avec la logique et les pratiques du système. Mais, nous prenons volontairement le pari de cette utopie en la croyant réaliste. Par ailleurs, nous ne prétendons pas être des spécialistes de tous les sujets, aussi certains thèmes sont-ils plus approfondis que d'autres.

Le champ de l'analyse est limité à l'Afrique sub-saharienne, principalement aux pays suivants d'Afrique de l'Ouest : Burkina Faso, Mali, Sénégal, Tchad, Togo. Et également, Madagascar.

Ce livre est composé comme une fresque et présente une succession de thèmes relativement indépendants les uns des autres. Aussi, chaque chapitre peut-il être lu isolément. Quatre parties structurent l'ensemble :

Qui aide-t-on ? Est-ce les plus pauvres (1) ? Ou bien les femmes (2) ? Ou encore ceux qui acceptent de marcher en rangs, par quatre (3) ?

De l'aide pour quoi faire ? Satisfaire des besoins (4) ? Mettre en valeur des ressources (5) ? Ou encore : épauler les capacités locales (6) ?

Par qui arrive l'aide ? Par une cascade d'intermédiaires (7), liés entre eux comme s'ils étaient des partenaires (8).

Comment aide-t-on ? Par des projets et programmes (9). Sans beaucoup de rigueur et de suivi (10). Et, de plus en plus, sans les Etats (11) !

En guise de conclusion, nous posons une interrogation : sur qui compter pour changer cela ?

PRESENTATION DES RESPONSABLES AFRICAINS CITES AU FIL DES CHAPITRES

Tout au long du livre, certains responsables africains - paysans et formateurs, ruraux et urbains - sont cités. Leur expérience militante et professionnelle nous parait remarquable. Nous les connaissons personnellement, et nous faisons confiance à leur analyse des situations (exprimée lors d'interviews effectuées entre 1993 et 1997) et partageons souvent leurs colères.
Une brève présentation de chacun permettra au lecteur de mieux les situer.

Mamadou CISSOKHO : paysan, co-fondateur, en 1978, du Sous-Comité de l'Entente de Bamba Thialène (Sénégal), puis de l'Inter-Entente. Il a présidé la Fédération des ONG du Sénégal (FONGS) et anime aujourd'hui le Conseil National de Concertation et de Coopération des Ruraux (CNCR) fondé en 1995.

Birahim DIOP : paysan, membre depuis 1970 du Foyer des Jeunes de Ronkh (Sénégal) ; aujourd'hui président de l'Amicale Sociale, Economique, Sportive et Culturelle du Walo (ASESCAW), fondée en 1975.

Ndiogou FALL : paysan, secrétaire général de la FONGS (Sénégal).

Pape Maïssa FALL : formateur indépendant et conseiller d'organisations villageoises des régions de Kaolack et de Fatick (Sénégal).

Mamadou GOITA: formateur, a travaillé au Mali, Togo, Burkina Faso ; actuellement représentant de l'ONG OXFAM-Belgique à Ouagadougou (Burkina Faso).

Demba KEITA : paysan, coordinateur du programme de l'Association pour la Promotion Rurale de l'Arrondissement de Nyassia (APRAN, Sénégal).

Soukeyna NDIAYE-BA : sociologue, présidente et membre fondateur de l'ONG Femmes Développement et Entreprises en Afrique (FDEA, Sénégal). Elle a travaillé pour l'Institut Panafricain pour le Développement (IPD) et pour l'UNICEF Abidjan.

Joséphine NDIONE : formatrice à l'Union Nationale des Maisons Familiales du Sénégal ; aujourd'hui responsable du Groupe de Recherches et d'Appui aux Initiatives Féminines (GRAIF, Sénégal).

Julien NYUADZI : ingénieur agricole, fondateur en 1980 de l'Association Village-Entreprise (AVE, Togo).

Adama OUEDRAOGO, dit Grand Passage : paysan, président de l'Union des Fédérations de Groupements Naam (Burkina Faso), fondée en 1976.

Ramata SAWADOGO : animatrice à Ouahigouya (Burkina Faso).

Joseph SENE : paysan, co-fondateur en 1978 de l'Association Régionale des Agriculteurs de Fatick (ARAF, Sénégal) ; décédé en 1994.

Jean-Gabriel SENI : paysan, co-fondateur, en 1975, de l'Union des Groupements de Ouarkoye (Semini, Burkina Faso).

Nous avons cité aussi quelques extraits d'interviews effectuées par d'autres que nous, en particulier par Loïc BARBEDETTE, Mamadou GOITA et Pierre-Jo LAURENT ; dans ce cas, la source est citée en note de bas de page.

PANORAMA DU SYSTEME D'AIDE

Les acteurs du système de l'aide au développement forment une troupe nombreuse, complexe et structurée. Quel est donc leur théâtre ?

Sur le devant de la scène évoluent, bien visibles, trois groupes d'acteurs : les négociateurs des pays aidés, les négociateurs des agences d'aide et, entre les deux, des consultants. Ces trois groupes ont l'habitude de mettre en scène, entre eux, le répertoire du développement dont les pièces sont les projets. Les scénarios en sont écrits par les consultants sur des thèmes fournis par les négociateurs. Chaque pièce comprend un même nombre d'actes immuables et soigneusement articulés. Premier acte : l'identification. Deuxième acte : l'étude de faisabilité. Troisième acte : la négociation. Suivent les actes de l'exécution, de l'évaluation et de la remise du projet. La mise en scène préférée des négociateurs est de confier, sous couvert d'un appel d'offres international, les trois derniers actes à des firmes sous-traitantes, privées ou publiques, étrangères ou nationales.

Dans les coulisses du théâtre, d'autres acteurs tirent les ficelles. Ecartées des premiers rôles, les administrations nationales retrouvent en effet pouvoir, sinon prestige, en se rendant indispensables pendant le quatrième acte, celui de l'exécution du projet. Observez les commissions des marchés de l'Etat, point de passage obligé et lieu, bien souvent, des plus subtiles lenteurs. A force de vouloir être sur le chemin de l'aide, chaque rouage des administrations centrales freine le jeu de toute la troupe. Les administrations locales, de leur côté peuvent mettre plus de grains de sable que de gouttes d'huile dans l'engrenage d'un projet réalisé sur leur territoire. Et, pour ne pas être en reste, les chargés de programme des agences d'aide multiplient les conditions préalables à réunir avant tout début d'exécution d'un projet.

Et autour du plateau, en contrebas, qui donc sont ces acteurs qui errent ? Au théâtre de l'aide au développement, beaucoup de figurants évoluent dans l'ombre. Absents physiquement autour des tables de négociation, les bénéficiaires recherchés par les projets sont très présents, par contre, dans les tirades débitées par les autres acteurs : « population-cible », « besoins essentiels et ressentis », « participation populaire», etc. La majeure partie des scénarios sont conçus à leur intention, pour contribuer à leur développement, un développement qu'ils n'auront plus ainsi à inventer mais seulement à exécuter. Certes, lors de l'acte deux, l'étude de faisabilité, certains d'entre eux auront été auscultés et ils auront pu exprimer leurs besoins. Mais quelle responsabilité leur reconnaissent les acteurs du devant de la scène, quand le projet devient réalité, si ce n'est simplement une participation à son exécution ?

La pièce une fois jouée, l'aide se retire après la remise du projet ; et qu'attend-on de ces acteurs de l'ombre, quand les feux de la rampe s'éteindront, sinon qu'ils assument alors la charge des dépenses récurrentes ?

Durant les années 1980, en Afrique de l'Ouest, le nombre d'acteurs du système d'aide a augmenté. Sont apparues, sur le devant de la scène, des organisations non gouvernementales (les ONG).

Vedettes récentes du monde de l'aide au développement, les ONG en sont pourtant de vieilles actrices. Elles sont apparues dans les années 40, fruit des initiatives des Eglises, des syndicats ou de citoyens. Elles ne s'appelaient pas à l'époque des ONG ; l'étiquette « organisation non gouvernementale » leur fut attribuée par les institutions des Nations Unies pour les distinguer des partenaires habituels du système d'aide : les administrations, les sociétés parapubliques et les entreprises privées.

En Afrique de l'Ouest, la création des ONG remonte aux années 70. La grande sécheresse de 1973 au Sahel marque un tournant : la situation d'urgence a provoqué un flux d'aides extérieures gérées par des ONG au Nord qui ont suscité l'émergence de « partenaires » dont certains deviendront les premières ONG locales. Très nombreuses aujourd'hui, elles sont souvent créées et dirigées par des agents à la retraite de la fonction publique et de jeunes diplômés. Ces ONG sont dites « d'appui » parce qu'elles fournissent des conseils et diverses prestations de service ; souvent aussi, elles promeuvent ou exécutent des projets et encadrent des groupements de paysan(ne)s.

On appelle « groupements », des milliers d'organisations de base formés de quelques villageois(es) qui s'unissent par l'impulsion d'un leader paysan ou bien sous l'influence d'un agent externe, par exemple, l'animateur d'une ONG ou le vulgarisateur d'une société d'Etat. Souvent, plusieurs groupements d'origines différentes coexistent dans un même village. Au niveau d'une zone ou d'une région, les groupements constituent des unions puis des fédérations que nous appelons dans ce livre des « organisations paysannes ». Les unions naissent souvent contre le souhait, voire contre la volonté, des structures d'appui (ONG, projets d'aide, sociétés parapubliques) qui ont impulsé la création des groupements de base. En effet, les structures de tutelle craignent de voir leurs marges de manoeuvre réduites. On voit inversement des structures pousser à l'édification d'unions de manière précipitée ou artificielle, unions qui se révèlent alors fragiles car peu portées par leur base.

On le voit, des acteurs africains de différents types sont désormais actifs au sein même du système d'aide, et - parmi eux - on compte désormais des responsables paysans. Auront-ils de l'influence sur les trois groupes d'acteurs du devant de la scène ? Deviendront-ils à leur tour des ombres rodant autour du plateau ? Le livre tente d'éclairer la scène et les coulisses, sinon de répondre à ces questions.

Précisons quelques points quant à l'image actuelle des ONG et aux conditions de leurs financements.

La fin des années 80 a vu un essor des ONG du Nord. Elles bénéficient d'un crédit favorable. Cette bonne réputation n'est pas vraiment établie par des évaluations de leurs capacités réelles, mais accordée de facto, en une sorte de contrepoids aux défauts attribués aux coopérations publiques.

L'agronome et géographe[1], Pierre-Jean ROCA fait l'analyse suivante :

> « Désormais, tout ce qui était mis au passif des Etats ou de l'inter-étatique (mauvais ratio coûts/bénéfices, complexité des circuits d'obtention de l'aide, corruption des élites, visées géo-politiques ambiguës) pouvait être versé à l'actif des ONG (efficacité supposée d'avance, coopération directe, désintéressement apolitique souvent réaffirmé). »

Par ailleurs, l'époque étant au désengagement des Etats, dans le contexte des Plans d'Ajustement Structurel, certains laissent croire que les ONG peuvent avantageusement compenser le retrait de l'Etat.

Deux systèmes de financement, eux-mêmes sous statut d'ONG, leur fournissent des ressources. Tout d'abord, des organismes privés de collecte de fonds, souvent liés aux Eglises, sont alimentés par les dons du grand public et, selon les pays, par des subventions des Etats du Nord. Le second système de financement est constitué de fondations qui gèrent des capitaux dont les intérêts fournissent leurs budgets d'aide.

Mais les ONG reçoivent aussi directement des subventions publiques par le biais de cofinancements. de leurs projets, fournis par des budgets des Etats du Nord et de l'Union Européenne. Cette pratique est en croissance pour nombre d'ONG du Nord dont beaucoup se trouvent alors financées en majeure partie par de l'argent public.

Le financement des ONG du Sud a d'abord été obtenu par le canal des ONG du Nord. Pour aider les projets de leurs partenaires, ces dernières apportent leurs ressources propres et négocient des cofinancements. Depuis le début des années 90, s'est développé un financement direct des projets des ONG du Sud par des coopérations publiques du Nord (celles des Etats-Unis et de Suisse, par exemple). Ces agences estiment plus efficace de ne pas

---

[1] ROCA Pierre-Jean « La galaxie des ONG : des mille chemins du développement et de quelques risques d'impasse... » in *L'IRAM et les évolutions de la coopération internationale*, Dossier préparatoire des Journées d'Etudes 1996, Paris.

utiliser seulement le circuit des ONG du Nord. Ce financement direct présente une caractéristique particulière : il fait intervenir un acteur qui, jusqu'à présent, n'était pas souvent apparu dans les pièces jouées par des ONG : l'Etat du Sud. En effet, il n'est pas possible pour une agence publique étrangère d'appuyer directement des organisations privées du Sud sans un accord de l'Etat concerné.

En cette fin des années 90, les ONG du Nord connaissent une situation délicate. D'un côté, le renforcement des organisations paysannes et la montée des ONG du Sud donnent naissance à un doute sur leur propre utilité. De l'autre côté, la crise économique au Nord tend à réduire le volume des ressources affectées à la coopération publique, tandis que les dons privés se dirigent de plus en plus vers les ONG humanitaires et d'aide d'urgence. Et enfin, la liberté relative qu'avaient les ONG financées par des donateurs privés peut se trouver limitée ou, pour le moins, orientée par les bailleurs de fonds publics. Ces nouvelles vedettes du théâtre de l'aide au développement n'ont donc pas obtenu les rôles les plus tranquilles du répertoire.

Quant à leurs homologues, les ONG d'appui africaines, leur marge de manoeuvre, nous l'avons vu, est étroite. Certes, elles représentent des intermédiaires particulièrement utiles pour les ONG du Nord qui ne s'occupent que de financement et n'ont pas de projets propres. Mais les organisations paysannes - unions de groupements et fédérations d'unions - recherchent des partenaires capables de financer leurs dépenses de formation et d'investissement sans passer par les ONG d'appui africaines. Une nouvelle demande se fait ainsi jour vis à vis des ONG du Nord et même vis à vis des agences publiques.

Face à cette architecture complexe du système d'aide, qui évoque la tour de Babel, dans quelle mesure les paysans parviennent-ils à construire leur propre développement ? C'est la question fondamentale de ce livre. Nous nous intéressons particulièrement aux ONG dans la mesure où elles présentent souvent l'autonomie des populations comme la finalité de leur action[2]. Nous étendons l'analyse, en fonction des sujets abordés, à certaines coopérations publiques, bilatérales et multilatérales. Elles aussi, sont concernées par les dynamiques paysannes. Et parfois elles tracent d'intéressantes voies alternatives d'appui. Et nous l'élargissons, à la fin du livre, aux Etats africains mis si souvent de côté aujourd'hui.

---

[2] Une affirmation que Daniel DESCENDRE avait contestée dans son livre : *L'autodétermination paysanne en Afrique*, L'Harmattan, Paris, 1991.

Première partie

QUI AIDE-T-ON ?

Derrière les vocables généraux de *bénéficiaires* ou de *population-cible*, qui est aidé, en réalité, sur le terrain ? Cette première partie tente de répondre à cette question.

Les *plus pauvres*, souvent évoqués dans le discours des ONG et d'autres acteurs de la coopération, parviennent-ils à bénéficier de l'aide au développement ? Difficilement. On constate plutôt qu'ils restent souvent à l'écart des circuits de l'aide, éloignés par les conditions de participation (Chapitre 1).

Qu'en est-il des femmes ? L'aide se révèle, en pratique, surtout conçue pour les hommes : les projets d'aide au développement mettent en place des conditions d'accès qui, de facto, excluent les femmes. De plus, elles sont victimes des clichés des bailleurs de fonds qui les voient essentiellement comme des ménagères et négligent ainsi leur rôle de productrices économiques (Chapitre 2).

Enfin, pour plaire au système d'aide, les bénéficiaires doivent être organisés en groupements, le plus souvent créés tout spécialement pour recevoir l'apport d'aide. Il est alors fait souvent table rase des organisations existant dans les villages et les zones rurales (Chapitre 3).

Les véritables bénéficiaires se révèlent finalement être surtout des hommes, point trop pauvres, rassemblés dans des groupes « ad hoc ».

Chapitre 1

UN MYTHE PROFITABLE : LES PLUS PAUVRES

La pauvreté n'est pas d'être dépourvu de vêtements,
est vraiment pauvre celui qui n'a personne.
Proverbe wolof (Sénégal)

Comme un leitmotiv qui a la vie dure, les *plus pauvres* sont encore souvent évoqués par certains acteurs du système comme la finalité de l'aide au développement. Mais, quels intérêts cache un tel discours ? Et sur le terrain, que se passe t-il vraiment : les plus pauvres sont-ils atteints par l'aide ?
D'une manière plus large, on recherchera à mieux identifier les catégories de population porteuses de changement et capables d'induire des processus de développement.

Le discours sur les plus pauvres fait fortune

A qui est destinée l'aide au développement ? « Aux plus pauvres » répondent en choeur bon nombre de développeurs issus d'organisations non gouvernementales (ONG) du Nord, et aussi de certaines organisations internationales comme le Fonds International pour le Développement Agricole (FIDA), le Programme des Nations Unies pour le Développement (PNUD) et même parfois la Banque Mondiale. « Aider les plus pauvres, toucher les populations les plus démunies » se trouvent dans la plupart de leurs documents de projets. Voilà bien l'un des axes forts du discours de ces acteurs du système d'aide au développement.

Les *plus pauvres* recherchés par le système semblent devoir répondre à l'image que l'on se fait d'eux. C'est ce qu'explique Joseph Sene, alors président de l'Association Régionale des Agriculteurs de Fatick (ARAF) au Sénégal :

> « Quand certains voient des paysans arriver à leur dire : "Non, nous voulons ceci et pas cela", ils disent que ce n'est pas un paysan parce que pour eux un paysan n'a pas droit à la parole, il

> doit toujours dire "oui", rester sur sa charrette et ne pas avoir de véhicule. Il doit être pauvre. »

Même constat affligé au Zimbabwe :

> « L'image que vous avez de l'Afrique est, soit très romantique [...], soit une image de faim, de pénurie et de pauvreté. Quand les gens entendent dire qu'au Zimbabwe, nous avons des maisons confortables, ils trouvent que nous ne sommes pas des Africains et que j'ai perdu ma culture. Alors, je veux leur crier que c'est moi, que je suis Africain »[1].

Puis, quand les plus pauvres deviennent moins pauvres en progressant sur le chemin de leur développement, les ONG s'intéressent moins à eux. Birahim Diop, alors secrétaire général de l'Amicale Sportive, Economique, Sociale et Culturelle des Agriculteurs du Walo (ASESCAW), dans le delta du fleuve Sénégal, raconte comment son organisation s'est vue couper les vivres à partir d'un certain niveau de développement :

> « La plupart des agences qui nous aidaient, quand elles ont vu, en 1990, le succès des périmètres rizicoles que nous cultivons, ont dit que nous étions désormais auto-suffisants. De l'extérieur, on nous qualifie ainsi, juste au moment où notre association doit accueillir des jeunes revenus de l'exode, attirés par notre succès, alors que nos besoins d'investir augmentent brusquement. »

C'est donc ainsi que les fédérations de groupements paysans trouvent de plus en plus difficilement des bailleurs de fonds pour la suite du chemin. Ce faisant, on leur coupe les ailes avant qu'elles soient prêtes à voler.

La recherche du plus pauvre paraît, certes, légitime : on ne veut pas aider les mieux nantis, de riches commerçants par exemple, mais des personnes au bout de leurs forces, incapables de s'en sortir sans une aide extérieure. Mais, cette aide aux plus pauvres crée, dans le même temps, une situation d'assistance qui met le système d'aide en position de domination. En effet, un très pauvre ne dit pas

[1] HENSON et MUTAMBIRWA, Revue *Quid Pro Quo* n° 19, Novembre 1994.

non, il dit *merci !* Ceci constitue une garantie pour le donateur de pouvoir proposer ce qu'il veut.
A y regarder de plus près, depuis les années 80, la modernisation des moyens de collecte de fonds tend à faire de l'aide un spectacle : le plus malheureux est mis en scène dans les émissions de télévision, les concerts musicaux, la publicité postale... Les hordes de miséreux servent finalement bien l'alimentation économique du système d'aide. Le misérabilisme est plus propice au mouvement des tiroirs caisses que la photo de paysans travailleurs acharnés aux muscles rebondis qui se débrouillent déjà mais auraient besoin d'un coup de pouce pour décoller.
Le discours sur les plus pauvres se révèle donc profitable pour le système alors que, sur le terrain, on s'aperçoit qu'on les atteint rarement. En effet, les mécanismes du système sont conçus de telle manière que les projets d'aide au développement leur sont difficilement accessibles. Cette contradiction entre le discours sur les plus pauvres diffusé au Nord et la réalité observée sur place, qui montre la difficulté de les atteindre, suscite notre premier coup de colère.

Historiquement, le concept de l'aide aux plus pauvres apparaît en 1972, lorsque, en pleine période de croissance économique, le président de la Banque Mondiale, McNamara, évoque la nécessité de faire participer au développement les couches les plus pauvres de la population, dans un souci à la fois de justice sociale et de recherche de productivité[2]. Dans les années 80, l'objectif d'une aide aux plus pauvres laisse la place à celui de la croissance, redevenue la priorité. C'est la grande époque du thème de l'efficacité. Puis, à nouveau, les organisations internationales se préoccupent des plus pauvres dans les années 90 dans le cadre du traitement social des plans d'ajustement structurel, c'est *l'ajustement structurel à visage humain.* L'objectif est double : mobiliser la force de travail des pauvres et surtout, assurer aux pauvres devenus plus nombreux suite aux coupes sombres opérées dans les services publics par l'ajustement structurel, un minimum de services sociaux parmi lesquels des soins de santé primaires, un planning familial, une bonne nutrition et un enseignement de base. A aucun moment,

---

[2] RIST Gilbert, *Le développement, histoire d'une croyance occidentale,* Presses de Sciences Po, Paris, 1996.

la question des mécanismes de production de la pauvreté ne sera posée.
Les ONG, de leur côté, placent les plus pauvres au coeur de leur action depuis l'origine de leur création. La base de leur engagement est, en effet, fondée sur des principes d'humanisme.
Certaines d'entre elles se sont démarquées, dans les années 70, en menant une réflexion critique sur les causes de la pauvreté analysée comme le produit de dominations et de rapports de force internationaux. Mais la plupart des autres ONG avaient, et c'est encore ainsi de nos jours, une approche et une pratique caritatives d'offres de biens et de services sociaux.
Par ailleurs, pour la grande majorité des ONG, l'analyse des problèmes et des solutions à mettre en oeuvre est souvent influencée par la pensée dominante produite par les organisations internationales. Cette convergence de points de vue s'observe surtout depuis une dizaine d'années et se traduit par un renforcement de la collaboration entre les ONG et la Banque Mondiale qui voit en elles un bon moyen d'atteindre les plus pauvres et propose même aux ONG de participer à certains de ses projets.

Sur le terrain, comment se décline cette analyse globale ? Observons pourquoi il s'avère difficile de toucher les plus pauvres.

Pour bénéficier de l'aide, il faut d'abord payer

Pour moudre son mil au moulin financé grâce à l'aide extérieure, il faut payer. Payer aussi pour les médicaments de la pharmacie villageoise, cotiser pour être membre d'un groupement paysan, épargner et disposer de garanties financières et matérielles pour obtenir un crédit, etc. Bénéficier des services d'un projet d'aide suppose ainsi une contribution financière initiale.
Par exemple, pour une personne handicapée par la poliomyélite, à Madagascar, se procurer un appareil confectionné en matériaux locaux par une ONG du Nord spécialiste des technologies appropriées coûtait, en 1993, 100 000 francs malgaches (318 francs français) soit 2 mois du salaire minimum ou 60 % du revenu annuel d'un ménage moyen de paysans de la région de Fianarantsoa. Pour les ménages les plus pauvres, cet achat représentait 2 ans de leur

revenu[3]. Même pour les coopérations les plus soucieuses de l'utilisation de matériaux peu coûteux, le meilleur marché reste donc souvent cher, compte tenu de la faiblesse des revenus des populations.

L'aide est aujourd'hui de moins en moins souvent donnée gratuitement, car l'expérience a montré qu'une aide donnée est souvent gaspillée. La subvention à 100 % est généralement ressentie par les populations comme un cadeau qui reste la propriété du bailleur de fonds. Et, dans les faits, les utilisateurs ne s'impliquent pas suffisamment dans l'entretien et la réparation du cadeau.

Du point de vue des bailleurs de fonds, la participation financière est considérée comme moyen d'implication des groupes sociaux aidés. Du point de vue des bénéficiaires, l'apport propre, en espèces, en nature ou en force de travail, donne des droits. Leur raisonnement devient : « On paye, on a notre mot à dire, on doit participer à la décision ».

Pour bénéficier de l'aide, il faut pouvoir prendre des risques

Pour les populations, les propositions d'un projet d'aide au développement sont souvent considérées comme une aventure. Une tentative de faire autrement. C'est un pari sur le succès, voire sur la chance. Pour les plus pauvres, ceux qui vivent au jour le jour, participer à un projet est donc éminemment risqué. Or, être au seuil de survie interdit de s'écarter du chemin habituel. Pas de droit à l'erreur, toute initiative nouvelle comporte un risque de tomber plus bas.

Par exemple : essayer d'épandre de l'engrais; et s'il brûle la récolte ? Stocker les céréales dans un grenier collectif : et si les grains s'abîment ? Epargner : et si le gérant s'enfuit avec la caisse ? Une paysanne du Mali raconte, en se moquant elle-même de son attitude passée : « Quand mon mari m'a dit que le projet lui demandait de changer sa manière de cultiver le riz, j'ai pleuré. J'avais peur. Je croyais qu'on allait tout perdre ! ».

---

[3] GUENEAU Marie-Christine et GOT Henri, *Evaluation externe du programme de Handicap International à Madagascar.* Handicap International /Fonds d'Etudes et d'Evaluations Paris, 1993.

En réalité, les plus pauvres ne déploient pas des stratégies de maximisation des profits mais de minimisation des risques. Ils analysent toute proposition en terme de surcroît de sécurité. L'expérimentation d'une innovation en milieu rural n'est donc pas tentée par les groupes sociaux les plus fragiles mais par ceux qui disposent d'une petite marge de sécurité. Les plus pauvres n'adopteront un changement que lorsqu'ils seront sûrs de ne pas y perdre. Dans les sociétés de précarité, en Afrique en particulier, l'imitation des générations précédentes est souvent perçue comme la méthode de survie la plus sûre. « Ceci a déterminé une véritable logique sociale qu'il est possible de formuler ainsi : *tu feras comme ton père »*[4].

Pour bénéficier de l'aide, il faut être ouvert et être membre d'un groupe

« Analphabètes, pas bêtes » assène justement l'ancien président haïtien Jean Bertrand Aristide. Savoir lire et écrire ne relève pas de l'intelligence et il est encore utile de le rappeler. La meilleure preuve en est l'exemple des *mamas Benz* du Togo, puissantes commerçantes spécialisées dans la revente de tissus. Analphabètes pour la plupart, elles voyagent jusqu'en Europe pour leurs affaires et certaines sont si riches qu'elles roulent en Mercedes Benz. Dans les sociétés de transmission orale, en effet, être analphabète ne barre pas l'accès à la connaissance, les illettrés apprennent par d'autres chemins que celui de l'alphabet et développent leurs propres points de repère. Mais, dans notre culture de transmission écrite, culture qui imprègne la conception des projets d'aide au développement, être analphabète constitue souvent un handicap. Et paradoxalement, les programmes de formation pour adultes s'adressent souvent à ceux qui possèdent déjà un petit bagage intellectuel, savent lire et écrire, et de préférence, connaissent le français.

Par ailleurs, une majorité de personnes parmi les plus pauvres vivent une telle situation d'exclusion qu'elles ne sont pas ouvertes sur l'extérieur. Marginalisées par leur société, elles sont

---

[4] SILO, *Les systèmes de références culturelles*, Cahier d'information, n° 17, La Rochette, Juin 1991.

souvent à l'écart des circuits sociaux d'information et repliées sur leur noyau familial.
Ces pauvres-là redoutent les contacts avec l'extérieur : des hommes interdisent à leurs femmes d'aller à des réunions, des parents refusent d'envoyer leurs filles à l'école, des vieux s'opposent aux jeunes qui ne veulent plus faire comme eux mais souhaitent changer les méthodes culturales. Au Burkina Faso, en 1984, sur le plateau du Yatenga, dans le cadre d'un projet de formation de jeunes agriculteurs, des vieux, interrogés sur les résultats du projet, se plaignaient des aspirations au changement de leurs fils : « Ce ne sont quand même pas nos enfants qui vont nous apprendre à travailler la terre ! Qu'est-ce qu'ils croient savoir de plus que nous qui les avons élevés ? ».

On constate, par ailleurs, que pour bénéficier de l'aide, il faut généralement présenter une autre caractéristique : être organisé collectivement sous la forme de groupement, de comité, d'association. Or, les plus pauvres sont peu organisés collectivement, ils restent à l'écart des groupements qui réunissent souvent des individus appartenant surtout à la *classe moyenne,* c'est à dire la classe des gens ni très riches ni très pauvres[5]. L'aide suit généralement le canal de distribution des divers groupements, au point d'ailleurs de susciter elle-même la création de groupements comme cela sera exposé au chapitre 3. L'aide s'adresse rarement aux individus isolés.

Mais, au fond, être pauvre, c'est quoi ?

Souvent les leaders paysans, les responsables d'ONG d'Afrique de l'Ouest, et bien d'autres, n'aiment pas être traités de *très pauvres*. Lorsqu'ils évoquent la conception monétaire de la

[5] VERHAGEN Koenraad observe ce même comportement en Indonésie et en Thaïlande : « Dans le cas où les initiatives sont prises par ce qu'on appelle habituellement « la base », les plus pauvres semblent être les derniers à s'organiser. Un centrage trop exclusif sur les groupements risque de conduire à une situation où la majorité des adhérents appartient à la classe moyenne. » in *L'auto-développement ? Un défi posé aux ONG* , L'Harmattan/UCI, Paris, 1991.

pauvreté, ils préfèrent mettre l'accent sur ce qu'ils possèdent :

> « En 1976, au moment où nous avons démarré notre organisation, nous nous sommes retrouvés pour nous mettre ensemble et réfléchir. Nous avons affirmé : *nous ne sommes pas pauvres.* On l'a déclaré ! On était ni des mendiants, ni des pauvres ; nous avions chacun un peu d'argent ; c'était à nous de mobiliser cela ». Mamadou Cissokho, leader paysan des Ententes, au Sénégal Oriental.
> « Chez nous, les gens n'aiment pas être considérés comme très pauvres. Quand tu te portes bien, que tu n'es pas handicapé, normalement, tu ne vas pas mendier. Ceux qui vont mendier sont vraiment au bas de l'échelle ». Joséphine Ndione, responsable de l'ONG sénégalaise Groupe de Recherche et d'Appúi aux Initiatives Féminines (GRAIF) située à Thiès.

On a parfois un peu tendance à l'oublier, la notion de pauvreté n'est pas universelle mais varie selon les latitudes. Un homme qui est *riche*, qui a réussi, cumule le maximum des bons points valorisés par sa société.
Dans les sociétés occidentales, la pauvreté est définie par rapport à l'argent, elle est graduée selon une échelle monétaire. Mais, dans les sociétés africaines, l'argent n'est pas considéré de la même manière : avoir peu d'argent ne signifie pas forcément être pauvre.

Mais surtout, la vraie pauvreté ne se situe pas dans un domaine monétaire, c'est une notion beaucoup plus sociale. Les valeurs fondamentales de la société sont basées sur les relations sociales dont l'origine est très diversifiée : des relations familiales dans le sens de la grande famille africaine, des relations nées des divers groupes traditionnels tels que les classes d'âge[6], les tontines[7], les relations tissées avec les parents à plaisanterie[8]. Tout cet écheveau de liens sociaux compose un réseau étendu dans lequel est inséré chaque individu, il constitue la vraie puissance.

---

[6] Les classes d'âge sont des groupes qui réunissent les jeunes gens par âge et par sexe pour leur enseigner la morale et le civisme. Ces jeunes réalisent en commun des jeux et des tâches que les adultes leur confient.

[7] La tontine est un système simple d'épargne et de crédit limité à un petit groupe.

[8] En Afrique de l'Ouest, la parenté à plaisanterie est un type d'alliance très répandu. Liant deux clans d'une même ethnie ou deux ethnies, elle permet l'usage de plaisanteries et d'insultes et induit également des obligations de dons et de solidarité.

Mamadou Cissokho explique l'étroite liaison de l'individu à sa communauté :

> « Au début, avant la fondation de notre association, on a analysé que culturellement le *moi* n'existe pas dans notre société. Ce qui existe, c'est le *nous* : les parents, la famille, le clan. Essayer de s'en sortir seul est contraire à notre culture. »

Ainsi, un riche est un homme capable de mobiliser une force de travail et une force de pression et d'influence en faisant appel à son réseau social. Les commerçants haoussas du Niger et du Nigeria possèdent un mot spécial pour exprimer cette richesse, *azikinemutare.*

Dans ce contexte de valorisation des relations sociales - nous dirions de l'épaisseur et de la qualité d'un carnet d'adresses - un pauvre n'est pas celui qui ne reçoit pas de revenus réguliers. Comme le dit d'ailleurs ce proverbe wolof : « La pauvreté n'est pas le fait d'être dépourvu de vêtements, mais est vraiment pauvre celui qui n'a personne ». Si bien que l'abandon total, la solitude profonde, l'exclusion, tels qu'on les trouve dans les pays occidentaux, sont rares. En Afrique, on peut très souvent compter sur quelqu'un : des soeurs, des tantes, un cousin lointain, des connaissances, qui partagent ce qu'ils ont pour vous aider à vivre. Seuls restent isolés ceux qui se sont coupés de leurs réseaux sociaux, des *orphelins sociaux* ; c'est le cas, par exemple, d'individus ayant commis une grave infraction aux lois de leur société : les femmes divorcées, les mères célibataires, les enfants des rues...

Cependant, cette solidarité représente un poids réel pour le budget d'un Africain en situation de donateur, particulièrement si son statut familial (grand frère, aîné) est fortement valorisé par la communauté. François Régis Mahieu[9], économiste, montre dans une étude des ménages urbains à Abidjan, que les *transferts communautaires* financiers représente 10 % du revenu d'un ménage urbain. A ce chiffre il faut ajouter près de la moitié de cette somme pour prendre en compte les dons en nature.

---

[9] MAHIEU François Régis, *Les fondements de la crise économique en Afrique ; Entre la pression communautaire et le marché international*, L'Harmattan, Paris, 1990.

Les transferts communautaires indirects, constitués des contributions aux funérailles, des cotisations à des mutuelles et à des associations de quartiers et tontines, ainsi que les dépenses liées au tutorat d'enfants élevés par un membre de la famille et les charges d'hébergement, sont impressionnantes. Ils représentaient, en 1988-89, pour une majorité des ménages d'Abidjan, une pression allant jusqu'à 60 % de leurs revenus. La pression augmente avec le niveau de revenu du donateur ; ainsi, 38 % des fonctionnaires enquêtés d'Abidjan supportent des charges communautaires supérieures à leur revenu nominal. « Il devient alors nécessaire de trouver d'autres sources de revenu par des travaux complémentaires, le travail des femmes et des enfants, et la petite corruption » explique F.R. Mahieu.
Ce phénomène, « loin de disparaître avec les générations urbaines, augmente avec le revenu et la sécurité » poursuit-il. Il s'explique surtout, d'après lui, par le poids de la contrainte sociale, et également, mais dans une moindre mesure, par un calcul utilitariste qui vise à préserver un droit potentiel sur le foncier au village. En effet, préserver des terres donne une possibilité de retourner au village. Un simple altruisme familial n'est pas évoqué par les enquêtés pour expliquer leur motivation.
C'est ce qui fait dire à Alain Marie, chercheur, que « le ressort profond de la solidarité, et plus fondamentalement, du lien communautaire est une logique de dette »[10]. Est pauvre celui qui est dans l'impossibilité de distribuer de l'argent dans le cadre de la solidarité communautaire et court alors le risque de se retrouver *individualisé*, exclu de son réseau social; l'individu ne pouvant plus alors compter que sur ses propres ressources matérielles.

[10] MARIE Alain, « Y a pas l'argent : l'endetté insolvable et le créancier floué, deux figures complémentaires de la pauvreté abidjanaise » *in Revue Tiers-Monde*, tome XXXVI, n°142, avril-juin 1995.

Diagnostic

En résumé, on constate qu'en dépit du discours de divers acteurs du système, toucher les *plus pauvres* est souvent un mythe. En effet, participer aux projets d'aide, impulser des processus de développement supposent de disposer de certaines ressources financières, de caractéristiques psychologiques et organisationnelles que les plus pauvres ont rarement. Le groupe social spécifique des plus pauvres ne relève pas des circuits de l'aide au développement mais plutôt de politiques d'assistance et d'intégration sociales.

Alors qui aider ? Quel groupe social rechercher pour impulser des dynamiques de développement ? *Développer une société par les plus pauvres* comme le discours peut tendre à le laisser croire, est illusoire. Joseph Sene décrit le faible poids des jeunes dans son village jusqu'à ce qu'ils aient pu recevoir de la terre, accédant ainsi à un certain statut social :

> « Au début, on n'avait pas d'influence parce qu'on ne possédait pas de terres. Pour être pris au sérieux, il faut avoir des ressources. Quand on n'a rien, quand on ne peut rien, on ne peut même pas être écouté dans le village. Le plus malheureux du village, les villageois ne l'écouteront pas. »

Le changement social ne se construit donc pas grâce aux plus pauvres qui ne sont pas en position d'être suivis mais il se construit grâce aux groupes suffisamment sécurisés sur le plan matériel et forts d'un charisme sur le plan social. Ces groupes sont constitués des leaders d'opinion, des notables, des innovateurs, de tous ceux qui ont un certain pouvoir. L'origine de leur pouvoir d'influence peut être variable : statut social, savoir-faire particulier, pouvoir économique ou capacité à mobiliser une force de travail. Ils constituent les *classes pilotes* selon la terminologie des économistes, les classes qui impulsent les comportements et les modes, celles qui innovent et sont moteurs de changement.

Nous verrons dans la deuxième partie de ce chapitre comment appuyer ces forces sociales de changement mais, auparavant, arrêtons-nous sur l'exemple d'un projet qui s'efforce de toucher la majeure partie de la population.

■ *L'exemple d'une banque accessible aux pauvres : le projet Crédit Agricole et Rural de Guinée.*

Le projet Crédit Agricole et Rural de Guinée, démarré en 1988, a situé ses caisses dans les quatre régions naturelles du pays, Basse Côte, Moyenne Guinée, Haute Guinée et Guinée Forestière[11].

Dès le début, son objectif était clair : fournir un service bancaire à une clientèle de condition modeste appartenant à différentes catégories professionnelles, artisans, petits commerçants, agriculteurs. Ce projet est l'un des premiers projets africains inspirés des principes de la Grameen Bank au Bangladesh, la fameuse « banque pour les pauvres ». Les conditions d'accès au crédit sont conçues pour que les pauvres en bénéficient. Contrairement à la plupart des projets bancaires classiques, il n'est pas demandé à l'emprunteur de garantie matérielle (terre ou biens à mettre en gage) ou de garantie financière importante (épargne). Une seule garantie préalable est requise, elle est sociale : chaque emprunteur doit être cautionné par un petit groupe d'environ 5 à 10 personnes qui s'engagent à rembourser le crédit à sa place, s'il est défaillant. C'est la « caution solidaire ». Le rôle de ce groupe est à la fois d'exercer une solidarité et une pression sociale : le non remboursement d'un membre bloque tout nouveau crédit au reste du groupe. L'emprunteur ne paye rien avant l'obtention du crédit mais diverses charges sont soustraites du crédit alloué. Sont ainsi déduites : une cotisation sociale de 2000 francs guinéens (10 francs français) donnant un droit de vote à l'assemblée générale de la caisse ; une participation au Fonds

---

[11] Source : documentation de l'IRAM (Institut de Recherches et d'Applications des Méthodes de Développement) et interview de Laure SIANI, Directrice Régionale de la caisse de Haute Guinée. Ce projet est financé par la Coopération française.

de Solidarité représentant 4 % du montant du crédit octroyé, ce qui permet au client ou sa famille de ne pas rembourser en cas d'invalidité ou décès ; une épargne obligatoire égale à 10 % du montant du crédit.

La méthode a connu un franc succès auprès de cette clientèle pauvre, habituellement exclue des circuits de financement institutionnel, et en particulier, auprès des femmes qui n'avaient accès auprès des commerçants qu'à des crédits en nature (paiement différé de marchandises). Elles ne disposaient d'aucun moyen d'obtenir des crédits en espèces, y compris auprès des prêteurs traditionnels. Quant aux crédits accordés aux hommes, ils étaient d'un montant limité, 100 000 francs guinéens (600 francs français) et d'un coût important puisque les taux d'intérêt atteignaient 108 % par an[12].

Aujourd'hui, le crédit est accessible à un taux annuel de 30 % pour des montants allant jusqu'à 350 000 francs guinéens pour le « crédit rural » (commerce). Ce plafond permet d'exclure les riches qui ne sont pas intéressés par les montants proposés, jugés trop faibles par rapport à leurs besoins qui atteignent des millions. La majorité des clients est effectivement de condition modeste puisque 75 % des usagers du réseau possèdent un capital estimé à moins de 100 000 francs guinéens. Ils empruntent en général pour faire du commerce de céréales, de produits importés dits de première nécessité (cigarettes, allumettes, nescafé, bonbons, pétrole...), de fripes. Ils réalisent également de l'embouche de petits ruminants. Les femmes représentent 45 % de la clientèle, elles empruntent surtout pour faire du commerce de pagnes, de fruits et de céréales, mais également de la transformation agricole comme la fabrication d'huile de palme, d'huile d'arachide, de beignets ; ou encore pour tenir des petits restaurants et des unités de teinture.

Ce réseau bancaire mis en place par le projet s'est progressivement étendu et compte actuellement 54 caisses représentant environ 50 000 sociétaires.

Quelle est la place des très pauvres dans ce système ?Les pauvres sont ici ceux qui mènent des activités ne nécessitant pas de capital

---

[12] SIANI Laure, *Evaluation des effets économiques du crédit rural*, IRAM, Paris, 1993.

comme la cueillette de produits de la brousse, par exemple, fruits sauvages ou bois, la fabrication et le commerce de charbon de bois. Ils sont en fait exclus. Certains se marginalisent d'eux mêmes parce qu'ils ont peur : « On est trop pauvre, on risque de faillir à l'honneur de notre famille si l'on ne peut pas rembourser le crédit ». D'après la Directrice Régionale de la Haute Guinée (Dabola) : « Ces personnes ne se portent pas candidates à un groupe de caution solidaire par une sorte d'autocensure opérée par manque de confiance. Dans leur cas, le vrai problème est surtout lié à leur personnalité et à leur insertion sociale, lorsque leurs réseaux sociaux sont très faibles et ne leur permettent pas de se porter caution dans les groupes de caution solidaire. La dimension économique joue alors peu dans l'explication de l'exclusion »[13].

Après l'illustration donnée par cet exemple, la deuxième partie de ce chapitre présentera quelques pistes stratégiques. Les auteurs livrent des réflexions issues de leur expérience, sans prétendre être exhaustifs ni décrire des méthodes achevées. Quatre axes de réflexion sont proposés : appuyer les forces sociales de changement, favoriser la prise d'initiative, protéger les groupes sociaux dominés et, en même temps, travailler avec les pouvoirs existants.

Appuyer les forces sociales de changement

Il paraît souhaitable de sortir du discours incantatoire sur les plus pauvres pour se situer dans un registre plus réaliste. Si les ONG, et ceux des bailleurs de fonds qui tiennent ce discours, poursuivent un objectif de *développement*, il serait préférable d'évoquer et de miser sur les forces sociales de changement, les leaders et les groupes porteurs d'idées. Miser sur ceux qui ont décidé de bouger, les dynamiques, les volontaristes, ceux qui sont prêts à tenter des aventures. Ces catégories d'individus et de groupes se retrouvent dans toutes les couches de la population sans que la distinction du niveau de revenu soit déterminante.

---

[13] Interview de Laure SIANI par Marie-Christine GUENEAU, Paris.

L'approche à suivre en terme de développement serait plutôt de définir des conditions d'accès aux projets d'aide permettant aux groupes porteurs d'une volonté de changement d'y participer. A cet égard, l'exemple du projet Crédit Rural de Guinée est intéressant, les conditions d'accès aux services d'épargne et de crédit sont suffisamment ouvertes pour qu'une bonne partie de la population participe.

Posons, plus largement, la question de l'attitude à adopter envers les groupes, les organisations paysannes et les villages qui ne manifestent pas de volonté de participer à des actions ou à des services proposés par des projets. Faut-il aider ceux qui ne cherchent pas à obtenir de l'aide et ne formulent pas de demandes d'appui ? C'est une question qui tarabuste, par exemple, les projets qui définissent une aire d'intervention à l'intérieur de laquelle ils prévoient de travailler avec toutes les organisations paysannes ou tous les villages. Les équipes de projet remarquent ainsi souvent que, malgré des visites fréquentes assorties d'offres de service, certaines structures ne se montrent pas intéressées aux propositions qui leur sont adressées. Que faire ?

Surtout ne pas forcer les intéressés à participer malgré eux. En effet, ne vaut-il pas mieux répondre, en priorité, aux demandes des organisations et des villages qui prennent des initiatives ? Et donc faire le pari que l'expérience positive de ceux-ci suscitera un effet d'entraînement sur les autres qui, à leur tour, lorsqu'ils l'auront décidé, se montreront désireux d'entreprendre des actions et seront alors demandeurs d'appui ?

Il ne s'agit pas de préconiser de fermer la porte aux groupes les plus lents à réagir mais de travailler, d'abord, avec ceux qui manifestent le plus d'intérêt, en laissant aux autres le temps de se positionner. Le temps de mûrir de l'intérieur, le temps de se décider.

Comment favoriser la prise d'initiative ?

Néanmoins, est-il possible d'accélérer le mouvement et de favoriser l'émergence d'initiatives et d'organisations paysannes comme le veulent souvent les bailleurs de fonds ? A notre avis, la prise d'initiative n'est pas appuyable *directement* par des projets d'aide : elle est le fruit de mûrissements internes aux groupes. Dans

certains cas, elle naît de révoltes face à une situation jugée intolérable.
Birahim Diop décrit comment, dans les années 70, la « souffrance vécue » par les jeunes du village de Ronkh, dans la vallée du fleuve Sénégal, les a décidés à agir. D'une part, l'obligation de paraître réclamait de fêter avec magnificence les mariages et les baptêmes, et conduisait finalement bon nombre de jeunes, de quinze à quarante ans, à partir en exode pour rembourser les dettes contractées. D'autre part, la faible liberté d'expression laissée aux jeunes par les pères de famille et les notables réunis autour du chef de village, les réduisait à une situation de mineurs. Tout comme les femmes d'ailleurs. Enfin, l'obligation faite par la Société d'Etat d'être membre d'une coopérative pour pouvoir bénéficier de l'attribution de parcelles aménagées pour la riziculture excluait les jeunes parce que seuls les hommes mariés étaient admis comme membres d'une coopérative. Les jeunes se réunissaient alors, de leur côté, au sein de Foyers de Jeunes à vocation culturelle et sportive. Etaient organisés des matchs de football et des pièces de théâtre. Un jour, un événement a permis aux jeunes de jouer un vrai rôle dans le village : une enquête décidée et effectuée par eux pour vérifier les calculs de la Société d'Etat sur les charges dues par les coopérateurs à la fin d'une campagne rizicole. Ils mesurèrent les différentes surfaces et les temps de travail des engins : les factures étaient surestimées de 20 % ! Priés de s'expliquer, les responsables de la Société reconnurent les faits. Les jeunes sortirent de l'affaire valorisés par les anciens qui constatèrent l'utilité du savoir scolaire. C'est ainsi que les Foyers de Jeunes commencèrent à s'intéresser à des domaines liés à la production.
On voit donc que la prise d'initiative naît de maturations qui sont avant tout des processus internes sur lesquels une aide extérieure peut difficilement jouer un rôle de déclencheur.

Dans d'autres cas, la prise d'initiative est entraînée par d'autres motivations telles que l'envie de démarrer une action suite à un voyage migratoire riche d'enseignements ou suite à des informations entendues à la radio. L'envie de tenter la même expérience que le voisin est aussi un moteur puissant de l'action. Ces sources d'initiatives, liées à la connaissance de ce qui se fait ailleurs, peuvent être stimulées de l'extérieur, c'est-à-dire appuyées

effectivement, mais *indirectement.* L'appui consiste alors à susciter l'envie d'agir en informant les gens.
L'éventail des types d'information qui intéressent les ruraux est très large ; un aperçu sur les modes de diffusion de l'information sera donné au chapitre 6 : « Des encadreurs, non merci ! ».

Comment appuyer la première action d'un groupement pauvre[14] ?

Appuyer une première initiative est délicat : le risque majeur est de dépasser les capacités financières, techniques, organisationnelles du groupe. Il est souvent préférable de limiter l'appui à son minimum de façon à laisser le groupe essayer lui même. C'est en s'essayant qu'il affirmera son identité et testera la portée de ses capacités propres. Le meilleur appui est probablement, dans un premier temps, le plus léger possible. Peut-être même vaut-il mieux ne pas apporter d'appui financier la première année ? Certains projets ne travaillent qu'avec des groupements ayant au moins une année d'existence au cours de laquelle ils ont réalisé des actions donnant la preuve de leur sérieux et de leur détermination. Cela semble une bonne stratégie.
Lorsqu'un apport financier extérieur est apporté, il devrait être modulé en fonction du niveau de richesse des groupements. Et être complémentaire aux ressources propres du groupement mais sans s'y substituer. En effet, quand les ressources des organisations de base proviennent en premier lieu de sources externes, il est rare que cela produise des organisations solides et durables, enracinées dans des motivations profondes. Les responsables qui apparaissent alors sont souvent moyennement motivés et risquent d'être surtout intéressés par leur enrichissement personnel ou leur position sociale. Les membres, de leur côté, ne développent pas suffisamment le sens de leur responsabilité propre. Le montant de l'apport externe devrait être proportionnel aux capacités des responsables du groupement, à leur capacité de gestion en particulier. Le principe d'apporter un montant égal à, par exemple, une ou deux fois le montant des ressources propres du groupe permet de tester sa compétence en gestion. Une fois cette première expérience menée, une analyse - faite avec eux - des avantages et des problèmes rencontrés permettra

[14] Ce qui suit est également vrai pour des groupements moins désargentés.

de mieux adapter l'appui à l'avenir, et de proposer éventuellement des formations complémentaires.

Protéger les groupes sociaux dominés

Appuyer les forces sociales de changement ne signifie pas appuyer uniquement les groupes dominants, les hommes mariés et les notables par exemple. En effet, des forces de changement existent aussi parmi les groupes sociaux dominés, comme les jeunes, et aussi les femmes, et parmi celles-ci, les jeunes femmes. Quelles pistes pour appuyer des groupes dynamiques mais socialement dominés ?

L'appui à un groupe dominé, c'est-à-dire ayant un pouvoir de décision et une liberté d'expression limités, suppose souvent une démarche de protection en séparant le groupe du reste de la société à certains moments de l'appui. Ceci permettra au groupe de se constituer une réflexion propre en toute facilité d'expression.

La démarche de protection peut être mise en œuvre de deux manières : soit en appuyant directement le groupe dominé dans un cadre spécifique, soit en organisant un projet global au sein duquel le groupe social dominé pourra disposer d'espaces de réflexion réservés à certains moments.

Le premier cas est illustré par l'exemple des Foyers de Jeunes de Ronkh qui regroupaient, dans leurs débuts, les jeunes gens qui pouvaient ainsi parler en dehors des anciens. La deuxième situation peut être illustrée par le Projet de Développement Rural Intégré de Melfi qui travaille depuis 1988 dans la région du Guéra au Tchad[15]. Le projet ne s'adresse pas à une catégorie sociale particulière mais à l'ensemble du village, laissant aux habitants la liberté de s'organiser de manière mixte ou séparée. Ainsi, dans certains villages, les jeunes et les femmes se retrouvent avec les hommes *mûrs* dans un même grand groupe; dans d'autres villages, les jeunes, par exemple, ont préféré constituer un groupe spécifique. C'est le cas du village de Gogmi, chef lieu de canton, où les jeunes ont préféré se distinguer du *groupe des vieux* composé des chefs de famille, des chefs de quartiers et des notables. La principale motivation des

[15] Source : GUENEAU Marie-Christine, carnet de notes de la mission d'évaluation du projet, 1996. Ce projet est financé par la Coopération suisse.

jeunes à se séparer des aînés était la gestion du magasin collectif de stockage d'arachides en coque. En effet, les aînés considéraient naturel d'y puiser en fonction de leurs besoins; les arachides revendues servaient à financer l'achat de thé dont ils sont grands consommateurs. Les jeunes, de leur côté, s'opposaient à des ponctions personnelles et préconisaient une gestion plus économique.

Les intérêts et les pratiques des jeunes sont donc différents de celles de leurs aînés. La stratégie de ce projet a été de cofinancer des équipements d'intérêt général gérés ensemble par les deux catégories de population. Des réunions séparées ont été tenues pour que les jeunes puissent se concerter de leur côté avant d'exposer leurs idées en grand groupe, face à leurs aînés. Le projet a également financé des équipements (magasin de stockage, charrues, charrettes) destinés spécifiquement aux jeunes.

Tout en travaillant avec les détenteurs de pouvoir

Pour aider une catégorie sociale spécifique, il parait donc préférable d'adopter des stratégies itératives de séparations-rencontres. Néanmoins, il parait important de ne pas chercher à contourner les pouvoirs existants mais plutôt de composer avec eux. Ainsi, Gregori Lazaref[16] remarque t-il :

> « Peut-on, en effet, espérer atteindre effectivement les pauvres, les groupes défavorisés, sans accepter de composer avec les systèmes de pouvoir existants, sans tenir compte des élites qui se cachent derrière les apparences de la démocratie ? Les groupes défavorisés n'ont pas de pouvoir politique, ils n'ont pas, ou peu, de pouvoir de négociation ; ils ne peuvent en acquérir que si on leur négocie une place avec ceux qui détiennent de tels pouvoirs. »

Cependant, nous serions plus nuancés que Lazaref qui propose de négocier à la place des groupes défavorisés. Ceci n'est pas le rôle de l'aide, il est illusoire de croire pouvoir changer les rapports de force de l'extérieur. Les vrais acteurs de la négociation doivent être les

---

[16] LAZAREF Gregori, *Vers un éco-développement participatif*, L'Harmattan, Paris, 1993.

intéressés eux-mêmes ; l'aide peut, par contre, veiller à organiser des lieux d'expression puis rappeler les engagements pris de part et d'autre. Cela dans une attitude de respect des hiérarchies existantes et des processus de prise de décision habituels.
Proposer des actions avec des groupes spécifiques ne pose généralement pas de grandes difficultés si d'autres actions sont possibles pour les autres groupes aussi. Par exemple, dans le cas de Gogmi, les anciens ne se sont pas opposés à un appui aux initiatives des jeunes dans la mesure où le projet proposait un appui à leurs actions également. Le groupe des anciens avait ainsi reçu des financements pour un grenier de sécurité de mil, un magasin de stockage d'arachides et des charrues.

Une autre précaution est de veiller à ne pas conduire de stratégies d'affrontement. Elles sont beaucoup trop risquées pour les groupes dominés car elles peuvent aboutir à une aggravation de leur situation initiale.
L'affrontement est d'ailleurs fermement refusé par les intéressés. Ainsi, les jeunes de Gogmi disaient :

> « Nous voulons apporter le progrès ici à Gogmi mais ne sommes pas contre nos parents ! Même si nos vieux nous freinent, nous n'allons pas faire de coup d'Etat contre eux. Nous voulons qu'ils nous aident. »

Les jeunes craignaient de s'opposer de front à leurs aînés et préféraient les convaincre pour qu'ils les appuient. Le nom donné à leur groupement est, à cet égard, significatif : « Solidaires et pacifiques ». Les intérêts de vie commune qui les lient à leurs parents sont plus forts que les motifs de rupture. C'est bien ce qu'a observé Lazaref[17] : « En dépit de leurs différences de statut, de pouvoir ou de richesse, ils se sentent liés par des solidarités et des intérêts communs ».
De plus, le conflit ouvert comme moteur d'évolution - à la façon des sociétés occidentales - se retrouve assez peu dans les pratiques d'un bon nombre de sociétés africaines qui lui préfèrent souvent la recherche d'un consensus. « C'est en fonction de l'adhésion des

---

[17] LAZAREF Gregori, op. cit.

alliés, clients, dépendants, que se prend une décision », comme le souligne Annick Talbot[18].

Enfin, il faut faire attention de ne pas brusquer le rythme d'évolution des processus. Vrai pour tous les groupes sociaux, ceci est encore plus important pour les plus défavorisés qui vivent dans un environnement précaire. Rechercher des changements rapides risque de leur nuire en suscitant l'opposition des classes sociales dominantes qui peuvent se sentir menacées. Une femme leader paysanne du Sri Lanka, Karunawathie Menike[19] livre son témoignage qui peut s'appliquer à la réalité des sociétés africaines :

> « Nous, les pauvres, ne sommes pas pressés d'accélérer le rythme du renforcement de notre pouvoir. Nous savons que, dans les conditions sociales, économiques, politiques où nous sommes, cela serait non seulement irréaliste mais destructeur. Les pauvres ont leur propre rythme, un rythme né de la sagesse et de l'expérience et non de la programmation affichée sur un tableau situé dans un bureau confortable sous un ventilateur. »

C'est aussi ce qu'exprime Jean-Gabriel Seni, leader paysan de l'ouest du Burkina Faso, dans la région de Bobo Dioulasso :

> « Une bonne organisation des paysans est possible, à condition de ne pas sauter les étapes. La vie paysanne est liée à la société, à la nature, il faut donc aller lentement, il faut beaucoup de patience. Il faut accompagner et accepter les autres, ceux qui sont plus lents. »

Respecter le rythme de penser, de décider, de travailler, des groupes de population, n'est pas facile pour la coopération internationale ! Le système d'aide génère, de son côté, son propre rythme suivant une cadence souvent rapide due à de multiples contraintes qui seront analysées dans la quatrième partie de ce livre.

---

[18] TALBOT Annick, Société traditionnelle et développement participatif. Réflexion à partir de réalités maliennes, in SCHNEIDER Harmudt et LIBERCIER Marie-Hélène (sous la direction de), *Mettre en oeuvre le développement participatif*, OCDE, Paris, 1995.

[19] IRED, *People's empowerment as the people see it*, Occasional papers, Development Support Service Asia, Genève, 1992.

En conclusion de ce premier chapitre sur les bénéficiaires de l'aide, il apparaît que le concept de *plus pauvres* correspond plus à un slogan qui sert les intérêts de certains acteurs du système d'aide qu'à une réalité sur le terrain. L'aide parvient surtout aux groupes sociaux qui savent saisir les opportunités que représentent les projets d'aide au développement. Ajuster le discours à cette réalité et rechercher une connaissance sociologique fine des acteurs villageois serait préférable. Cela permettrait de parler vrai et de mieux adapter l'aide aux caractéristiques réelles des différentes catégories sociales.

Chapitre 2.

FEMMES EN PROMOTION ?

« Les femmes ne veulent plus se laisser faire !
Mais, nous ne voulons pas la révolution,
nous voulons que nos hommes nous aident à avancer. »
Alhéré Bitrus, leader paysanne du Mayo Kebbi, Tchad.

Poursuivons notre exploration des bénéficiaires : l'aide parvient-elle aux femmes ? Sont-elles des hommes comme les autres ? Et bien, non. L'aide et les femmes ne font pas toujours bon ménage. Les femmes sont souvent cantonnées dans leur rôle de ménagère et de pourvoyeuse d'enfants, c'est-à-dire dans leur rôle de reproduction familiale, alors que leur rôle de productrice économique n'est pas suffisamment pris en compte.

Le folklore encore bien vivant de la couture

Dans la plupart des groupements, comme à Pala, au Mayo Kebbi, dans le sud du Tchad, des femmes vous disent :

> « Lorsque des étrangers viennent au village pour aider les paysans à avancer, ils demandent à parler avec les hommes. Mais, nous, les femmes, ils nous oublient. »

L'aide oublie les femmes... et quand l'aide pense effectivement à elles, le plus souvent, elle les maltraite. En effet, la spécificité pour les femmes, c'est la *promotion féminine*. Cette expression, tellement éculée qu'au fil du temps on s'y serait presque habitué, reste cependant bien saugrenue. Elle n'a pas d'équivalent au masculin : la *promotion masculine* n'existe pas. Pour les hommes, on parle plutôt *d'aide aux bénéficiaires* ou d'*appui aux producteurs*, ce qui fait malgré tout plus sérieux.

Concrètement, cette promotion féminine recouvre encore souvent des formations à des disciplines réputées féminines : couture, broderie, tricot-crochet.

Par exemple, à Madagascar, dans la région de Diego Suarez, en 1995, le même mot était employé pour *couture* et *promotion féminine*. Les principales activités proposées aux femmes, à la fois par l'Eglise, dont l'influence est importante, et par l'Etat, sont encore des formations à des travaux d'aiguilles dans des centres ménagers. Certes, le cas de Madagascar est caricatural, mais il est néanmoins significatif. Au Sénégal, dans la vallée du fleuve, dans la région du Fouta, l'Etat a fait des machines à coudre l'un des fers de lance de la cause des femmes ; dans certains endroits de cette région, on peut se demander si la véritable fonction de la petite case du centre de promotion féminine n'est pas plus symbolique que réellement opérationnelle.

En réalité, cette promotion féminine-là relève presque du folklore. Elle est un pur produit du placage du vieux modèle européen de la femme parfaite : bonne mère, bonne épouse, et femme au foyer. Le contenu des programmes de certains centres de promotion féminine correspond encore exactement aux traités d'économie domestique de nos mères éduquées dans les années 50-60. Dans le rapport d'activités d'une grande ONG catholique, en 1993, au Tchad une soeur écrit :

> « Les objectifs du centre sont d'aider la femme à épanouir le meilleur d'elle même en lui faisant améliorer toujours davantage la vie familiale (foyer, éducation, santé), mieux gérer le budget, apporter des ressources par la confection de vêtements sans oublier l'entretien de la concession [...]. Le centre a été fondé en 1964 à la demande des fonctionnaires et il suit la même ligne depuis cette date »[1].

Ce vieux schéma est inadapté à la réalité quotidienne des femmes rurales africaines, avant tout travailleuses agricoles.

[1] Cette conception de la femme n'est pas très éloignée de celle du 19è siècle; l'enthousiasme dans les mots en moins peut-être. En 1865, la Comtesse DROHOJOWSKA écrit : « C'est une mission sainte et sacrée que constituent la tenue de la maison et l'entretien d'un mari et de ses enfants dans un dévouement et une abnégation ; ce ne sont pas des sentiments stériles mais cela constitue le véritable talent d'une femme », *Conseils à une jeune fille*. Librairie Editeur Perisse Frères, Paris, 1865.

Soukeyna Ndiaye Ba, Présidente de l'ONG sénégalaise Femmes Développement et Entreprises en Afrique (FDEA) s'élève contre une conception étriquée du rôle des femmes dans la société :

> « Les ONG confinent toujours les femmes à des rôles marginalisés, interprétés comme ceux de la condition de la femme. Elles voient en la femme une ménagère, une épouse, une gardienne de certains aspects culturels mais ne la voient jamais comme un élément de production économique. Elle est surtout considérée comme un élément de reproduction physique, sociale et culturelle. Les projets qui leurs sont proposés sont des projets marginaux : des projets de couture, de teinture, etc. qui ne servent strictement à rien. »

Malheureusement, ce folklore que constituent les projets d'aide à la couture est encore bien vivant mais il lui est fait si peu de publicité que l'on serait tenté de le croire moribond. En effet, les évaluations d'experts et d'expertes, les articles pour revues spécialisées, portent sur des expériences novatrices qui deviennent comme l'arbre cachant la forêt : elles occultent la multitude des petits projets ordinaires pour bonnes ménagères. Lors de nos évaluations sur le terrain, en Afrique, nous constatons que la vitalité de ce type de projet est toujours forte. C'est ce qui provoque notre coup de colère.

Pourtant, la réflexion théorique a bien progressé

Au fil des conférences internationales et des travaux des chercheuses[2], au cours des trente dernières années, les théories et les stratégies ont évolué jusqu'à créer une discipline spécialisée, baptisée *Femmes et Développement* puis *Genre et Développement*. Cinq approches se sont succédées jusqu'à présent, dosant différemment le social et l'économique[3]. Celles qui ont rencontré l'écho le plus favorable auprès des gouvernements sont les plus neutres politiquement, c'est-à-dire celles qui proposent des

---

[2] Effectivement, il n'y a quasiment pas de chercheurs masculins sur ce thème.

[3] Cette succession d'approches a été identifiée par Carolyn MOSER, chercheuse de la London School of Economics and Political Science, Londres dans « Gender planning in the Third world : meeting practical and strategic needs », in *World Development*, vol. 17, n° 11, 1989.

changements d'ordre pratique et surtout pas de remise en question structurelle. Exposons brièvement ces différentes approches qui coexistent sur le terrain et inspirent les projets mis en oeuvre.

L'approche *Bien-être* s'est développée de 1950 à 1970. Elle est centrée sur le rôle familial et domestique des femmes qui sont considérées comme des bénéficiaires passives du développement. L'économique appartient à une sphère séparée, celle des hommes. Les projets d'aide découlant de cette approche sont de nature caritative ; ils visent la satisfaction des besoins pratiques dans les domaines de la santé, de la nutrition, du planning familial, de l'approvisionnement en eau.

L'approche *Anti-pauvreté,* née dans la mouvance des théories sur les plus pauvres des années 1970, attribue la subordination des femmes à leur pauvreté et propose donc une stratégie d'intensification de la productivité du travail des femmes. Mais, arrivant dans une période de croissance économique, cette approche fut rapidement taxée de productiviste à outrance et n'aura pas un grand impact.

L'approche *Egalité* a vu le jour sous les auspices favorables de la Décennie pour les Femmes lancée en 1975 par les Nations Unies. Ambitieuse, elle proposait des changements structurels visant à réduire les inégalités entre hommes et femmes, basées sur la division sexuelle du travail, et à accroître l'autonomie économique et politique des femmes. Mais, considérée comme politiquement dangereuse, elle a été remplacée par l'approche *Efficacité* dès le début des années 1980.

Cette quatrième approche connut un grand succès, elle se situe dans le contexte des plans d'ajustement structurel et du modèle dominant de l'économie libérale. Les femmes font alors l'objet du traitement social de l'ajustement au titre de la catégorie des pauvres dont elles constituent la majorité. Et, dans le même temps, elles sont considérées comme une ressource humaine sous employée devant être mieux utilisée. C'est ainsi qu'arrivent sur le devant de la scène des projets productifs créateurs de revenus et des projets dits spécifiques c'est-à-dire réservés aux femmes. Les changements préconisés sont fonctionnels, en particulier liés à l'augmentation des revenus ; ils ne suggèrent pas de bouleversement de l'ordre social, ce qui fut pour beaucoup dans le succès de cette approche.

L'approche *Renforcement du pouvoir*[4] est la seule définie par des féministes et des organisations de base du Tiers monde. Apparue dans les années 1980, elle vise le renforcement des capacités des femmes selon une stratégie constructive et non selon une stratégie de compétition ou de révolution contre les hommes. Elle recherche la participation des femmes aux instances sociales de représentation, de décision, d'administration et de gestion. Cette approche est restée d'une popularité limitée parce que née d'une analyse jugée trop politique par les gouvernements et les agences publiques d'aide.

Aujourd'hui, depuis 1985, une autre approche est née : *l'analyse déterminée par le genre*[5]. Basée sur le refus d'un déterminisme biologique, elle affirme que le sexe est avant tout une construction sociale ; elle souligne la complémentarité des rôles et des responsabilités entre les hommes et les femmes. Cette approche ne se limite pas à la satisfaction de *besoins pratiques* mais poursuit des *intérêts stratégiques* visant des changements structurels : participation aux instances de décision, modification des lois, du code civil, du code du travail, etc. Concrètement, les projets spécifiques d'antan sont critiqués et il est recommandé de leur préférer des projets communs hommes-femmes mais en ayant soin de prendre en compte les atouts et les contraintes de chaque genre d'acteur. L'approche en terme de genre constitue effectivement une analyse conceptuelle intéressante. Mais, elle est encore relativement peu opérationnelle car très peu de projets sont construits sur cette base d'une analyse simultanée en direction des hommes et des femmes.

Ainsi, la production de réflexion théorique et stratégique sur la prise en compte des femmes dans le développement n'a pas fait défaut. Elle a permis une prise de conscience à un niveau politique dans certains milieux mais, hélas, sur le terrain, en Afrique de l'Ouest, on est resté relativement loin de ces avancées conceptuelles.

---

[4] *Empowerment* dans la terminologie anglaise.

[5] *Gender analysis* étudiée à International Institut of Development de Harvard à la demande des agences de coopération américaine et canadienne, a été introduite en France dans les milieux du développement par Jeanne BISILLIAT, chercheuse du Département Sud à l'ORSTOM, sous la traduction de *relations sociales de sexe.*

Les petits projets ordinaires pour bonnes ménagères

La plupart des projets pour les femmes se révèle, grosso modo, caractéristique des deux approches, Bien-être et Efficacité, qui ont reçu le plus d'adhésion dans le milieu des ONG mais aussi dans les divers *Ministère de la Femme* des pays d'Afrique de l'Ouest et parfois dans des agences de coopération bilatérale[6]. Elles ne mettent pas en cause les mécanismes de création de l'inégalité mais se contentent de proposer des changements fonctionnels liés à la vie pratique. Et, c'est bien souvent là le problème : on assiste à un mélange de caritatif et d'économique, une sorte d'hybridation qui donne rarement de bons résultats, ni sur le plan économique ni sur le plan de l'aide. De fait, les activités censées être rémunératrices sont souvent des fiascos commerciaux ; elles *occupent* les femmes mais ne les font pas vivre.

Nous avons évalué de nombreux projets de ce type dans les quinze dernières années. Analysons ici quelques-uns de ces projets de couture, teinture et maraîchage.

Les travaux d'aiguilles enregistrent de mauvaises performances qui restent mal connues. Par exemple, l'évaluation de l'activité couture d'un projet de promotion féminine, mené par une grande ONG catholique européenne au sud de la Mauritanie, dans la région du Gorgol en 1992, illustre bien les difficultés habituelles de ce type de projet. Les femmes s'attendent à des résultats rapides et se découragent des exigences de précision requise pour un travail commercialisable. Cela est d'autant plus vrai en milieu rural où les paysannes ont plus l'habitude de travailler la rude terre avec des bêches que d'ouvrer les tissus avec de fines aiguilles. Ainsi, après sept ans de formation à raison d'une à deux après-midi par semaine, la maîtrise technique de la coupe et de la couture par les femmes était faible : à peine la moitié des femmes savaient couper et la plupart d'entre elles produisait des habits assez mal cousus, peu esthétiques et finalement plus chers que les produits asiatiques à bon marché et les fripes importées d'Europe à des prix dérisoires. De plus, l'enclavement des villages rendait les débouchés très étroits et

---

[6] Parmi les coopérations bilatérales, les pays d'Europe du Nord sont plus avancés que la France qui parait bien dépassée à la fois dans son niveau d'analyse et dans les lignes budgétaires mises en œuvre.

vite saturés. Résultat final : la plupart des vêtements confectionnés restaient stockés dans des armoires du projet à défaut d'être vendus. Dans ces conditions, le seul intérêt des projets de couture pourrait être un usage familial de raccommodage. Mais alors, pour les femmes, le rapport coût-bénéfice (coût financier en transport, achat de tissus et fil, et coût en temps) en vaut-il vraiment la peine ?

Nous avons fait le même constat fréquent de déboires économiques pour les projets de teinture. Dans le projet mauritanien cité plus haut, l'évaluation montrait que le bénéfice retiré de la teinture d'un grand voile de femme était de 10 francs français pour un travail de 4 jours réalisé par un groupe de 4 femmes. Le bénéfice par teinturière n'était donc que de 2,50 francs par voile. De plus, les problèmes de qualité et d'écoulement des produits étaient semblables à ceux de la couture. Réussir une activité de teinture, dans des villages enclavés et avec des femmes qui n'en ont pas une pratique traditionnelle, est souvent difficile.

Enfin, le maraîchage est souvent considéré par l'aide comme une activité féminine, en particulier parce qu'il est relié à la nutrition familiale. Les projets de maraîchage sont fréquemment assimilés à du petit jardinage familial et sont conçus comme tels. Ils sont faiblement dotés en matériels - quelques arrosoirs et puisards font l'affaire - et la commercialisation n'est pas prévue. Dans ces conditions, ils produisent rarement des merveilles.

Une aide pas totalement inutile mais mal conçue

Les projets spécifiquement destinés aux femmes se révèlent donc être mal conçus comme nous l'avons démontré précédemment. Mais, qu'en est-il dans le cas des projets mixtes, c'est à dire destinés à la fois aux hommes et aux femmes ? Pour les femmes, il est difficile de participer. Non pas que cela leur soit interdit, mais les modalités d'accès sont définies pour les hommes mariés, c'est-à-dire chefs de famille, et chefs d'exploitation agricole. Ainsi, leur sont destinés les intrants, les charrues, les pulvérisateurs, les formations agricoles, les crédits, etc. Malgré leur travail agricole important, les femmes sont considérées comme des aides familiaux, présumées bénéficiaires indirectes des apports de leur mari. Les rares femmes membres de droit des groupements créés par les projets mixtes sont des femmes chefs de famille, comme par exemple des veuves ou des femmes dont le mari est parti en migration de longue durée. D'autre part, ces projets ne tiennent pas compte de l'emploi du temps surchargé des femmes et programment les activités à des moments où elles sont occupées à des tâches domestiques.

Cependant, l'aide véhiculée par les projets cités leur a été, malgré tout, utile.

En effet, l'aide a valorisé les femmes en faisant d'elles un objet d'intérêt ; elle les a légitimées et rendues plus *visibles*. Ces projets ont fait qu'on parle des femmes. Ce qui est regrettable, c'est la mauvaise conception des projets qui n'a pas permis une meilleure progression de leur situation. A notre avis, les meilleurs appuis sont ceux qui permettent de renforcer le pouvoir des femmes. Il s'agit notamment de projets liant une dimension économique à une dimension plus stratégique d'organisation sociale. Les projets d'appui aux organisations de productrices rentrent dans cette catégorie. Etre organisées collectivement permet aux femmes des débats internes, des solidarités et des contacts avec d'autres structures (d'autres groupements de femmes, les services techniques de l'Etat, par exemple) qui conduisent à une prise de conscience de ce qu'elles représentent, à une vision élargie du monde et à un positionnement plus autonome dans la société.

Diagnostic

En fin de compte, l'aide des ONG mais parfois aussi celle des agences d'aide multilatérale et bilatérale, ne s'intéresse pas vraiment aux femmes et ne leur apporte pas un appui adapté.

Les femmes ne sont souvent prises en compte que dans leur dimension de reproduction familiale et peu dans leur dimension de production économique. Et, même si une réflexion théorique abondante s'est développée dans les instances internationales, dans les villages, les femmes se voient encore trop souvent proposer des projets de couture et des projets à l'allure productive qui cachent en réalité une conception qui tient plus du bricolage que d'une analyse économique sérieuse. Ces projets apportent peu de changements significatifs, en particulier parce qu'ils ne s'attaquent pas aux réels noeuds de blocage : l'économique *et* le politique. C'est précisément l'articulation entre ces deux dimensions qui fait trop souvent défaut.

Alors, lancer les femmes dans des petits projets ordinaires n'est acceptable que si cela constitue une stratégie de premier contact avec elles, stratégie pensée dans une perspective de renforcement de leur pouvoir économique et de leur place dans leur société, dans le cadre d'organisations de productrices.

La deuxième partie de ce chapitre portera sur des propositions d'amélioration. Mais, auparavant, analysons l'exemple d'un projet d'appui à des organisations paysannes, mené d'après une analyse déterminée par le genre.

■ ***L'exemple du projet d'Appui aux organisations de paysans et de paysannes au Mayo Kebbi, Tchad***

Le projet d'appui aux organisations paysannes du Mayo Kebbi a démarré en 1991, financé par la GTZ, Coopération allemande. Dans cette région, surtout à l'ouest, des organisations de producteurs de coton ont été créées par l'Office National de Développement Rural. Les femmes y participent peu car ces organisations sont conçues pour les hommes. Aussi nombreuses sont les femmes qui ont créé leur propre groupement[7].
La plupart (80 %) des groupements de femmes fonctionnent sans aide extérieure grâce à leurs faibles ressources propres. Par contre, les ressources financières des organisations d'hommes sont beaucoup plus importantes, elles proviennent notamment des ristournes obtenues sur les marchés de coton. Les activités respectives sont différentes également. Eux s'occupent essentiellement de la culture du coton et un peu de commerce de céréales. Elles travaillent des champs collectifs de coton (en dehors de l'ONDR), d'arachide et de mil ; elles font également beaucoup de commerce et de transformation de produits agricoles (huile et pâte d'arachide, poissons fumés, condiments, etc.). Les activités des organisations de femmes, comme celle des hommes, ont clairement une vocation économique. Le projet s'est fixé comme objectif le renforcement de l'organisation interne des groupements et l'augmentation de leurs ressources économiques. Les moyens retenus par le projet sont l'octroi de crédit et l'organisation de

---

[7] Sources des informations de cet exemple : GUENEAU Marie-Christine, carnets de notes de différentes missions d'appui entre 1992 et 1996.

formations, selon des modalités différentes pour les hommes et les femmes.

En matière de formation, les thèmes proposés aux femmes sont, par exemple, le séchage des mangues et des bananes ; ceux proposés aux hommes portent, par exemple, sur les techniques piscicoles. Mais tous sont intéressés par des formations à la gestion. La durée des sessions de formation est modulée également : pour les femmes, la durée est plus courte, elle ne dépasse pas une semaine pour tenir compte de leurs contraintes familiales ; pour les hommes, des sessions de quinze jours ou trois semaines ne posent pas trop de problèmes.

En matière de crédit, le montant de l'apport propre réclamé aux hommes est de 50 % du montant du crédit, il n'est que de 25 % pour les femmes aux ressources plus limitées. Varient également, les objets de crédit et donc les durées d'emprunt. Les organisations de femmes empruntent surtout pour transformer des produits agricoles et faire du commerce, sur des durées relativement courtes et pour des montants assez limités (300 000 francs CFA en moyenne[8]). Les organisations d'hommes empruntent des montants plus importants (840 000 francs CFA en moyenne) surtout pour du commerce de céréales. Au niveau des résultats, les taux de remboursement des femmes sont meilleurs que ceux des hommes. « Les femmes sont le cimetière de l'argent » dit le proverbe mousseye, comprenez : elles sont moins dépensières que les hommes. Il est vrai aussi que leurs emprunts sont moins risqués.

En 1996, le projet appuyait un total de 239 organisations paysannes, 104 organisations d'hommes, 102 de femmes et 22 mixtes.

L'impact du projet sur le revenu des femmes n'est pas cerné avec précision faute d'une étude fine mais les femmes dressent les constats suivants : « Les activités faites grâce aux crédits donnent toujours des bénéfices après remboursement des crédits, sauf cas exceptionnel. L'argent gagné permet d'acheter du savon ou du sel sans être obligée d'attendre que le mari en donne. Et, en plus, une partie des bénéfices alimente la caisse du groupement »[9].

---

[8] 100 francs CFA = 1 franc français.

[9] Propos relevés lors de l'Atelier d'auto-évaluation du projet en 1996.

Elles soulignent, par ailleurs, l'augmentation du nombre de membres et l'accès à de nouvelles libertés : « Nous avons gagné le droit à la parole, disent-elles. Nous avons peur de parler si les hommes sont là, on n'est pas libre, et on finit toujours par faire ce qu'ils veulent, eux. Et puis, nous sommes plus libres pour aller aux réunions, le mari peut moins facilement s'opposer aux déplacements de sa femme, surtout si elle a été élue à un poste de responsable ».

Après cet exemple, plus globalement, quelles orientations dégager ? Trois axes seront proposés : considérer les femmes comme des acteurs à part entière, que ce soit par des projets spécifiques ou par des projets globaux ; lier les dimensions économique et organisationnelle ; et enfin, favoriser « l'arrivée » d'animateurs et de chercheurs masculins.

Considérer les femmes comme des acteurs à part entière

On ne peut plus continuer à se contenter d'une vision réductrice du rôle des femmes centré sur la reproduction domestique. Il faut apprendre à les voir là où elles sont : partout. Les femmes sont des acteurs à part entière de la vie économique, sociale, culturelle et politique. Des acteurs qui jouent sur les trois registres importants de la reproduction, certes, mais aussi de la production et de la gestion. La notion de gestion doit être comprise au sens large de la gestion économique familiale et de la gestion sociale de certains aspects de la vie villageoise.
En terme d'aide au développement, cela signifie que les projets devraient prendre en compte tous les acteurs sociaux : les hommes *et* les femmes, dans leurs contraintes et leurs intérêts spécifiques.
Une analyse déterminée par le genre préconise de ne pas isoler les femmes de la communauté dans le cadre de projets spécifiques, mais de les intégrer dans les projets globaux touchant les différents domaines de la vie communautaire. La mise en oeuvre de ces projets globaux suppose, dans le cadre du démarrage d'un projet, de chercher à connaître les rôles précis des hommes et des femmes, ainsi que leurs responsabilités, leurs pouvoirs respectifs. Par exemple, dans le cas d'un projet d'appui à une filière agricole, il est important de connaître la division sexuelle du travail : quel travail

réalisent les hommes et quelles tâches effectuent les femmes dans le labour, les semailles, l'arrosage, le sarclage, la récolte, la transformation et la commercialisation du produit ? Pour l'arrosage ou le sarclage, qui sont souvent des tâches féminines, quels sont les méthodes et outils utilisés ? Si l'outillage des femmes est rudimentaire, cela ne risque t-il pas d'être une contrainte à l'extension des surfaces ? Améliorer une filière suppose donc d'améliorer les méthodes de production des hommes, mais aussi celles des femmes.

La connaissance approfondie des acteurs sociaux devrait porter également sur la situation des différentes catégories de femmes. *Les femmes* ne constituent pas un groupe homogène, et le degré de liberté et de pouvoir des divers groupes de femmes varie beaucoup en fonction de certaines variables comme l'âge, la situation matrimoniale, le statut social du mari, le groupe social d'origine, etc. Ainsi, par exemple, la situation des jeunes femmes et des femmes âgées est très différente : ces dernières disposent de plus de temps et possèdent plus de pouvoir de décision. Elles exercent souvent un rôle d'autorité et de conservation des valeurs sociales traditionnelles. Dès lors, leurs objectifs et leurs atouts ne sont pas forcément ceux des jeunes femmes.

Par conséquent, les équipes de projet doivent tenir compte des spécificités des femmes, soit dans le cadre de projets réservés aux femmes, soit dans le cadre de projets globaux.

Des projets globaux, mais en y préparant les femmes

Une approche globale ne doit pas faire oublier une caractéristique fondamentale des femmes : c'est un groupe social dominé au pouvoir limité. Le risque est alors grand de les mettre dans la même arène que les hommes qui possèdent non seulement un fort pouvoir de décision, mais ont également l'habitude des débats publics et des négociations.

Comme l'exprime Soukeyna Ndiaye Ba de l'ONG FDEA :

> « Je ne crois pas qu'en isolant les femmes on arrivera à quelque chose. Mais en même temps, il faut quand même être réaliste. Si l'on met les femmes et les hommes ensemble, ils vont les manger crues. »

C'est aussi l'avis d'une autre spécialiste sénégalaise, Joséphine Ndione du Groupe de Recherche et d'Appuis aux Initiatives des Femmes (GRAIF) :

> « On fait attention à éviter des groupements femmes-hommes dirigés par les hommes parce que, d'après l'expérience que nous avons eue, en général, les hommes prennent les décisions, font les grands patrons et souvent, bouffent l'argent et étouffent les femmes. »

Il est donc important de prendre en compte les mécanismes de domination portés par les sociétés elles-mêmes en adoptant une méthode, sinon de *protection* des femmes, du moins de *préparation à la rencontre* avec les hommes. Cette préparation passe par des séparations des femmes et des hommes à certains moments : comme exposé au chapitre 1 à propos des jeunes, il est souvent utile de mettre en oeuvre des stratégies itératives de séparations-rencontres. La séparation permet au groupe de femmes de s'exprimer librement, de constituer son analyse propre des problèmes et d'élaborer une position commune qui pourra ensuite, lors de la rencontre avec les hommes, être exposée officiellement. Dans les sociétés où l'expression individuelle des femmes est difficile, cette méthode permet une expression collective à travers la voix d'une porte-parole. Le projet d'Appui aux organisations paysannes du Tchad travaille de cette manière, cela permet aux femmes qui n'ont pas un accès facile à la parole en public de pouvoir exprimer leurs points de vue dans de grandes assemblées mixtes, y compris devant des autorités administratives de niveau cantonal et régional.

Des projets spécifiques, mais sans isoler les femmes

Toutefois, les projets globaux ne constituent pas toujours une méthode de travail possible. Soit parce que certaines activités ne concernent pas les hommes comme, par exemple, la transformation de produits agricoles qui est souvent spécifiquement féminine, soit tout simplement, parce que les femmes ne souhaitent pas réaliser une activité avec les hommes et préfèrent travailler au sein de groupements féminins. Dans ces cas, des projets spécifiques pour les femmes seront préférables mais il faudrait être attentif à ne pas isoler les femmes et veiller à conserver une approche globale de la société. Joséphine Ndione insiste particulièrement sur les articulations à trouver entre les différents groupes sociaux et sur l'intégration de l'action des femmes dans la société villageoise :

> « Nous faisons attention à ne pas isoler le groupement du village. Le groupement est en même temps une entité du village. Le groupe lui-même collabore avec le chef de village, avec les conseillers ruraux, avec l'école. On sait qu'un jour ou l'autre, on aura besoin des services du chef de village, des conseillers ruraux ou de l'école. On essaye de tisser des relations d'amitié avec tous. »

Elle expose également une autre manière de ne pas isoler les femmes et de les situer au carrefour de différentes responsabilités. Dans certains cas, les groupements féminins sont ouverts aux hommes qui souhaitent participer :

> « On travaille avec les femmes en priorité, mais nous ne sommes pas allergiques aux hommes ; s'il y a des hommes qui souhaitent participer, on leur répond *oui* à eux aussi. Il y a des actions séparées et des actions qui intègrent les hommes et les femmes ensemble. Par exemple, l'alphabétisation est gérée par les femmes mais des hommes y viennent. De même, les actions de santé sont gérées par le village et sont mixtes. Les banques de céréales sont gérées par les groupements de femmes mais les usagers sont mixtes. Pour les actions économiques, à certains endroits comme, par exemple, les vendeuses au marché, ce sont les femmes qui dirigent et les hommes ont accepté de participer à ces groupes de femmes. »

Une approche globale de la situation spécifique des femmes suppose, par ailleurs, de rechercher l'appui des hommes. L'orientation, proposée au Chapitre 1, de travailler avec les pouvoirs existants, s'applique également au cas du groupe social des femmes en tant que groupe dominé. La compréhension et la participation des hommes sont nécessaires dans les cas de projets globaux comme dans ceux des projets spécifiques.

Comme le dit Alhéré Bitrus, secrétaire d'une organisation paysanne du Mayo Kebbi :

> « Les femmes ne veulent plus se laisser faire ! Mais, nous ne voulons pas faire la révolution, nous voulons que nos hommes nous aident à avancer. »

Il convient donc de contribuer à favoriser le dialogue et la négociation entre hommes et femmes, pour que les hommes comprennent les contraintes et les aspirations des femmes et qu'ils distinguent mieux les avantages qu'eux mêmes et la collectivité villageoise peuvent retirer de la participation des femmes.

Mais surtout, avoir la volonté politique de renforcer le pouvoir des femmes

Le deuxième axe de proposition souligne la nécessaire volonté politique de renforcer la place des femmes en liant les dimensions politique et économique.

Sans une volonté politique claire de contribuer à des changements structurels de la situation des femmes, grâce au renforcement de leur pouvoir, les choses évolueront peu. Le pouvoir des femmes restera limité à un pouvoir d'influence et de conviction, un pouvoir de la nuit comme l'évoquent les proverbes bambara (Mali) : « Les pantalons exécutent le jour ce que les pagnes ont décidé la nuit » ou « Ce que la tresse a décidé la nuit, la barbe le fait sien le matin ».

C'est tout le sens de la recherche des *intérêts stratégiques* de l'approche en terme de genre qui invite à dépasser la seule satisfaction des besoins pratiques. Concrètement, cela signifie rechercher la participation des femmes aux instances de représentation et de décision, leur donner plus de possibilités d'accès aux ressources naturelles, financières, etc. « Mais, ne serait-ce pas là de beaux discours d'intellectuels ? » penserez-vous peut-être. Il est vrai que, souvent, sur le terrain, les villageoises identifient plus facilement leurs besoins pratiques que leurs intérêts stratégiques. Conscientes de leur subordination pour la plupart, elles ne sont, par contre, pas toujours en mesure d'imaginer et de proposer des moyens de transformation de leur situation. Et, même lorsqu'elles ont des idées d'amélioration, les aspects pratiques constituent toujours la priorité. Le rôle d'une équipe d'aide au développement n'est pas toujours facile : il réside dans l'accompagnement des initiatives des femmes, et des hommes, pour leurs besoins pratiques *et* dans l'accompagnement des femmes dans une réflexion plus politique et plus stratégique.

Comment favoriser la participation des femmes aux instances de décision ? Le principe des quotas qui vise à assurer la participation d'un pourcentage de femmes donne t-il de bons résultats ? Oui, lorsque les femmes figurent effectivement parmi les bénéficiaires d'un projet. Il paraît alors normal de recourir à des quotas de femmes à ce titre. Par exemple, dans le cas du projet Crédit Rural de Guinée exposé au chapitre 1, le principe des quotas proposé par l'équipe du projet avait été bien accepté car il correspondait à une typologie de la clientèle dont une grande partie est composée de femmes. Mais, par contre, dans les projets où les femmes ne sont pas des acteurs au même titre que les hommes ou ne sont pas des bénéficiaires directes de l'action, les quotas apparaissent souvent comme relevant d'une idéologie féministe qui cherche à imposer la présence des femmes sans justification technique concrète. La société réagit alors souvent en désignant effectivement des femmes, mais elles sont jeunes et sans pouvoir, réduites à un rôle de potiches. Dans les projets de gestion de terroirs, par exemple, dans des contextes où les femmes n'ont pas accès à la terre et ne sont pas considérées comme directement partie prenante des décisions ayant trait à la gestion de l'espace, le dispositif des quotas donne rarement de bons résultats.

L'organisation et l'économie : une alliance motrice d'évolution

D'après l'expérience des auteurs, les domaines d'activités les plus porteurs d'évolution sont ceux qui concernent, à la fois, l'économie et le *politique* au sens de structuration collective.
Des projets d'appui à une création de revenus dans le cadre d'une organisation globale permettant la défense des intérêts individuels et collectifs des femmes paraissent de nature à apporter des changements significatifs. Des groupements bien organisés et disposant de moyens financiers sont bien armés pour exister au sein de la société.

Mais, bien sûr, le cadre des groupements n'est pas intrinsèquement exempt de difficultés ; il est aussi le lieu de luttes d'influences internes et fait l'objet de tentatives de contrôles externes. Par exemple, les femmes âgées, souvent porteuses de l'ordre social traditionnel, exercent parfois une influence redoutable sur les jeunes femmes. Ce fut le cas à Dissing, village du bord du lac de Léré, au Mayo Kebbi, où lors d'une session de formation, les femmes âgées ont exigé que la traduction soit faite par un homme, alors que, parmi l'assistance, plusieurs jeunes femmes parlaient bien français et auraient pu traduire.
De leur côté, les hommes tentent d'exercer un pouvoir par le biais de secrétaires et de traducteurs qui jouent parfois un double jeu en diffusant l'information aux hommes, une information que les femmes souhaitent garder confidentielle, surtout lorsqu'il s'agit des sommes disponibles en caisse. Mais, malgré les difficultés énoncées, qui supposent un travail d'appui patient et adapté à chaque cas, les organisations de paysannes constituent un réel cadre d'émancipation.

La dimension économique, créatrice de ressources financières, constitue l'autre élément pivot de l'autonomie des femmes. Soukeyna Ndiaye Ba insiste sur cet aspect :

> « Je crois beaucoup à l'économie. Economiquement, les choses peuvent bouleverser tout à fait les situations. La preuve est que là où les femmes avaient très peu de considération, dès l'instant qu'elles ont une contribution économique, elles-mêmes se rendent compte de leur pouvoir, et en plus, elles sont beaucoup mieux considérées par le reste de la société. Un bouleversement économique amènera forcément un bouleversement des mentalités. »

Mais, l'équation n'est pas toujours aussi simple qu'il y paraît. En effet, dans certaines sociétés, l'amélioration de la situation financière des femmes ne s'accompagne pas systématiquement d'une amélioration de leur statut social. Par exemple, chez les Marbas, dans l'Est du Mayo Kebbi, les femmes n'ont pas le droit de posséder des biens sauf leurs ustensiles de cuisine ; les biens acquis par la femme reviennent au mari[10]. Ceci signifie que la production de ressources monétaires au sein de groupements de femmes Marbas ne sert pas directement les intérêts des femmes si les bénéfices sont utilisés à l'acquisition de biens individuels, puisque ceux-ci risquent fort d'être accaparés par les maris. Ces situations ne constituent pas, heureusement, la majorité des cas. Dans de telles situations, il convient de veiller à utiliser les bénéfices pour financer des équipements collectifs destinés, par exemple, à l'allégement des tâches des femmes.

Encourager l'arrivée de chercheurs et d'animateurs masculins

Pour travailler avec les femmes, il faut d'abord, bien sûr, les connaître. Mais, entendre les idées des femmes n'est pas toujours facile, tant les hommes, souvent pleins de bonne volonté, s'empressent de répondre à leur place dans les réunions mixtes « parce qu'elles n'ont pas l'habitude de parler en public ».
Mais, interroger les femmes seules est considéré par certains développeurs comme une perte de temps. Et pourtant, sans cette précaution, la parole des femmes reste souvent inaccessible, prisonnière à la fois du zèle des hommes, de la timidité des femmes et des conventions sociales. Il est donc nécessaire de prendre la précaution d'animer des réunions séparées pour créer un contexte favorable à une expression plus libre des femmes. Les hommes du village et les autorités locales y voient rarement d'inconvénient, ni ne se sentent froissés, si une réunion d'information préalable leur est proposée pour exposer, dans les grandes lignes, les thèmes qu'il est prévu de traiter ultérieurement avec les femmes. Bien sûr, un peu de diplomatie est recommandé dans le savant dosage à concocter entre ce qu'il est possible de dire et ce qu'il est souhaitable de garder confidentiel.

Pour travailler avec les femmes, on s'interroge parfois sur la nécessité de disposer de personnel féminin au sein des équipes de projets et des équipes de recherche. Faut-il toujours des femmes ou bien des hommes peuvent-ils également convenir ?

---

[10] KOI-SUAL Ousmane, *Identification des organisations paysannes féminines dans l'Est du Mayo Kebbi,* Centre Social/GTZ Micro, Bongor, 1996.

Il est vrai que, dans les villages, en Afrique, les paysannes, et leurs maris, se montrent d'emblée plus à l'aise avec une animatrice parce qu'il semble naturel à tous qu'une femme s'adresse aux femmes, mais aussi parce que c'est une pratique fréquente des projets d'aide, ce qui a fini par rendre la méthode évidente. Mais, sauf cas exceptionnels de régions très traditionnelles, ou particulièrement intégristes, des animateurs peuvent fort bien travailler avec les femmes. Cependant, une sensibilisation et une information préalables sur les spécificités de ce groupe social particulier, est nécessaire. En effet, les connaissances accumulées sur les hommes ne peuvent pas être utilisées systématiquement pour les femmes et plaquées automatiquement ; les contraintes des femmes sont différentes, en particulier le manque de temps, l'accès limité aux ressources, le faible niveau de formation, le pouvoir de décision restreint, la liberté d'action relative, etc. Les méthodes de travail avec les femmes devraient également faire l'objet de cette information à donner aux animateurs.

Pour une approche en terme de genre dans le cadre de projets globaux concernant à la fois les deux types d'acteurs sociaux, il est souhaitable que les équipes de projet soient mixtes, composées de cadres masculins et féminins ayant une connaissance des caractéristiques de chaque type d'acteurs.

Dans l'exemple du projet d'Appui aux organisations paysannes du Mayo Kebbi, l'équipe est composée de trois Délégués Régionaux masculins et deux Déléguées Régionales féminines. La répartition des tâches est géographique, chacun s'occupe, dans sa région, à la fois des organisations d'hommes et de femmes. La répartition est également thématique, le Délégué de la zone de Bongor est aussi spécialiste des questions de crédit. La Déléguée de la zone de Gounou Gaya est spécialisée dans l'appui aux femmes, elle donne des conseils à ses collègues masculins et intervient dans des situations difficiles où les villageois refusent qu'un homme travaille avec leurs femmes. Les échanges au sein de ce type d'équipe sont fructueux car ils sont situés à un double niveau d'analyse hommes-femmes.

Au Nord, la réflexion sur le thème de la prise en compte des femmes dans le développement est habituellement réservée à des experts femmes ; ce qui la spécialise, la cloisonne, la marginalise... et il faut bien le dire, la dévalorise. Or, quelques chercheurs et experts hommes s'intéressent à cette question et sont conscients du rôle des femmes dans leur domaine d'activité. Lorsqu'ils prennent la parole sur ce sujet, ils sont mieux entendus : là où les experts femmes apparaissent féministes, rabâcheuses, ennuyeuses, ils apparaissent observateurs, sages, professionnels.

Les experts hommes se révèlent donc de bons alliés pour casser cet apartheid, décloisonner la réflexion et la faire avancer. Pourquoi pas des hommes experts en matière d'appui aux femmes ? De bonnes équipes de travail sur les femmes devraient être mixtes pour gagner en crédibilité. Il faudrait donc pousser des chercheurs et des experts masculins !

En conclusion de ce chapitre sur les femmes, on ne peut que regretter, une nouvelle fois, le rôle mineur laissé aux femmes par le système d'aide. Au sein de celui-ci, les acteurs les plus conservateurs paraissent être les ONG du Nord, et françaises en particulier, mais également bon nombre d'Etats du Sud dont les pouvoirs publics réduisent la femme à son rôle de mère de famille.

Nous nous interrogeons quant au cloisonnement qui perdure entre les façons de penser et de faire des équipes sur le terrain et la réflexion théorique dans les milieux spécialisés. Quels sont les blocages, les représentations culturelles, les bonnes et les mauvaises raisons qui expliquent cette situation ? Un travail de recherche serait à réaliser pour localiser les verrous placés aux différents niveaux institutionnels, au Nord comme au Sud.

Chapitre 3

« EN RANGS, PAR QUATRE ! »

« Les ONG n'aiment pas trop collaborer de près avec les organismes fédératifs paysans. Ils ont une perception des mouvements comme si nous étions des concurrents. »

Mamadou Cissokho, leader paysan sénégalais.

Au fil des chapitres, se précise le portrait-robot des bénéficiaires recherchés : pauvres, plutôt des hommes *et* rassemblés par chaque intervenant dans des groupements spécialement créés pour gérer l'apport d'aide. « En rangs par quatre ! ». La création d'organisations conformes à son imaginaire constitue une caractéristique de celui qui aide. N'existerait-il donc pas d'organisations dans les villages ?

Celui qui aide aime organiser ses bénéficiaires

Des organisations villageoises existent effectivement mais le système d'aide les ignore pour en créer d'autres, plus ressemblantes à ses rêves. Pape Maïssa Fall, animateur sénégalais de la région de Kaolack, constate en 1994 le peu de cas qui est fait des organisations existantes. Il s'indigne :

> « Chaque ONG, chaque projet d'appui vient avec sa stratégie et ses *cibles*. Chacun, comme le font les hommes politiques, veut avoir sa zone d'intervention. Ils ne tiennent pas compte de ce qui existe déjà. Ils proposent de nouvelles choses alors qu'il y a des initiatives. Ils étouffent tout cela... »

Directivité et aveuglement sont-ils des caractéristiques fondamentales du système d'aide ? Celui qui apporte l'aide croit savoir ce qu'il faut faire, et ce qui s'est passé avant son arrivée ne l'intéresse guère. Ici et maintenant, il veut mobiliser les villageois pour mener à bien son projet. C'est ainsi qu'il est demandé aux populations de *s'organiser*. Comprenez : s'organiser selon les principes de chacun des agents de l'aide extérieure. Le plus souvent,

cela se traduit par un comité de gestion pour chaque activité menée. On trouve ainsi dans un même village, un comité de santé, un comité de gestion de l'eau, un comité de construction de la banque de céréales, un comité du jardin maraîcher, etc. Fleurissent aujourd'hui en Afrique des milliers de pseudo-groupes créés essentiellement pour recevoir l'aide, les *groupements-minute* comme les baptisent les paysans du Mayo Kebbi au Tchad.
François Greslou[1], agronome français, va même plus loin et montre l'absurdité de cette pratique qu'il utilisait au Pérou dans les années 1980 : elle peut conduire à une déstabilisation profonde des communautés. Il raconte :

> « Inconsciemment n'a-t-on pas contribué à créer une situation exactement inverse de celle qu'on avait l'intention de générer ? Nos parcelles collectives, nos coopératives, nos comités et autres syndicats répondaient à notre préoccupation de contribuer à un développement pour tous et à renforcer la tradition communautaire des populations andines. Non seulement aucune de nos structures n'a résisté, mais il est à craindre que leur mise en place ait contribué à démanteler la communauté paysanne comme telle. »

Le risque est donc grand de tuer les organisations traditionnelles existantes en leur superposant de nouvelles structures.

Bien des cadres, nationaux ou étrangers, estiment que les villageois ayant de faibles ressources et un bas niveau de scolarisation ne sont pas capables de s'organiser, de produire, de commercer et de progresser. Cette méconnaissance affecte non seulement les administrations mais, aussi, beaucoup d'ONG. Mamadou Cissokho le souligne et constate de plus que les pratiques d'organisation déjà anciennes dans les villages facilitent le travail d'organisation mené ensuite par les différents projets. Il dit :

> « Les gens des ONG ne nous connaissent pas vraiment. Quand ils viennent discuter avec une association de paysans qui est là en train de travailler, ils ne peuvent pas se faire une idée de ce

[1] GRESLOU François, *Le coopérant, missionnaire ou médiateur ? Rencontre de cultures et développement dans les Andes : un témoignage*, FPH, Syros, Paris, 1995.

> qui s'est passé avant pour arriver à ce que l'entente, puis les objectifs communs, soient solides. Les agences d'aide ne veulent pas reconnaître qu'elles bénéficient de tout un travail organisationnel que les associations ont fait avant qu'elles ne viennent. Par contre, elles veulent nous dicter leurs façons de faire. »

Le mépris des organisations existantes conduit à créer ex nihilo de nouvelles structures bâties sur un modèle importé. C'est ce qui suscite le coup de colère de ce chapitre.

Le prolongement de la tutelle coloniale

L'histoire de l'invention des structures paysannes n'est pas nouvelle, elle plonge ses racines dans la colonie. En Afrique de l'Ouest francophone, le système d'aide, tant celui des ONG que des coopérations publiques, contribue finalement à prolonger l'histoire coloniale. Une histoire où le pouvoir central cherchait à imposer son modèle d'organisation aux populations. Bien avant les indépendances (1960), les administrateurs organisaient, par exemple, des sociétés indigènes de prévoyance. Doucet[2] caractérise ainsi cette politique dans ses *Commentaires sur la Colonisation* (1926) :

> « La politique coloniale est l'art d'organiser et d'outiller, suivant les méthodes modernes, un pays non civilisé, peu civilisé, ou possédant une civilisation très différente de la nôtre, dans le but d'accroître sa richesse et de servir, par contrecoup, les intérêts du peuple colonisateur. »

Sitôt les indépendances, les administrations nationales et les agences d'aide adoptèrent l'art d'organiser systématiquement les paysans - on ne parlait pas à l'époque des paysannes - en coopératives. L'imposition de ce type occidental d'organisation fut faite avec une telle rapidité et directivité que les coopératives sont restées, dans la grande majorité des cas, des structures imposées de l'extérieur sans capacité interne de gestion. Pourtant le dessein de certains responsables politiques visait un objectif inverse ; par exemple au Sénégal, le décret de 1959, donnant au secteur

---

[2] DOUCET, "Commentaires sur la colonisation" (1926), cité par Ulricke Schwerkers, in *Revue APAD n° 5*, juin 1993.

coopératif le monopole de la commercialisation de l'arachide, avait pour objectif de libérer les paysans de la tutelle des commerçants et de l'économie de traite. En pratique, le monopole se traduisit par un changement de tutelle. La capacité, déjà faible en soi, des services publics chargés d'épauler les coopératives a été balayée par la toute puissance des offices publics de commercialisation. Le poids des paysans sur les filières (arachide, coton, puis riz) était nul. Certains d'entre eux regrettaient d'ailleurs l'époque du commerçant. Ce dernier apportait des marchandises et éventuellement du crédit à court terme, ce que leur coopérative ne faisait pas.

A présent, l'échec des coopératives semble oublié mais le système d'aide, en toute amnésie, reproduit peu ou prou ce modèle en créant diverses organisations d'usagers. Il existe pourtant déjà des organisations paysannes dans les villages ! Après avoir présenté les organisations d'usagers, nous décrirons les organisations traditionnelles et les associations paysannes autonomes.

Les organisations d'usagers du système d'aide

Ces organisations sont répandues dans la majorité des villages. Elles se sont créées sous la pression d'agents extérieurs employés par les administrations, les sociétés d'Etat, les projets de coopération publique, les ONG, les églises... A leur demande, les exploitants se regroupent pour bénéficier d'un crédit d'intrants, d'un canal d'amenée d'eau, etc. L'initiative propre des usagers, membres de ces groupes, est faible. Ils attendent les instructions de l'organisme de tutelle. La grande majorité des groupements pré-coopératifs et des coopératives n'est pas constituée sur une base associative (« Je deviens membre pour réfléchir et travailler avec les autres membres »), mais sur une base de consommation (« Je deviens membre pour bénéficier du service que va me rendre le groupement »).

Les usagers sont priés de s'organiser selon le modèle importé prêt-à-porter : assemblée générale, bureau et son lot de président, vice-président, trésorier, trésorier-adjoint, secrétaire, etc. Autant de postes dont les fonctions sont rarement claires et traduisibles en langue locale. Les paysans se débrouillent alors comme ils peuvent. Fréquemment, derrière les intitulés orthodoxes se cachent des fonctions différentes : si vous rencontrez un commissaire aux comptes par exemple, faites-vous préciser de quoi il s'agit ; vous trouverez probablement le deuxième ou troisième témoin nécessaire pour que le trésorier puisse procéder à l'ouverture de la caisse du groupement. Aux divers postes des multiples comités se trouvent souvent les mêmes personnes : au village, les compétences ne sont pas très nombreuses, surtout en matière de tenue de cahiers, et les bonnes volontés ne fleurissent ni plus ni moins spontanément qu'ailleurs. Autre innovation apportée par le modèle, le mode de désignation des responsables par élection publique d'un candidat, parmi d'autres candidats, pour un seul poste. Quelle incongruité dans certaines régions d'Afrique où se porter candidat et ne pas être élu revient à perdre la face, terrible hors-jeu social !

Même si depuis la fin des années 1980, les administrations et les sociétés d'Etat sont forcées - sous couvert de libéralisation - de transférer une part de leurs responsabilités aux paysans, la pratique de création d'organisations reste bien ancrée. Marie-Rose Mercoiret[3] observe en 1994 :

> « Dans de nombreux cas, on continue cependant à *organiser les paysans* selon des modèles préétablis et difficilement négociables. Ainsi, des textes réglementaires voient le jour qui définissent les modalités nouvelles selon lesquelles les producteurs doivent être organisés : association des usagers des réseaux hydro-agricoles à Madagascar, commissions villageoises de gestion des terroirs au Burkina Faso, et tant d'autres. »

En voici un exemple à Madagascar où l'économiste Paul Mathieu[4] a observé le Projet National de Réhabilitation des Petits Périmètres Irrigués. Un vaste programme qui a débuté en 1985 avec comme objectif, pour l'année 1995, la réfection d'une superficie totale de 90.000 hectares d'aménagements irrigués. Avant de décider de remettre en état des réseaux d'irrigation, les techniciens ont

---

[3] MERCOIRET M. R. (sous la coordination de), *L'aide aux producteurs ruraux. Guide à l'usage des agents de développement et des responsables de groupements*, CIRAD-SAR, Editions Karthala, Paris, 1994.

[4] D 'après MATHIEU Paul, « Irrigation et associations locales à Madagascar. Jeux et enjeux d'un transfert de gestion aux organisations paysannes » in BLANC PAMARD Chantal (sous la coordination de), *Dynamiques des systèmes agraires*, ORSTOM, Paris, 1993.

consulté les paysans pour connaître leur avis sur les modalités des réparations à entreprendre. Mais, quelques mois auparavant, l'administration malgache avait signé un contrat de financement des travaux avec un groupe de bailleurs de fonds qui subordonnaient leur aide à la mise en place d'associations... obligatoires. L'administration avait donc lié la décision effective de réhabilitation à l'acceptation formelle, par une majorité d'exploitants (75 %), de créer une association d'usagers et d'assumer à l'avenir les charges d'entretien du périmètre. Résultat : entre 1986 et 1991, trente associations se sont créées avec 25 000 membres et des dirigeants pourtant motivés, mais « aux yeux de la majorité de leurs membres, les associations ne représentent pas un réel intérêt commun ». Leurs capacités à remplir les fonctions de gestion collective restent très limitées. Elles n'ont pas les moyens de faire appliquer les règlements intérieurs notamment celui portant sur la discipline de la répartition de l'eau entre les usagers. Les petites associations font exception car la cohésion sociale y est plus forte et l'influence des responsables plus solide.

Les deux types d'organisations nées en dehors du système d'aide

En dehors des organisations d'usagers nées des interventions publiques ou privées, il existe bien d'autres organisations. Nous en distinguerons deux types : les groupements traditionnels d'entraide et les associations paysannes autonomes.

Les *groupements traditionnels* d'entraide sont bien vivants et certains d'entre eux constituent les embryons d'associations paysannes. Ils rassemblent des groupes sociaux définis (famille, voisins, femmes d'un quartier par exemple) pour une activité, agricole le plus souvent, et pour une période courte, fréquemment durant l'hivernage et les travaux agricoles. Leurs objectifs sont généralement sociaux : faire la fête, se retrouver, s'informer. Loin d'être figé, ce système évolue constamment, notamment sous l'influence d'apports externes qui sont en partie assimilés ou totalement rejetés.

Mais les différents groupes d'entraide sont parfois cloisonnés et ne collaborent pas forcément entre eux. C'est ce qu'exprimaient les femmes d'un village mossi du Burkina Faso lorsqu'elles estimaient

l'avantage de la création de leurs groupements villageois : « à présent, on se connaît » disaient-elles.
Beaucoup d'acteurs du système d'aide ne cherchent pas à collaborer avec ces groupements, ni même à les connaître car ils les considèrent comme un accessoire du passé.

L'autre type d'organisation, longtemps méprisé lui aussi, est représenté par des *associations autonomes* nées à l'initiative de leurs propres membres. Au début, ce sont de petits groupes constitués entre quelques personnes volontaires au sein d'un même village, ou d'un quartier. Mamadou Cissokho explique ainsi le processus de la naissance d'un groupement autonome comme celui de Bamba Thialène en 1978, au Sénégal :

> « Au village, si les gens ne s'entendent pas, ils ne peuvent pas définir leurs objectifs. Il faut d'abord s'attacher au : " comment faire pour que l'on puisse s'entendre ". C'est pourquoi les associations, à leur naissance, *perdent* assez de temps sur ces questions d'entente parce qu'une fois que ces questions sont réglées et opérationnelles, le reste devient facile. Ces règles permettent de faire l'harmonie d'abord entre l'association et son milieu : par exemple entre le groupement et le village autour, le groupement et les chefs religieux, le groupement et le chef traditionnel, le groupement et les partis politiques, le groupement et l'environnement. Puis, faire l'harmonie des relations entre les personnes au sein de l'association : les vieux et les jeunes, les femmes et les hommes, les enfants et les adultes. C'est pourquoi dans beaucoup de groupements à la base (comme dans les fédérations) vous trouvez ce qu'on appelle des *conseillers*. Ce sont des vieux ou des vieilles chargés de faire " vivre ces principes d'harmonisation " sans lesquels la situation devient ingérable. »

Pour affirmer son identité et prendre ses premières initiatives, un groupe est obligé de négocier d'une façon intense avec l'ensemble des acteurs qui l'entourent. Il ne peut continuer d'exister que s'il arrive à se créer un espace de liberté sans attirer trop d'oppositions destructrices. L'art de ceux qui promeuvent un nouveau groupe est de trouver des alliés parmi les différentes forces sociales qui existent, aussi bien du côté de ceux disposant du pouvoir que de ceux qui en disposent de très peu. Un chef de village burkinabé[5] exprimait ceci, en 1995 :

> « On préfère être par groupe. Car si dans un quartier par exemple, on entend parler qu'il y a un groupe dans le village qui a commencé à se former, il faut faire attention. Entre nous, le problème c'est la jalousie. Il y a les vieux qui peuvent faire de la sorcellerie pour arrêter cela, car ils sont jaloux de ne pas être parmi les membres du groupe. Pour commencer le développement, il faut être un groupe, c'est cela qui est la meilleure solution. »

Observant d'une façon continue, de 1973 à 1989 au Burkina Faso et au Sénégal, les origines des associations paysannes autonomes, nous avons noté trois sources principales d'initiatives. Tout d'abord, l'influence d'une personne, originaire du village, qui parvient à entraîner quelques habitants. Souvent, ces innovateurs locaux ont voyagé pour chercher un emploi en ville, dans d'autres régions ou à l'étranger. Une deuxième source d'initiative est présentée par un événement mobilisateur, comme les sécheresses insupportables de 1973 et 1984, qui, en quelque sorte, accule les gens à relever ensemble un défi. Une troisième source est devenue, à la fin des années 1980, la raison principale de la naissance d'associations paysannes : le défi de faire aussi bien que les autres ; on a vu, dans un village voisin, un groupe prendre une initiative. On l'admire. On l'envie. On le copie, surtout s'il a réussi à obtenir une aide extérieure.

Aujourd'hui, en 1997, la copie est devenue envahissante et risque d'étouffer les originaux. Pourquoi donc ?

La force destructrice des modes imposées

La conditionnalité de l'aide est un principe répandu. Un concept qui signifie : « Vous aurez ceci à la condition de vous conduire comme cela ». Un concept vieux comme le monde ... des dames patronnesses de milieu aisé : « Voici, mon ami, de quoi nourrir votre femme et vos enfants, à la condition que vous cessiez

---

[5] LAURENT Pierre-Joseph (cité par), *Les pouvoirs politiques locaux au Burkina Faso*, Commission Nationale de la Décentralisation, Ouagadougou, avril 1995.

de boire ». Sous couvert de contrats clairs entre les deux parties, l'organisme qui aide organise la subordination de celui qui reçoit.
Arrivées dans les villages, les cascades de conditions - dont la condition mère : « Groupez-vous, si vous désirez notre aide » - produisent un effet puissant : la multiplication des comités et des groupes prêts à tout accepter ... à la condition que l'aide vienne. Par exemple au Sénégal, se constituer en groupement d'intérêt économique (GIE) est obligatoire, depuis 1985, pour ouvrir un compte bancaire, déposer de l'épargne et obtenir un crédit auprès de la Caisse Nationale de Crédit Agricole (CNCA). Des milliers de groupes informels ou d'anciens groupes de soutien pour le parti politique au pouvoir sont ainsi devenus des GIE.
En même temps, des associations bien vivantes se sont trouvées rapidement détruites par cette exigence. En effet, la CNCA refusait de les reconnaître, estimant que le nombre élevé de leurs membres augmentait le risque de non remboursement. Son modèle était le groupe familial. Elle l'imposa en 1988, par exemple aux *Foyers de jeunes* du Walo, qui éclatèrent en de multiples GIE et perdirent une grande part de leur force collective. Les exploitations rizicoles irriguées étaient auparavant cultivées par des groupes organisés par chacun des Foyers. Sauf exception, la multiplication des GIE a détruit la discipline de gestion et libéré l'euphorie d'entreprendre et d'emprunter. Ceci a produit quelques années plus tard un surendettement de chaque famille, face auquel la majorité des Foyers n'avaient alors plus la force de réagir.
Autre type de figure imposé : le remodelage des organisations existantes. Certains bailleurs n'hésitent pas à imposer des restructurations pour façonner l'organisation interlocutrice conformément à leur idéal. Joseph Sene en donne un exemple :

> « On avait déjà commencé, en 1991, à décentraliser l'association, c'est à dire à constituer, entre les groupements dans les villages et l'association régionale, des unions de groupements au niveau des arrondissements. Un bailleur est arrivé et nous a dit : " A la fin du contrat de deux années avec vous, il faudra avoir achevé la décentralisation ". Je leur disais : " Il faut respecter une certaine vitesse, ne pas couper trop vite le cordon ombilical ". Eux disaient aux gens : " Les unions doivent devenir autonomes " ; et aussi : " Si on travaille bien avec les unions, sitôt le contrat avec l'ARAF terminé, on va passer des

> contrats directement avec vous ". Et cela a créé des problèmes ! »

Dans ce cas, le produit d'exportation de l'ONG était la démocratie à tout prix ; dans d'autres, ce sera le développement durable et demain un nouveau slogan à la mode du Nord. Et les groupements paysans, pour ne pas perdre l'aide, sacrifieront à la mode, au moins en apparence. Une mode qui peut les détruire comme l'observe Bernard Njonga[6], responsable d'une ONG d'appui aux organisations de base du Cameroun :

> « La perception qu'ont les membres de leur organisation varie d'un individu à l'autre. Certains voient en elle une espèce d'entonnoir pour capter l'aide extérieure, ce qui a pour conséquence l'inhibition de toute initiative endogène et la relégation à l'arrière plan de toute fonction pertinente de l'organisation, notamment les fonctions de promotion économique et de défense des intérêts des membres. »

On ne saurait mieux souligner les effets pervers de l'offre d'aide sur les organisations paysannes.

Les réticences des agents d'aide devant les unions de groupements paysans

Bien des agents d'aide sont étonnés quand des petits groupes villageois, nés ici et là et qu'ils aidaient au coup par coup, commencent à se lier entre eux, puis constituent des *unions* qui rayonnent sur un vaste territoire. Or, cette volonté de s'unir, ne serait-ce que pour faire face à l'Etat, aux projets publics, aux commerçants et aux ONG, est une spécificité des groupements autonomes.

Les ONG, dont on entend souvent dire que les pauvres dont elles s'occupent s'organisent eux-mêmes, cherchent rarement à faciliter la naissance d'unions locales puis régionales entre *leurs* groupes de base et ceux nés hors de leur sein. Ou bien elles ne font rien pour

[6] NJONGA Bernard, « Rôle d'une ONG intermédiaire dans la mise en place d'un développement plus participatif. Le cas du SAILD au Cameroun », in Harmudt SCHNEIDER et Marie-Hélène LIBERCIER (direction), op. cit.

que ces groupes perdent leur caractère informel, donnant ainsi souvent l'impression de vouloir garder leurs groupes à elles.
Déjà méfiantes quand elles collaborent avec une organisation de base paysanne non créée par elles, les ONG répugnent également à entrer en relation avec les unions et les fédérations d'organisations paysannes existantes. Des chercheurs ont observé au Burkina Faso, dans des zones où les organisations de base sont nombreuses, que « rares sont les intervenants qui favorisent le(ur) regroupement »[7]. Mamadou Cissokho dresse le même constat au Sénégal :

> « Les gens des ONG n'aiment pas trop collaborer de près avec les organismes fédératifs paysans. Ils ont une perception des mouvements comme si nous étions des concurrents. Les mouvements dérangent un peu les appuyeurs parce qu'ils ont réellement la force de la base derrière eux. Or, comme toutes ONG parlent d'appuyer la base, quand la base elle-même s'organise jusqu'à devenir un mouvement national, cela leur pose un problème ! »

En effet, il ne s'agit plus d'essaimer des micro-réalisations village par village mais d'épauler des organisations dont l'influence peut dépasser la taille d'un arrondissement et dont les contacts avec les responsables économiques et politiques régionaux sont multiples. Jean-Pierre Jacob et François Margot[8] notent que « ces regroupements procurent un degré plus élevé d'autonomie aux bénéficiaires ». Est-ce cela que craignent tant d'intervenants extérieurs ?

Ne craignent-ils pas surtout la relation avec les leaders ? Dans une union, les principales fonctions sont exercées par les leaders que leurs détracteurs appellent *des paysans à attaché-case*. Souvent, ceux-ci ont eu l'occasion soit de faire un parcours d'études scolaires, soit de vivre en ville ou d'être salariés dans une entreprise. Cela leur a permis d'acquérir un bagage de connaissances dites modernes qui leur facilite l'entrée en relation avec les administrations et avec le système d'aide.

---

[7] JACOB Jean-Pierre, MARGOT François, *Administration locale et organisations paysannes du Burkina Faso - Le rôle du gouvernement local dans le développement rural*, SEREC-IUED, Genève, mars 1993.
[8] JACOB J.P., MARGOT F., op. cit.

Au Nord, on imagine que le président d'une union ou d'une fédération est une sorte de président-directeur général d'entreprise. En réalité, chaque décision fait l'objet de négociations délicates entre les membres, même si le président paraît être le seul à décider. D'un autre côté, le système de négociation de l'aide est tel que le leader seul sera connu des ONG et des agences publiques. Il risque d'être considéré comme l'un des intermédiaires de la distribution de l'aide extérieure. Lui aussi sera alors soumis au : « En rangs, par quatre ! ». Il se trouve pris entre deux feux : les contraintes du système d'aide et les contestations des membres.

Diagnostic

L'année 1 d'un projet est souvent assimilée à l'année "1" de la vie des gens. Comme si les habitants n'avaient pas été jusqu'à présent les acteurs de leur propre histoire ! Comme s'ils n'étaient pas capables d'inventer de nouvelles formes d'organisation, d'évoluer et de définir eux-mêmes leur futur. Or, en milieu rural comme dans les quartiers urbains, il existe bel et bien une grande variété d'organisations endogènes encore trop souvent ignorées par les concepteurs de projets. Ces derniers, pratiquant une politique de la table rase, considèrent que ce qui existe est nécessairement caduc et mettent en place de nouvelles organisations.

Celui qui aide aime créer ses interlocuteurs. Il cherche à asseoir son pouvoir. Méprisant les organisations traditionnelles et craignant les nouveaux leaders, il est réticent à travailler avec ceux qui ne dépendent pas de lui. Sans le désirer parfois, il limite ainsi sa capacité à influencer les dynamiques sociales.

Disposant de l'argent, une équipe étrangère chargée d'une intervention d'aide se perçoit comme le centre du dispositif. En quelque sorte, les autres acteurs lui paraissent être au service de son action. Elle risque alors de les percevoir et de les traiter comme des instruments. Comme s'ils étaient seulement des bénéficiaires et des assistés potentiels. Le système d'aide est tel qu'il façonne lui-même le développement dont l'apport d'aide constituerait l'épine dorsale. C'est la population qui, en rangs par quatre, est appelée à participer aux projets d'aide.

Mais, en réalité, Jacques Giri[9] n'a-t-il pas raison de conclure que le monde rural, dans le cas du Sahel, n'est toujours pas captif :

> « Les paysans sahéliens avaient montré une capacité surprenante à se dérober devant les exigences des colonisateurs. [...] On peut dire que, de ce point de vue, peu de choses ont changé depuis les indépendances. [...] Ils ont toujours des solutions de rechange à celles qui leur sont proposées par le gouvernement et les agences d'aide. »

Dans la deuxième partie de ce chapitre, nous décrivons diverses pratiques d'intervenants d'aide attentifs aux organisations existantes. Et nous indiquons des pistes pour que le système épaule sans dominer et accompagne les organisations sans les mettre (ou les garder) sous tutelle. Commençons par un exemple.

■ ***Exemple d'une ONG internationale, Six S, conçue comme un appui aux organisations existantes***

La grande sécheresse de l'année 1973 en Afrique de l'Ouest a agi comme un révélateur. Ici et là, des jeunes paysans, les femmes en particulier, se sont unis au sein de toutes sortes de groupements volontaires pour surmonter le désastre. Comment les appuyer durablement sans tuer leurs propres efforts ? Comment contribuer à ce que ces petits groupements autonomes s'unissent entre eux ?

C'est pour tenter de répondre à ces deux questions que fut créée l'association suisse Six S (Se Servir de la Saison Sèche en Savane et au Sahel) en 1977. Deux contraintes guidèrent sa stratégie.

D'une part, c'était l'époque où l'argent de l'aide ne se mobilisait qu'à travers de grands projets ; or les groupements progressaient au jour le jour, par des actions très petites et tout à fait variées.

D'autre part, la démocratie n'était pas alors la préoccupation des dirigeants et des agences ; un organisme qui aurait montré sa volonté d'unir entre eux des groupements autonomes aurait été inacceptable pour les autorités.

[9] GIRI Jacques, *Le Sahel au XXIème siècle*, Karthala, Paris, 1989.

Alors, ni un projet, ni une organisation faîtière, quel statut choisir pour Six S ? Finalement, le petit groupe de fondateurs, sahéliens et européens, choisit celui d'une association internationale dont l'objectif était de mettre à la disposition des groupements un fonds souple, cofinancé, renouvelable et géré par eux.

Souple : c'est à dire n'exigeant pas, pour être dépensé par un groupe, que ce dernier élabore et fasse approuver au préalable un projet en bonne et due forme.

Cofinancé : par l'obligation de combiner les apports propres du groupement et le coup de main de Six S pour toute réalisation.

Renouvelable : mis en place en début de saison sèche, le fonds - pourvu que le décompte des dépenses, des prêts et des remboursements soit fourni et approuvé en fin de saison - est à nouveau attribué pour la saison sèche suivante et complété par une nouvelle dotation (et ainsi de suite durant plusieurs années).

Géré par les groupements : un comité constitué entre les responsables paysans(nes) d'une même zone attribue lui-même les dotations aux groupements et en contrôle l'usage.

Par ce dispositif, Six S a contribué, de 1977 à 1992, au financement de milliers d'activités (productives ou sociales, institutionnelles ou rentables, sans limitation) menées par des groupements du Burkina Faso, du Sénégal, du Mali, et dans une bien moindre mesure, de Gambie, du Togo et du Niger.

En même temps, l'association a épaulé la naissance et contribué au développement - de l'intérieur, en cofinançant quelques unes de leurs fonctions - de 73 unions de groupements et de deux fédérations d'unions (Naam au Burkina Faso et FONGS au Sénégal). La dose d'assistance technique étrangère n'a pas dépassé le volume de trois à six mois/consultant par an et n'a touché que les aspects comptabilité, communication, formation, suivi-évaluation-prévision.

Le travail de Six S nous a appris qu'un dispositif d'aide est plus efficace quand il ne cherche pas à organiser ceux qu'il souhaite épauler ; quand il laisse les petits groupes paysans, anciens et nouveaux, s'entraider ; quand il contribue, par le financement de rencontres, à ce que, petit à petit, ils s'organisent entre eux au sein d'unions locales puis régionales. Parallèlement, la dimension internationale de l'association s'est révélée être un facteur

déterminant : comme défi pour chaque comité de zone de présenter ses résultats face aux autres ; comme incitation permanente à comparer, apprendre, offrir aussi aux autres ce que l'on a tenté de faire ; et comme stimulant à ne pas s'occuper seulement de son petit terroir et de son groupe ethnique.
Enfin, dernière leçon, peut-être la plus essentielle. En ne gérant pas soi-même, c'est-à-dire en laissant les responsables paysans(nes) choisir les activités à entreprendre et dépenser eux-mêmes, on leur offre une occasion de se développer et de progresser par eux-mêmes. Alors, leurs institutions se renforcent de l'intérieur.

Deux défis principaux sont à relever par les agences ou les ONG concernées par la progression des organisations paysannes existantes : oser travailler avec les unions de groupements et coopérer avec les leaders.

Oser travailler avec les unions de groupements

Pourquoi travailler avec les unions de groupements autonomes ? Une union rassemble des énergies et des savoirs à l'échelle d'une zone, un niveau où les discussions et les capacités sont moins contraintes et plus diverses qu'au village. Elle mobilise des volontaires, hommes et femmes, qui peuvent s'épauler entre eux. Elle représente un ensemble de familles dont elle peut défendre les intérêts. Enfin, elle promeut des initiatives qui lui sont propres et elle peut accepter, comme refuser, de coopérer aux initiatives d'autrui car elle existe indépendamment des organismes d'aide et des structures publiques. « Ce ne sont pas les gens d'un projet qui nous ont créés » disent les responsables des unions. Cette volonté de s'unir entre eux et d'affirmer leur existence pour faire face aux autres acteurs d'une même zone est une spécificité des groupements autonomes. De même, leur ambition de résoudre tous les problèmes auxquels font face les villages ; une caractéristique qui transforme en casse-tête le travail d'accompagnement de leurs initiatives, mais qui les oblige eux-mêmes à finir par coopérer avec tous les acteurs.

Pourquoi « finir par coopérer » ? Parce qu'au point de départ, chaque groupement se constitue comme spécifique, autonome et centré sur lui-même. Puis il s'ouvre à la coopération avec d'autres groupements voisins et finit par constituer avec eux une union. Mais, au sein d'une union, chacun des groupements veille à conserver son autonomie. Le système de décision devient inévitablement lourd et les prévisions collectives peu fiables. Demba Keita, coordinateur de l'Association pour la Promotion Rurale de l'Arrondissement de Nyassia (APRAN) au sud-ouest du Sénégal, explique ceci :

> « Aujourd'hui, les groupements nous bousculent. Ils veulent tout en même temps. Or, quand tu élabores ton programme et le négocies avec un donateur, c'est en fonction d'un certain nombre de préoccupations. Plus tard, au moment de la réalisation, les groupements pensent qu'on peut toujours trouver des moyens et même ceux qui n'étaient pas programmés, viennent demander notre appui et cela crée des problèmes. Ils vont dire qu'il y a un refus de l'union d'appuyer leur demande, alors que réellement ce n'est pas un refus ! Mais quand on élabore un programme, c'est pour des groupements bien identifiés ! C'est un programme négocié avec un partenaire, bien planifié, des accords ont été signés et tu ne peux pas aller au-delà. »

Cet exemple montre combien il est difficile pour les responsables élus d'une union de faire respecter des décisions, même prises en assemblée générale. Le succès comme l'échec des activités entraîne des effets peu maîtrisables comme l'irruption de nouvelles initiatives et de nouveaux membres, ou la naissance de jalousies.

Les difficultés de l'accompagnement

Si l'appui aux unions est fondamental, il n'en est pas moins une tâche complexe et peu prévisible. Nous observons sur le terrain que programmer et rester ferme sur le contenu d'un programme rassure les organismes donateurs mais peut également détruire l'entente au sein de l'union. Mamadou Cissokho constate :

> « Contrairement à beaucoup de structures, le mouvement paysan est une structure qui fonctionne comme un bébé apprend à marcher. Donc, deux pas en avant et puis, souvent, un pas en arrière. Ce n'est pas un système classique de

> planification où les objectifs sont déjà définis et qu'il s'agit de mettre en oeuvre. Non ! Chaque matin, chaque semaine, chaque année, il y a de nouveaux membres, il y a des départs et il y a des situations nouvelles ou des événements imprévus. »

Chaque union est donc, à un certain moment, composée de groupements expérimentés - qui se sont engagés dès le début - et de groupements qui viennent d'adhérer. Ceux-là n'ont pas vécu les épreuves de la conquête de l'autonomie ; ils voudraient, sans tarder, obtenir les mêmes services que leurs aînés. De leur côté, les anciens groupements ont le sentiment que l'union est d'abord faite pour eux puisque créée par eux ; et quand l'union vieillit sans bien réussir, certains de ses anciens la quittent. En d'autres termes, les unions risquent de trahir constamment les prévisions et les programmes.
Perdre confiance en elles pour cela, c'est ne pas les comprendre. Elles ne peuvent progresser qu'en tâtonnant. Et leur force est de mener leur propre expérience. Elles sont complexes car leurs objectifs sont à la fois économiques et sociaux, culturels et politiques. Leur démarche est endogène. Elles répugnent à se laisser imposer des solutions ou des façons de faire venues de l'extérieur. Beaucoup d'entre elles se sont, en effet, créées en réaction contre l'excès d'encadrement étatique et plutôt que de continuer à souffrir du mépris des cadres, elles préfèrent souvent se débrouiller sans eux. Elles effectuent des expérimentations successives sans bien maîtriser leur préparation, leur suivi et leur évaluation. Elles sont en perpétuelle restructuration. En particulier, quand elles abordent le champ des activités économiques, elles traversent une phase délicate où les valeurs de type associatif qui avaient présidé à leur constitution vont être mises au défi par le système, plus proche de l'entreprise, de la performance économique et du profit individuel, comme cela sera développé ultérieurement au chapitre 5 sur l'économie.

Par ailleurs, lors des négociations avec des acteurs externes, certains groupements vont essayer de faire bande à part et chercher, chacun pour soi, des ressources d'aide. Au nom de leur conception de la démocratie, certains intervenants externes vont accepter, sinon encourager, cette tendance. Ils contribuent alors parfois à détruire le mouvement. Conforter ce dernier est un travail de longue haleine dont le succès dépend avant tout de la vigueur de l'union elle-même. L'association paysanne Molibémo, en pays dogon au Mali, en donne un exemple. Elle est née en 1984, au moment d'une grande sécheresse et unit aujourd'hui une centaine de groupements situés dans 102 villages. De nombreux organismes d'aide agissent dans cette région :

> « Cela créait, sur l'ensemble du cercle de Bandiagara, une situation *cacophonique*, parfois contradictoire. Mais, Molibémo a su inverser cet état de fait dans sa zone d'intervention (qui couvre environ les deux tiers du cercle). Aujourd'hui, aucun organisme de développement ne peut évoluer dans la zone " contrôlée" par Molibémo sans l'accord préalable de ses responsables, et même de l'ensemble de ses membres. Des négociations sont alors engagées entre les responsables de Molibémo et ceux de l'organisme désireux d'intervenir. Ce *passage obligé* qu'a su imposer l'association paysanne est certainement un des principaux critères de sa réussite. Néanmoins, ne traduit-il pas une situation de monopole ? »[10].

Un autre pouvoir naît, celui d'une organisation paysanne capable de peser sur ce qui se passe dans sa zone d'action.

Que faire vis-à-vis des groupements d'usagers ?

Parmi les organisations de base, les groupements d'usagers forment difficilement entre eux des unions capables de faire face à la toute puissance de l'agence publique qui les encadre et maîtrise la filière (riz, coton). Nés à l'initiative d'un encadreur extérieur, habitués à attendre ses instructions, ils n'ont guère l'habitude de prendre des décisions à un niveau supra villageois. Convient-il de les inciter à se fédérer entre eux ou d'attendre le moment où certains le feront d'eux-mêmes ? Les deux voies peuvent porter des fruits, comme le montre les deux exemples suivants.

Du côté de l'incitation, un exemple nous vient du sud du Mali, où des associations villageoises (AV) ont été créées depuis les

---

[10] TESSOUGUE Tobere, « Développement du plateau Dogon : quand le Molibémo devient incontournable », in *On ne ramasse pas une pierre avec un seul* doigt, FPH, Paris, Centre Djoliba, Bamako, 1996.

années 1980 à l'initiative des formateurs de la filière coton. La mise en place, depuis 1992, par un projet public de Centres de Gestion, en partie contrôlés et financés par plusieurs AV d'une même zone, a des effets positifs :

> « Les AV sont à la fois membres et bénéficiaires de leur Centre de Gestion. Le conseil d'administration du Centre est élu par l'assemblée générale des AV adhérentes [...] Le Centre assure la bonne tenue des documents de commercialisation du coton, s'appuyant sur des conseillers (prestations) et des paysans néo-alphabètes dans chaque AV [...] Il institue le travail en commun au sein de chaque AV et au niveau intervillageois [...] La transparence est telle que les AV qui refusent d'adhérer au Centre de Gestion sont soupçonnées de gestion hasardeuse, bien que l'adhésion soit libre »[11].

Du côté du rejet de la tutelle par les paysans eux-mêmes, l'exemple du Mayo Kebbi, au Tchad, est significatif. Des groupements paysans ont créé en 1996 des unions pour gérer eux-mêmes diverses activités ; certaines liées au coton comme la location de bâches, d'autres pour le stockage, la gestion et le commerce de céréales. Ils l'ont fait de leur propre chef, contre la volonté des agents de l'Office National du Développement Rural, qui ne voient pas partout d'un bon oeil l'organisation de producteurs à une échelle pluri-villageoise.

Epauler les innovateurs et les leaders

Cette deuxième piste s'adresse à ceux des acteurs qui ont la chance de ne pas se trouver trop contraints au sein des appareils et des projets d'aide, ou des administrations. Ce devrait être le cas des responsables d'ONG, des formateurs, des consultants et des chargés de programme eux-mêmes, bref de tous ceux qui se trouvent parfois au point de départ d'une démarche d'aide.

A ce moment, nous semble-t-il, il s'agit avant tout de repérer des innovateurs et non seulement peaufiner des projets !

---

11 DIARRA Amadou Baba, « Mali-Sud, quand les paysans se lancent dans la gestion », in *On ne ramasse pas une pierre avec un seul doigt*, op. cit.

Bernard Holzer[12], qui fut responsable d'une association de solidarité internationale, affirme :

> « Ma chance a été de rencontrer des personnes qui refusent la fatalité, la misère et la faim. Ces hommes et ces femmes s'informent, militent, analysent leur situation et agissent avec d'autres. Paradoxalement, ce n'est pas cette qualification hu-maine qui fait défaut dans le tiers monde, mais notre capacité à la détecter, puis à l'encourager à s'exprimer. »

En effet, il n'existe pas d'action de développement réussie sans qu'une institution efficace l'ait menée à bien ; et il est rare de rencontrer une institution efficace qui ne s'identifie pas -au moins à ses débuts- à une personne entreprenante et innovatrice. Une personne assez imaginative pour faire du neuf, assez bien insérée pour que ce neuf ait des racines locales, assez endurante pour agir malgré l'adversité et quelques adversaires, assez convaincante pour entraîner le concours d'autrui. Les premiers temps de son aventure vont la couper de son environnement humain habituel : ses propres parents ne comprennent pas ce qui la pousse, ce qu'elle fait, et acceptent rarement de partager les risques.

Parmi les innovateurs, on rencontre certains leaders paysans, des fédérateurs d'organisations de base par exemple. Un volontaire, ou un coopérant étranger, voit souvent dans les leaders des arrivistes ou des politiques. Il peut en être jaloux. De l'autre côté, pour un leader un volontaire n'est le plus souvent qu'un étranger de passage. S'il peut lui être utile, tout ira bien. Mais, si l'étranger veut animer, réaliser son propre projet et plus encore fonder ses propres groupes, alors la guerre sera quasi inévitable. Mais qu'est-ce qu'un leader dans un village ou une zone rurale, par exemple ? Mamadou Cissokho explique ainsi les différences entre les membres, les responsables et les leaders, au sein d'une association paysanne autonome :

> « Etre *membres*, c'est la carte d'identité des gens qui ont accepté d'adhérer à une association volontairement, à partir d'une réflexion. Les membres décident de faire des actions qui puissent être bien maîtrisées, contrôlées et suivies, ils nomment

[12] HOLZER Bernard, *Les leçons de la solidarité*, Centurion, Paris, 1994

> des *responsables*. Enfin, certains membres sont élus pour diriger l'association ; on les appelle les *leaders*. Ce sont les *gens qui sont devant* (Niatonko en mandingue). Le leader cherche comment faire pour que les gens qui vivent dans une zone décident eux-mêmes des solutions à leurs problèmes ; puis comment faire pour que l'autorité mise en place, par les membres, respecte cela. »

Cette définition trace le portrait du leader tel qu'il est souhaité par les membres : rassembleur, attentif à leurs idées, capable de dénoncer, de tracer le chemin et de rendre compte. Un profil qui exige des vertus pédagogiques, une capacité politique et de la rigueur. Dans la réalité, le leader parfait n'existe guère. Bernard Njonga constate que : « Certains leaders semblent stériliser ou bloquer l'émergence du mouvement paysan en se l'appropriant ou en l'utilisant comme tremplin pour des visées personnelles »[13].

Travailler avec les innovateurs et les leaders sans les annexer est une tâche délicate. Comment épauler sans abîmer la capacité et l'autonomie des personnes. Les pièges sont nombreux comme le *piège du miroir*, remarque Bernard Holzer[14] :

> « Il est plus facile de traiter avec ceux qui nous ressemblent, qui ont la facilité de nous soumettre des projets répondant à nos critères que de travailler sur le terrain avec les gens eux-mêmes, dont la mentalité, l'histoire, voire les querelles de clan, nous déconcertent. »

La tâche n'est pas facile non plus pour les animateurs paysans et les leaders repérés par un chargé de programme d'aide. Car « dès que quelqu'un bouge dans une région maintenant, les villageois pensent qu'il y a un organisme d'aide derrière lui » rapporte Pape Maïssa Fall. L'ombre de la main de l'aide est partout.

Est-il possible d'appuyer les premiers pas des innovateurs ? Oui, si l'on reste conscient que ce sont eux qui innovent, et non celui qui épaule. En premier lieu, il est préférable de ne pas appuyer l'innovateur au moment où son idée n'est encore qu'un voeu mais de le laisser se battre, avec lui-même et avec les autres, pour

---

[13] NJONGA Bernard, op. cit.

[14] HOLZER Bernard, op. cit.

transformer cette idée en un début d'action organisée. Puis, quand son action est en route, on peut contribuer à vaincre son isolement. Etre alors disponible pour l'écouter peut lui être un apport capital car ceux qui l'entourent, en particulier les acteurs du système d'aide, sont parfois de patients démolisseurs de son innovation. Ils argumentent pour en démontrer l'inutilité ou souligner l'échec probable. Un questionnement complice et prospectif l'aidera à clarifier son dessein et sa démarche de mise en oeuvre. Aussi, lui faire rencontrer d'autres innovateurs le confortera et lui permettra de trouver des idées et des alliés.

Est-il possible d'accompagner, sur le long terme, le parcours personnel d'un leader qui vous donne sa confiance ? Oui, à condition d'accepter de rester en position d'écoute. En d'autres termes, d'abandonner l'habitude de donner des conseils avant même qu'ils ne vous soient demandés. Un leader véritable est tout sauf un subordonné. Travailler avec ce type de personne est aussi déroutant que fascinant. C'est une chance qui exige du coopérant une double ascèse : celle d'attendre sans proposer et celle de voir ses éventuels conseils non suivis. Et parfois, viendra la malchance d'une porte qui se ferme.

Pour conclure ce chapitre, nous faisons appel à deux chercheurs qui ont observé des centaines d'organisations de base à travers le monde. Ils concluent ainsi leur étude[15], écrite en 1982, mais confirmée depuis lors par leurs recherches récentes :

> « La capacité des organisations de base dépend dans une large mesure de la façon dont elles se sont construites. Elles doivent refléter l'expérience, les capacités et le système de valeurs de leurs membres. Ni leurs structures, ni leurs méthodes ne peuvent être prévues et mises en place selon un schéma uniforme. [...] Le développement des organisations de base doit être considéré comme un processus d'apprentissage par tous les partenaires concernés. »

---

[15] ESMAN Milton et UPHOFF Norman T., *Local Organizations and Rural Development : the State of the Art*, Cornell University, Londres, 1982.

Deuxième partie

DE L'AIDE, POUR QUOI FAIRE ?

A quoi sert l'aide ? « A résoudre les problèmes des populations du Sud, à satisfaire quelques-uns de leurs besoins, à répondre à leurs demandes », penserez-vous. La réalité se révèle plus complexe qu'il n'y paraît.

Ainsi, la notion de satisfaction des besoins s'avère ambiguë : elle prend souvent la tournure d'une offre d'aide. Les populations sur place ont parfois d'autres besoins et priorités. On peut alors s'interroger : « Leurs besoins ou nos propres intérêts ? » (Chapitre 4).

Pourquoi les ONG éprouvent-elles tant de difficultés à entendre les demandes des populations en matière économique ? Est-ce leur offre qui occulte les ressources et les capacités des acteurs locaux ? L'économie est encore souvent pour la coopération privée une question quasiment tabou et à laquelle elle fait difficilement face (Chapitre 5).

En matière de formation, les paysans encadrés ont fini par en savoir plus que leurs moniteurs. La vulgarisation, organisée par le secteur public et les agences d'aide extérieure, est basée sur des systèmes descendants qui ne laissent, la plupart du temps, que peu de place à l'expression des savoirs paysans. En quelque sorte, veut-on greffer sans considérer les porte-greffes ? (Chapitre 6).

L'aide transfère de l'argent certes, mais aussi des modèles et des exigences. L'argent constitue le véhicule principal et en son nom, sa nécessité évidente, tout est accepté. Et chacun - distributeur, intermédiaire, receveur - tend à confondre flux d'argent et d'idées externes avec *développement*.

Chapitre 4

LEURS BESOINS OU NOS PROPRES INTERETS ?

« Un tas de briques ne fait pas une maison. »
Boubacar LY, secrétaire général de l 'APESS[1].

La finalité du système d'aide n'est-elle pas de satisfaire les besoins de l'homme ? C'est ce qu'il est normal de croire mais la réalité est souvent plus complexe. L'offre d'aide répond fréquemment à notre propre vision des problèmes et à nos propres intérêts. Le système finit alors par rouler pour lui. L'approche des *besoins fondamentaux* se révèle ambiguë : qui, du système d'aide ou des paysans, satisfait les besoins de l'autre ?

La projection de fantasmes

« L'étranger a de gros yeux mais il ne voit rien... l'étranger ne voit que ce qu'il sait ». Ce proverbe baoulé illustre bien les mécanismes de sélection opérés par certains acteurs du système d'aide qui ne voient que ce qui les arrange. Abudurahinanni Iyakaremye, président d'un syndicat paysan rwandais, souligne la divergence des analyses des problèmes selon qu'elles proviennent des paysans ou des bailleurs de fonds :

> « L'aide ne traite pas les problèmes. Leurs préoccupations passent avant nos besoins. Je demanderais donc à ceux qui veulent vraiment nous aider de tenir compte de nos préoccupations et non uniquement de leurs propres objectifs »[2].

[1] Association pour la Promotion de l'Elevage au Sahel et en Savane, Burkina Faso.
[2] *Agripromo* n° 82, juillet 1993.

Un paysan mossi du Burkina Faso, Oumarou Compaoré, exprime le même sentiment :

> « Les paysans, ce sont des gens qui n'ont pas beaucoup de moyens. Mais comment faire pour le faire comprendre aux donateurs ? Voilà la plus grande difficulté. Les bailleurs arrivent avec des gros mots, des grosses questions, nous on est là, le président regarde le secrétaire, le secrétaire regarde le trésorier, mais on ne sait pas comment répondre, car les questions qu'ils posent, c'est leurs propres problèmes »[3].

Le système d'aide a ses marottes et ses fantasmes, semble-t-il. Julien Nyuiadzi, responsable de l'ONG (AVE) Association Villages-Entreprises à Kpalimé, au Togo, constate à propos des ONG du Nord :

> « A priori, la commercialisation, en tant que telle, ne les intéresse pas. Ce qui les intéresse, ce sont des apports techniques dans un premier temps. C'est la technologie du Nord qu'il faut transférer disent-elles, pour que les gens fassent du rendement, fassent un peu comme eux. Mais, une fois que les gens se sont approchés de cela, vous faites un projet pour mettre la production sur le marché. « Ah ! Non ! », disent-elles. L'action d'aide s'arrête. Quelque part, il y a ingérence et paternalisme. Nous croyons, par moment, être en train d'exécuter *notre* programme, mais c'est faux... On exécute ce que le programme du Nord paie, ce que celui qui donne l'argent veut. »

La grille de lecture des *problèmes* ou des *besoins* varie donc selon les observateurs ; dans les faits, le point de vue des bailleurs de fonds prédomine souvent, légitimé par l'approche des *besoins essentiels* ou *fondamentaux* qui continue de prospérer sous de grands airs d'universalité. C'est ce qui suscite notre coup de colère.

---

[3] LAURENT Pierre Jo, « La recherche d'un dialogue entre les associations paysannes et la coopération au développement » in *Echos du COTA* n° 72, 1996-3.

Une vieille approche qui a la vie dure

L'approche des besoins fondamentaux n'est plus toute jeune même si elle ne prend presque pas de rides. Historiquement, elle est contemporaine du concept de prise en compte des *plus pauvres* dont elle fait partie intégrante[4]. McNamara, en 1972, lorsqu'il évoquait la nécessité d'intégrer les plus pauvres au développement, soulignait leur incapacité à prendre leur destin en main, faute de pouvoir satisfaire « leurs besoins les plus essentiels » : l'alimentation, le logement, la santé, l'éducation, l'emploi. L'objectif était de permettre aux plus pauvres d'intégrer le système économique par la satisfaction de leurs besoins également baptisés primaires.
Cette approche connut alors un succès tant du côté des organisations internationales que de celui des ONG ; succès qui peut s'expliquer par la cohérence de l'approche avec l'économie dominante : la satisfaction des besoins matériels justifie la production de biens. Le retentissement de cette approche s'explique probablement aussi par son caractère politiquement neutre, qui ne remet pas en question les rapports de force existants ni ne propose de changements structurels. Ce succès perdure de nos jours. L'analyse des besoins constitue, en effet, un élément de base dans bien des méthodes d'identification de projet.
Analysons en quoi cette approche aux allures d'évidence est erronée et correspond surtout à une vision du Nord, véhiculée de surcroît, sur le terrain, par les techniques d'enquête.

Des besoins fondamentaux faussement universels

L'approche des besoins fondamentaux profite de ses apparences d'évidence : tout homme doit se nourrir, se loger, s'habiller... mais elle cache en réalité deux inexactitudes.
La première inexactitude est de laisser croire à l'universalité des besoins. Or, ceux-ci ne sont pas des données absolues, ils varient selon les sociétés. C'est ce qu'ignorent les standards normatifs de l'OIT[5] obtenus à partir du portrait robot de l'homme de référence :

---

[4] RIST Gilbert, *Le développement, histoire d'une croyance occidentale*, Presses de Sciences PO, Paris, 1996. Voir chapitre 9, le triomphe du tiers mondisme.
[5] Organisation Internationale du Travail.

il a entre 20 et 39 ans, pèse 65 kilos, est en bonne santé, travaille chaque jour ouvrable, huit heures par jour dans une activité modérément fatigante, passe huit heures au lit, deux heures à se promener ou à effectuer des tâches ménagères et se déplace peu. Cet homme-là doit consommer par jour 3.000 kilo-calories et 17 grammes de protéines. Combien de paysans d'Afrique se reconnaîtraient-ils dans ce portrait ? C'est pourtant le mécanisme de base de la définition du besoin essentiel de nourriture y compris pour les contrées africaines.

La deuxième inexactitude de l'approche tient à l'idée qu'il faut d'abord satisfaire les besoins fondamentaux avant de satisfaire des exigences plus spirituelles. Or, dans la pratique, on constate, par exemple dans la vallée du fleuve Sénégal, que les émigrés se cotisent pour financer en premier lieu des mosquées. Le montant des dépenses pour les funérailles montre bien, également, l'importance accordée à ces types de besoins qui sont loin d'être considérés par les Africains comme secondaires. Par ailleurs, on a souligné, au chapitre 1, l'importance des dépenses sociales liées à l'exercice de la solidarité qui entrent dans un mécanisme de dons et contre-dons générateur d'une sécurité pour l'individu ; les dépenses spirituelles et sociales font donc bien partie des besoins fondamentaux.

De plus, le préjugé sur l'universalité des besoins conduit à un grave effet pervers dans la pratique de l'aide au développement : il autorise une détection des besoins par des observateurs extérieurs. Universel, objectif, évident, le besoin saute aux yeux de l'expert étranger, parfois même avant que les paysans ne l'aient exprimé. Le rôle de l'expert prend, de fait, une importance prédominante, et le point de vue des principaux intéressés se trouve alors relégué au magasin des accessoires. Pourtant, la vraie objectivité, et surtout les vraies priorités sont celles des premiers concernés : les gens eux-mêmes. Un paysan de la boucle du fleuve Niger répondit à un expert qui lui reprochait de couper son bourgou[6] trop tôt : « C'est évident qu'il faut laisser du temps au bourgou avant de le couper, mais c'est aujourd'hui que je dois manger ! ».

---

[6] Plante fourragère des zones inondables.

Un manque de vision stratégique

Souffrant d'inexactitudes conceptuelles, l'approche se révèle également insuffisante pour entraîner un processus de développement.

En effet, elle manque de cohérence globale et ne permet pas d'avoir une vision stratégique. « Un tas de briques ne fait pas une maison » souligne Boubacar Ly, vétérinaire burkinabé fondateur de l'Association pour la Promotion de l'Elevage au Sahel et en Savane, à Dori, au grand nord du pays. Aligner des besoins les uns à côté des autres ne définit pas forcément une logique. Emiettement, éparpillement, juxtaposition : une approche au coup par coup de besoins transformés en micro-réalisations ne permet pas d'avoir une vision stratégique. Loïc Barbedette, chercheur formateur, l'exprime ainsi en reprenant la métaphore de la maison :

> « Il n'y a pas de vision d'ensemble qui articule ces actions entre elles, discerne quelles actions vont tirer les autres et dessine un chemin qui entraîne une transformation significative des conditions d'existence. Avec le même tas de briques, on peut tout aussi bien construire une grande maison pour douze personnes, trois petites maisons pour chacune des coépouses, un hangar ou une boutique : *il faut avoir une vision claire de ce que l'on veut faire.* D'autre part, la façon d'agencer les briques ne se fait pas au hasard : *il y a un ordre logique pour enchaîner les actions* de telle façon qu'elles constituent un ensemble cohérent »[7].

De plus, la focalisation de l'approche sur les besoins pratiques et matériels ne tient pas compte des intérêts stratégiques liés à des modifications des rapports de force existant au sein des sociétés. Cette analyse a été développée au chapitre 2 à propos des femmes : seule la prise en compte des besoins pratiques *et* des intérêts stratégiques permettra un processus d'amélioration de la situation des femmes. Ainsi, financer des jardins maraîchers et des banques de céréales contribuera, certes, à améliorer l'alimentation, mais renforcer les capacités de négociation des paysans avec

---

[7] BARBEDETTE Loïc, *Jalons pour actualiser les stratégies de développement rural,* Notes de réflexion, Plesidy, février/avril 1993.

l'administration et les services techniques, servira des intérêts plus *politiques*, et sera tout aussi utile pour que la situation alimentaire finisse par être améliorée.

Un mépris de l'effort propre

Enfin, et c'est en réalité le plus grave, l'approche des besoins fondamentaux n'accorde pas d'attention aux efforts propres des populations. Elle s'intéresse peu aux initiatives déjà prises, elle ignore ce que les populations savent, ce qu'elles font, ce qu'elles réussissent. Elle néglige leurs ressources propres.

Ainsi, par exemple, pourquoi si peu de considération pour les champs collectifs ? En dehors des régions de culture de rente, ils sont souvent le premier moyen de groupes dynamiques mais désargentés pour accumuler un petit pécule qui permettra ensuite de démarrer autre chose. Ils représentent alors le premier maillon d'un processus de développement. On remarque que lorsque les groupes sont rodés et ont engagé des activités plus rentables, ils arrêtent les champs collectifs. Cette activité correspond donc bien à un certain niveau de possibilités à un moment donné. Cette analyse de l'avantage des champs collectifs mérite d'être nuancée : dans les régions de cultures d'exportation, les champs collectifs ont souvent été utilisés par les vulgarisateurs comme une recette imposée aux paysans, sans leur laisser le choix des moyens à mettre en oeuvre pour générer des ressources ; ils ne représentent alors pas une initiative des populations.

Par ailleurs, pourquoi négliger le capital social que constituent les réseaux de relations sociales ? L'on constate pourtant couramment en agriculture, par exemple, que des exploitants ayant un potentiel technique égal atteignent des résultats différents, selon la diversité de leurs relations sociales, et leur capacité à mobiliser une force de travail.

Et encore, pourquoi ignorer le capital technique propre des populations ? Au Burkina Faso, au nord, en pays Mossi, dans les provinces autour de Ganzourgou, un grand projet de gestion des terroirs, dans les années 80, diffusait des techniques de restauration de la fertilité des sols, essentiellement du compostage et des fosses fumières. De leur côté, traditionnellement, les paysans pratiquaient le paillage des champs, technique qui constitue à répandre sur le sol une couche de paille sèche que les termites mangent et rejettent dans le sol sous forme de déjections. Ce processus permet une remarquable fertilisation des sols les plus pauvres. Lorsque l'expatrié agronome du projet a constaté l'intérêt de cette pratique, il a proposé à l'équipe, agronomes et techniciens burkinabé, de valoriser ce savoir-faire mais ceux-ci l'ont jugé insignifiant, trop simple, pas assez technologique, et ne s'y sont jamais intéressés.

Et enfin, pourquoi ne pas prendre en considération leurs ressources monétaires ? On considère souvent trop rapidement que les individus ou les groupements n'ont rien, ce qui nécessite des apports importants d'aide extérieure. Pourtant, ils n'ont pas *rien* : ils ont *peu* mais ils disposent effectivement de ressources financières. Dans l'exemple des groupements de femmes au Tchad évoqué au Chapitre 2, les ressources ne provenaient pas de l'aide extérieure mais de l'effort propre des productrices ; ils tiraient leur origine des cotisations et des résultats de l'activité menée dans les champs collectifs, du bénéfice du petit commerce, de la location de leur force de travail...
Il est regrettable qu'au moment des identifications de projet et des évaluations, l'analyse soit focalisée sur l'utilisation des ressources apportées par l'aide et très peu sur l'utilisation des ressources propres des acteurs locaux.

Ce manque d'attention des acteurs de l'aide pour les avoirs des paysans, leurs pratiques, leurs idées laisse croire à ces derniers, qu'effectivement, leurs apports sont sans intérêt. Pape Maïssa Fall, animateur sénégalais, décrit cette situation ainsi:

> « Chaque fois que quelqu'un de l'administration ou d'un projet vient travailler avec eux, les villageois ne leurs donnent pas leurs idées. Ils attendent qu'on leur propose quelque chose. Un projet vient pour acheter du sel ou bien installer une petite entreprise, les gens disent, c'est la facilité : *laissons-les faire.* Tous les chargés de programme disent aux gens ce qu'il faut faire. Les gens sont habitués à cela. L'aide extérieure arrive avec ce qu'elle veut faire.
> Jusqu'à présent les gens n'arrivent pas à se départir de cette idée qu'on ne peut rien faire sans l'aide extérieure. Pour qu'il y ait une résistance à la pression de l'aide, il faut un long travail. Certains responsables sont conscients de cela parce qu'il veulent préserver leur organisation. Ils sont conscients aussi que, faute

> de maîtriser l'apport de l'aide, ils ne pourront pas définir eux-mêmes leur propre projet d'avenir. »

On voit donc que Pape Maïssa Fall considère que, non seulement, l'aide a créé une dépendance des paysans par rapport aux idées apportées par l'extérieur, mais de plus, elle est devenue tellement prédominante qu'elle les empêche de réfléchir « eux mêmes à leur propre projet d'avenir ».

Enfin, il faut souligner le manque de pédagogie de l'approche par les besoins ou par les problèmes car elle utilise une porte d'entrée dévalorisante : par le négatif, par ce qui manque, ce que les paysans ne savent pas faire. Ce faisant, elle pointe le doigt sur leurs faiblesses et leurs incapacités. En outre, la recherche des besoins conduit à dresser des listes comme autant de doléances et, lorsqu'un besoin est satisfait, l'accent se trouve alors mis sur l'insatisfaction de tous les autres besoins.

On constate donc que la conception de l'approche pose problème et que sa mise en oeuvre induit des effets pervers de mépris des efforts propres. De plus, sur le terrain, la détection des besoins est brouillée par l'offre d'aide qui, souvent, devance la demande.

L'offre d'aide comme une vente sur catalogue

Les projets sont fréquemment la projection des solutions du système d'aide. Des solutions connues de ceux qui préparent les projets d'aide : experts, chargés de programmes et nous autres consultants. Leur démarche ne s'arrime pas toujours sur les priorités des populations mais souvent sur leurs idées de solutions, souvent toutes faites, déjà expérimentées ailleurs et qui servent de *modèle* de référence. Et comme tout modèle, on l'applique de manière quasi universelle : « C'est exactement ce que j'ai déjà fait en Côte d'Ivoire » dirons-nous. Comme experts, nous n'avons généralement qu'un petit nombre de cas d'expériences sortis comme les jokers d'un jeu de cartes. Difficile de laisser son bagage de côté pour faire le vide et se présenter l'esprit neuf à chaque situation nouvelle.

En fin de compte, l'identification des besoins se résume bien souvent à une vente camouflée sur catalogue. Dans le catalogue des

ONG et de bien des bailleurs de fonds, dans les rubriques à succès, l'Eau occupe une place importante : puits, forages, périmètres irrigués, mini-barrages et autres aménagements hydro-agricoles. Vient ensuite la rubrique Production Agricole avec apports de charrues, d'arrosoirs et autres matériels agricoles, puis, nettement moins bien placé, l'Elevage, réduit d'ailleurs à des campagnes de vaccination du bétail et de reconstitution du cheptel par la distribution de petits animaux. La rubrique Santé arrive ensuite avec les caisses à pharmacie et fournitures d'équipements divers. La Construction de bâtiments est en bonne place également : greniers à céréales, écoles, maternités, etc.
Le catalogue de l'aide est finalement technique et matérialiste. La technique séduit et rassure les développeurs pour qui elle est rationnelle, matériellement visible, concrète, cartésienne, logique, photogénique. Et donc, sécurisante parce qu'adaptée à nos schémas intellectuels et aux valeurs de notre société occidentale.

Mais, figurent beaucoup moins souvent au catalogue : la formation, la commercialisation des produits agricoles, leur stockage et transformation, les conseils à l'organisation pour les petites entreprises, le renforcement institutionnel des organisations paysannes...

Des évolutions apparaissent cependant. Dans les années récentes, on trouve de plus en plus d'appuis aux petites entreprises, suite à la montée de l'intérêt pour le secteur urbain, et plus d'aide également au petit commerce grâce à la nouvelle vague des projets de crédit. Mais, la formation pour analphabètes par exemple, malgré quelques travaux intéressants[8] qui ont fait la preuve de leur efficacité, ne parvient pas à sortir du domaine de l'expérimental. Si ces outils pédagogiques pour personnes analphabètes sont souvent évoqués, leitmotiv dans les projets pour les femmes par exemple, ils sont rarement vraiment connus et utilisés par les équipes de projets. Ne serait-ce donc pas un besoin ?

[8] Ceux de Guy Belloncle par exemple; ceux du GRAAP pour l'utilisation de l'image.

« Projet sexy, projet financé », ou le marché de la mode

La capacité à repérer les besoins, est émoustillée également par l'air du temps qui fait et défait les modes, traduites aussitôt en lignes budgétaires auprès des bailleurs de fonds. Dans le jargon de la Banque Mondiale, un projet *sexy*, et donc bancable, est celui qui intègre les concepts fétiches de la Banque tels que : privatisation ou défense de l'environnement[9]. Cette valse des modes emporte avec elle bien des experts : pour rester dans le coup, chacun de nous cherche à ne pas se laisser oublier par les bailleurs, et habille son curriculum vitae au goût du jour. Finalement, nous, experts en développement, ressemblons un peu à des représentants de commerce.

Edith Sizoo souligne le poids important des critères des bailleurs qui influencent ainsi le *marché* de l'aide :

> « Dans les faits, le financement n'est accordé que si des initiatives pour le développement correspondent aux critères que le financeur s'est imposés, à lui-même et aux autres. Bien que cela soit nié unanimement et que de bien belles phrases essaient de faire croire le contraire, la pratique de la coopération au développement prouve que les bailleurs de fonds influencent profondément les organisations de développement du Sud »[10].

C'est donc souvent l'offre qui crée la demande. L'anthropologue Jean-Pierre Olivier De Sardan estime même que les projets sont définis d'avance et que les procédures d'identification ne sont, en réalité, que des manières élégantes de faire entériner les projets par les paysans :

> « L'identification des besoins n'est dès lors qu'une procédure faisant légitimer par des "propos paysans", sous forme de "besoins" recueillis par des enquêtes hâtives, les projets que, de toute façon, les opérateurs de développement avaient déjà plus ou moins dans leurs cartons sous forme d'offre »[11].

---

[9] LAIDI Zaki, *Enquête sur la Banque Mondiale,* Fayard, 1989.

[10] *Revue Qui Pro Quo* n° 17/18.

[11] OLIVIER DE SARDAN, *Anthropologie et Développement.* Karthala, Paris, 1995.

Et, tout au bout de la chaîne, les paysans, qui ont bien compris la prédominance des idées des bailleurs dans la sélection des besoins qui seront financés, cherchent les moyens de présenter ceux de leurs besoins qui correspondent aux fantasmes des bailleurs. Oumarou Compaoré, paysan burkinabé déjà cité, poursuit son analyse :

> « Pour faire comprendre quelque chose au bailleur, il ne faut pas simplement savoir écrire, il faut quelqu'un qui vous conseille, c'est-à-dire quelqu'un qui connaisse la tête [les idées] du bailleur. Le paysan dans la "demande" dit exactement ce qu'il veut faire et ce qu'il peut faire. Mais cette "demande" n'aboutit pas. Pourtant, il y en a d'autres qui gagnent le financement facilement, c'est parce qu'ils connaissent les manières de faire avec les bailleurs. Ils savent ce qu'il faut écrire parce que ils vont chercher quelqu'un qui connaît bien les plans et les règlements des bailleurs. Ils lui disent : "Toi qui connais les plans des bailleurs, aide-nous, car nous savons que seuls nous ne pouvons pas obtenir la confiance des bailleurs. " Le type va alors les conseiller, dire ce qu'il faut dire et ne pas dire. Mais ceux qui n'ont personne pour les aider, comment travailler pour que le bailleur les comprenne ? »[12]

Les bouches maladroites ou les mésaventures des techniques d'enquête

« Nos gros yeux ne voient rien » dit le proverbe mais, de plus, nos bouches sont maladroites et ne savent pas interroger : les techniques d'enquête ajoutent au brouillage de la communication, autre source de difficulté pour détecter les besoins. Les bénévoles des petites ONG, comme parfois les experts des grandes coopérations publiques, savent difficilement écouter. Leur manière de poser des questions suit une logique qui est la leur et se heurte parfois à celle de leurs interlocuteurs. Paysans et experts ne communiquent pas, ils quiprocommuniquent comme dit Emmanuel NDione[13].

[12] LAURENT Pierre-Jo, op.cit.

[13] La culture, moteur symbolique de l'économie. *Revue Qui Pro Quo* n° 5/6, mai 1991.

Les questions des experts sont directes, elles vont droit au but comme autant d'indiscrétions. Elles sont fermées, les réponses prévues à l'avance pour une bonne informatisation : A ou B, il est plus facile de cocher une case que de traiter un propos qualitatif ou un proverbe paysan. Mais en Afrique, où l'on ne dit pas *non* à un étranger, comment fera quelqu'un pour ne pas rentrer dans l'une des réponses proposées dans le questionnaire sans être impoli ?
Ainsi, estime Wenegoudy Zoungrana, président de l'organisation Wend Yam sur le plateau mossi du Burkina Faso :

> « Les bailleurs ne nous comprennent pas, parce qu'ils pensent que nous n'avons pas de tête. Par exemple, si un bailleur pose une question et que tu réponds, il peut croire que tu es fou, alors que c'est ta manière de répondre. Toi, tu t'arrêtes sur les points que tu as besoin, mais le bailleur pense que tu es fou. Mais, on nous a appris comme cela, c'est notre façon de répondre. Alors, tu ne sais plus comment parler pour qu'il te comprenne »[14].

De plus, les questions sont souvent formulées de manière compliquée; il est vrai que tout fraîchement débarqué dans un milieu très différent, il n'est pas facile d'être simple, clair et de poser les bonnes questions. Les formules alambiquées ne sont d'ailleurs pas l'apanage des seuls Blancs. Un agronome haïtien, basé dans la capitale, en visite dans un village du sud du pays, en 1991, tenait une réunion, en créole, lorsqu'un paysan lève le doigt: « S'il vous plaît, pouvez-vous parler créole ? ». Le langage des villes n'est pas forcément compris dans les campagnes !

Enfin, *écouter* suppose de ne pas donner son propre avis trop vite et de ne pas tirer des conclusions trop rapidement. Et pourtant, la tentation est grande. Le système pousse à ce travers, les experts en mission, tout comme les responsables des projets de développement, sont soumis à des obligations de résultats rapides : ils doivent être rentables, c'est à dire comprendre vite, donner de bons conseils, prendre des décisions judicieuses à brève échéance. Dans un tel contexte, les chances d'entendre les paysans s'amenuisent. Finalement, bon nombre d'intervenants du Nord sont des sourds... très bavards.

---

[14] Cité par Pierre Jo LAURENT, op. cit.

Les bouches adroites ou les paysans experts du jargon

La difficulté des experts à communiquer se conjugue avec la facilité des paysans à parler le jargon de l'aide, à présent bien connu de certains d'entre eux. Tant et si bien qu'on ne sait parfois plus ce qui ce cache véritablement derrière les mots. Grande confusion, par exemple, entre les mots exprimant les divers modes de financement. Souvent confondus jusqu'à devenir synonymes : crédit, aide, subvention, don. Confusion lourde de conséquence en terme de remboursement lorsqu'il s'agit non pas de subvention mais de crédit ! Certains paysans évoquent des crédits remboursables et des crédits non remboursables. Quelques anecdotes illustrent la maîtrise linguistique du jargon par les paysans. Au Sud du Cameroun, en pleine forêt, une réunion se tient sur le lieu de travail des paysans qui fabriquent une pirogue en évidant un tronc d'arbre. L'expert arrive à sa dernière question: « Comment voyez-vous votre avenir ? ». Les paysans: « Nous voulons le développement autocentré ! ».

Même question posée à un groupe de femmes au Niger. Réponse: « Nous voulons être conscientisées et sensibilisées ». Autre pays, au Congo, où les experts en poste ou en mission sont presque aussi nombreux que les paysans qui finissent par connaître par coeur le rituel des réunions. Passe un expert d'une coopération bilatérale qui convoque, lui aussi, une réunion. A la fin, un vieux se lève et dit: « Il y a encore une question que vous avez oubliée et que les autres posent toujours. Pensez-vous qu'elle n'est pas importante ? ».

Au delà de la connaissance du jargon, c'est une sorte de culture de l'aide qu'ont acquise les populations. Ainsi, au Sénégal dans la vallée du fleuve au Fouta, les paysannes d'un village demandent des machines à coudre. Interrogées sur leurs motivations, elles s'expliquent:

> « C'est ce que donne l'Etat, les ONG et les autres projets. Les villages voisins en ont eu, nous en voulons aussi. Et puis, ici, quand les femmes demandent une aide, elles reçoivent une machine à coudre. »

C'est ainsi que la demande d'aide est téléguidée par ce que les paysans croient être l'offre d'aide. La demande villageoise risque, de plus en plus, d'être brouillée. Une première demande ne doit donc pas toujours être prise au pied de la lettre, sans analyse précise des motivations qui la fondent. Parole paysanne, pas plus que parole de bailleur de fonds, n'est parole d'évangile.

Quoi qu'il en soit, dans la culture africaine, on refuse difficilement à un étranger. Et puis, il faudrait être un peu suicidaire pour refuser des offres d'aide qui prennent souvent des allures de cadeau. « Si je t'offre une poule, tu ne vas pas lui tâter le cul pour voir si elle est grasse ou maigre », nous disait un chef de village du sud-ouest du Burkina Faso. Ils acceptent donc la poule, et souvent aussi le poulailler et les accessoires, en se disant qu'ils finiront bien par y trouver quelque intérêt. Et, lorsque les villageois ont des idées différentes de celles apportées par l'aide, ils les mettent momentanément en veilleuse, dans l'espoir de pouvoir les exprimer véritablement lorsque la confiance avec l'équipe du projet ou de l'ONG sera gagnée.

Diagnostic

L'approche des besoins fondamentaux et plus largement des besoins *tout court*, approche tellement courante qu'elle en est devenue banale, a l'air légitime et inoffensive mais, en réalité elle se révèle être finalement surtout une vision du Nord. Une projection des intérêts, des fantasmes des bailleurs de fonds et des intermédiaires que sont les experts. Elle permet difficilement un mouvement remontant de l'expression des idées des acteurs locaux vers les bailleurs de fonds, mais au contraire, elle ouvre souvent la porte à des phénomènes descendants de détection et de sélection des besoins par les experts et les bailleurs de fonds. Les paysans se retrouvent finalement progressivement manipulés par le système qui ne finance que les besoins correspondant à ses propres priorités.

Mais surtout, l'approche par les besoins occulte les avoirs, les ressources propres, les capacités des acteurs locaux. L'offre d'aide revient à centrer l'aide sur elle-même.

Dans ce dispositif, le rôle d'un diagnostic externe des besoins est donc prédominant, ce qui pose problème lorsqu'il n'est pas réalisé en harmonie avec l'analyse des paysans mais témoigne d'une relation unilatérale de domination. De plus, s'il est posé sur la base de modèles de référence expérimentés dans d'autres situations et dans d'autres pays, cela risque de conduire à une uniformisation et une standardisation des solutions proposées ; l'inverse d'une analyse au cas par cas accompagnée de solutions sur mesure. Finalement, l'expression des besoins traduit souvent une opération de transfert du Nord vers le Sud.

Avant d'aborder des propositions d'amélioration, voyons l'exemple intéressant d'une ONG du sud qui conçoit son appui comme un complément aux ressources propres des acteurs locaux.

■ L'exemple d'un appui conçu comme un coup de pouce : le Groupe de Recherche et d'Appui aux Initiatives des Femmes (GRAIF), dans la région de Thiès (Sénégal)

Joséphine Ndione, responsable du GRAIF, ONG sénégalaise basée à Thiès, décrit ainsi le dialogue avec les femmes qui sollicitent son aide. « Lorsque les gens me disent qu'ils n'ont rien, qu'ils sont pauvres, je commence à les faire réfléchir sur ce qu'ils ont. Un proverbe wolof [sénégalais] ne dit-il pas : tu me donnes un peu, je te donne un peu ? Personne n'a "rien". Il faut les aider à réaliser une analyse de leurs ressources. Souvent, ils n'ont pas d'argent, leurs productions agricoles leur permettent de vivre mais le manque d'argent les empêche de se lancer dans d'autres activités. Cependant, ils ont d'autres ressources : la nature, leur bétail et leur travail. Nous avons voulu valoriser les ressources locales, partir de ce que nous avons, de ce que nous pouvons faire nous-mêmes et ne pas toujours compter sur l'aide extérieure, car celle-ci ne sera pas présente éternellement.
Par exemple, nous travaillons avec un groupement de femmes qui voulaient commencer des activités économiques mais n'avaient pas d'argent pour débuter. Après avoir réfléchi, elles ont décidé d'aller travailler pour d'autres en faisant payer leurs services : elles décortiquaient le mil. Pour 100 kg de mil décortiqué, elles gagnaient 2000 fcfa (20 francs français). Leurs clients étaient d'abord les membres du groupement puis d'autres femmes dans le village. Elles ont gagné 30 000 fcfa et ont utilisé cet argent à octroyer des petits crédits de 5 000 fcfa à 6 femmes du groupement. Ces bénéficiaires travaillaient avec le crédit durant 6 mois et remboursaient avec un taux d'intérêt de 20% par an. L'argent

était alors reprêté à 6 autres femmes et ainsi de suite. C'est de cette manière que le groupement a pu commencer à accumuler un peu d'argent pour démarrer des activités économiques. Ce n'est qu'ensuite que nous avons contacté une agence d'aide extérieure pour un complément de financement.
D'autres groupes commencent à constituer un petit capital de départ en cultivant des champs collectifs ou en récoltant des produits de la brousse.
Les gens prennent progressivement conscience de leurs possibilités, dans les cas où ils ne savaient pas déjà. Ils nous disent : "Nos ressources sont comme un petit arbre, un jeune arbre que l'on vient de planter. L'aide est un tuteur, une branche d'arbre plus solide qui doit venir soutenir le jeune arbre. Ce tuteur ne le remplace pas mais doit le soutenir et l'aider à grandir, petit à petit".

La valorisation des ressources locales porte également sur les ressources humaines. Ainsi, Joséphine Ndione poursuit: « Au lieu de travailler avec une méthode participative, nous préférons une approche de responsabilisation. Quand on demande aux gens de participer, cela veut dire qu'ils ne se sentent pas tout à fait "maîtres de...", qu'ils ne sont pas responsables. Quand on les responsabilise entièrement, ils sont obligés de chercher les voies et moyens pour aboutir aux objectifs qu'ils se sont fixés eux-mêmes. Par exemple, les facilitateurs sont choisis par les villageois et agissent sous la responsabilité et le contrôle du groupement bien qu'ils reçoivent une petite indemnité du GRAIF. Ils travaillent plusieurs après-midi par semaine, en plus de leur travail agricole. Si le choix du facilitateur n'est pas bon, la responsabilité en incombe au groupement, c'est à celui-ci de décider ou non de le changer, pas au GRAIF».

Après cet exemple, voyons quelles pourraient être les pistes pour améliorer l'action ? Comment éviter les écueils présentés par l'approche des besoins ? D'après notre expérience, trois voies sont à conseiller : laisser les paysans définir eux-mêmes leur dessein et leur stratégie, identifier les initiatives existantes pour les appuyer tout en travaillant sur la complexité de la demande exprimée, concevoir l'appui en complément des ressources propres du milieu.

Laisser les gens définir leur dessein

La définition des besoins, mais surtout plus largement d'un dessein, d'un but, d'une vision de l'avenir que sous-tendent des valeurs de société : c'est leur affaire. Mamadou Cissokho l'exprime ainsi :

> « Les Ententes sont nées à partir de l'expérience du Comité de Bamba-Thialène. Nous sommes partis d'un questionnement, d'une réflexion entre les gens. Ils ont essayé de se situer dans la vie qu'ils mènent et celle qu'ils voudraient mener. [...] C'est notre responsabilité de définir ce qu'est pour nous *vivre mieux*, comment y arriver et quels sont les efforts que nous devons déployer. »

Pape Maïssa Fall, de son côté, souligne la prédominance et l'antériorité de la réflexion des organisations paysannes sur l'intervention des ONG. Pour lui, les organisations paysannes doivent guider les aides des ONG :

> « Notre ambition est d'être le berger d'un troupeau. Le troupeau, ce sont les aides et nous, organisations paysannes, nous devons être le berger. La vraie programmation n'est pas dans les aides, elle est dans le territoire organisé par les villageois. On ne peut pas les empêcher d'intervenir dans notre zone, mais il faut les obliger à s'asseoir avec nous, à nous écouter, à négocier avec nous. »

L'aide extérieure peut-elle jouer un rôle à cette étape de la définition du dessein ? Un appui extérieur est alors délicat, le risque majeur étant de retomber dans le piège d'une attitude finalement dirigiste. Néanmoins, il peut être utile d'animer la réflexion des organisations paysannes afin de les faire progresser collectivement dans l'expression de leur propre vision de l'avenir. Ce travail d'animation, qui tient beaucoup de celui de l'accoucheur, porte à la fois sur le passé des organisations paysannes : l'historique de leur création, les réalisations entreprises, les essais tentés, mais aussi sur l'avenir : leurs objectifs, leurs projets, leur manière de concevoir les années futures. Par exemple, dans le projet d'appui aux organisations paysannes du Mayo Kebbi au Tchad, décrit au chapitre sur les femmes, un atelier de réflexion a été conduit en 1992, avant le démarrage effectif du projet, afin de mieux connaître le dessein des paysans et y adapter l'appui du projet. Un animateur extérieur s'est contenté de poser des questions et de guider la méthode de travail de l'atelier. Les paysans ont ainsi exprimé leur manière de voir l'avenir dans dix ans :

> « Nous voulons construire le luxe au village par nos propres moyens. Pour l'agriculture, nous aurons des entreprises de transformation de nos produits agricoles. Pour le maraîchage, nous aurons les équipements nécessaires en motopompes. Et en santé, un dispensaire sera capable de répondre aux besoins urgents de la population »[15].

Laissez-les choisir leur stratégie

Au service du dessein se trouve le choix d'une stratégie, l'identification des maillons à emboîter les uns dans les autres. Boubacar Ly, le vétérinaire burkinabé précédemment cité, propose, pour sa part, d'appuyer la stratégie des éleveurs au Sahel sur des activités économiques[16] :

> « L'action de portée stratégique sera toujours de nature économique et concernera un produit d'intérêt réel pour le maximum de producteurs. Elle entraînera d'autres activités par un effet stimulateur. Le mode de production choisi doit limiter les coûts et sauvegarder les facteurs de production. Il faudra veiller à ne pas dépasser un rythme maîtrisable. »

Cette volonté de démarrer un processus de développement par l'économie est exprimée également par d'autres, comme Abdoulaye Diop, fondateur de l'Amicale des Foyers de Jeunes du Walo au Sénégal, évoquée au Chapitre 1.

---

[15] Atelier de concertation entre les organisations paysannes et les intervenants du Mayo Kebbi - Juin 1992 - GTZ Micro, Bongor.
[16] Rapporté par Loïc BARBEDETTE, op. cit.

Le sociologue Henri Desroches rapporte un entretien avec lui[17] :

> « A Abdoulaye, je demandais si on ne pourrait pas trouver des jumelages Nord-Sud pour ériger des écoles, des dispensaires, etc. Mais sa réponse était : ne vous occupez pas de cela ! Ni des écoles, ni des dispensaires. Donnez-nous les moyens de travailler cinq jours sur cinq par semaine et nous, nous paierons les dispensaires, les écoles et tout le reste. »

Mais le choix d'un premier maillon stratégique de nature économique n'est pas toujours celui retenu par les acteurs locaux, d'autres voies sont préférées dans d'autres contextes. Ainsi, des maillons de nature sociale sont aussi mis en avant. Par exemple, à l'ouest du Burkina Faso, dans la région de Bobo Dioulasso, dans le cadre d'un projet de gestion des ressources naturelles et de développement local, les organisations paysannes ont massivement préféré cofinancer des écoles primaires, alors même que dans des ateliers de réflexion, les préoccupations de gestion de l'espace étaient citées comme prioritaires, notamment dans les zones de fortes migrations internes. En réalité, choisir les écoles et les équipements collectifs, permettait d'atteindre aisément un consensus social d'autant plus important dans le contexte de diversité des populations de ces régions. Les investissements d'aménagement de l'espace étaient considérés comme risqués : ils mettaient en branle la délicate question foncière et pouvaient porter atteinte à la cohésion sociale lorsqu'ils ne bénéficiaient pas à l'ensemble des villageois mais seulement à quelques groupes.

Décortiquer les intérêts afin de mieux appuyer les initiatives

L'étape suivante de l'appui à la définition du dessein est l'analyse en profondeur des intérêts des différentes catégories d'acteurs locaux afin d'épauler les dynamiques existantes.
Appuyer les initiatives et les activités déjà démarrées, bâtir à partir des expériences des villageois, de leurs motivations, de leurs pratiques, de leur désir de changer la vie, de leurs efforts propres, de

[17] DESROCHES Henri, « La créativité des peuples ou les mûrissements de la self-reliance», *Foi et Développement* n° 224, Centre Lebret, Paris, juin-juillet 1994.

leurs potentialités, constitue une approche positive, valorisante de l'existant et construite sur la réalité sociale. Comme dit le proverbe tchadien : « Chercher le feu chez celui qui part le premier aux champs ».

Emmanuel Ndione, sociologue, suggère de travailler à partir de la notion d'*intérêt* des différents groupes sociaux : hommes, en distinguant les jeunes et les plus âgés, agriculteurs, éleveurs, pêcheurs, propriétaires ou locataires ; femmes, en différenciant les jeunes filles et les femmes mariées. Son analyse des échecs d'une équipe d'agents de développement dans les quartiers de Dakar montre qu'une activité proposée de l'extérieur ne réussit que si elle correspond aux intérêts de certains acteurs sociaux, en particulier les détenteurs de pouvoir[18]. Même si un besoin existe pour un groupe social donné, l'action sera difficilement envisageable si elle ne rencontre pas également l'intérêt des groupes dominants. Il invite à une analyse sociologique fine, afin d'éviter de tomber dans le piège d'une sorte d'angélisme populiste qui considérerait la société comme un bloc homogène d'acteurs aux intérêts forcément communs. Il décrit par exemple une opération puisards[19], dont l'évaluation a montré que la quasi totalité des participants à l'opération sont les propriétaires immobiliers ; les locataires, de leurs côtés, avaient effectivement un besoin de puisards, mais ils estimaient inutile d'investir dans une parcelle qui ne leur appartenait pas. Par ailleurs, une autre partie des participants, environ un tiers, a pris part à l'opération sous la contrainte des délégués de quartiers qui assimilaient le projet à un mot d'ordre de l'administration publique. Enfin, d'autres ont adhéré par prestige et pour imiter les membres de leur réseau social, de leur *grappe* .

Le repérage des intérêts constitue un travail préalable qui permet de tester l'existence d'une volonté collective de mener l'action. Suit un travail de décodage, disons plutôt une analyse de l'action envisagée.

L'étude de l'action envisagée doit être réalisée avec les groupes sociaux concernés. A cette étape de l'appui, il n'existe pas de démarche passe-partout mais quelques questionnements à conduire

---

[18] NDIONE Emmanuel, *Dynamique urbaine d'une société en grappe*, Enda, Dakar, 1987.

[19] Puits en pierres sèches destiné à recevoir les eaux usées.

afin de mettre à plat les différents aspects de l'idée d'action. Par exemple, l'origine ou l'histoire de l'action envisagée, la description du groupe social précis qui porte l'action, la nature des ressources mises en oeuvre, les types d'investissements nécessaires, le mode de fonctionnement de l'action et le mode d'organisation nécessaire, les formations à prévoir, etc. Ce travail de décorticage de l'action envisagée permet un approfondissement et une clarification des difficultés ; il peut conduire les groupes concernés à se retirer, éventuellement.

Le rôle d'un appui externe au moment de l'identification de l'action ne devrait donc pas être celui d'un *diagnostic externe* prédominant et moteur de la réflexion, mais celui d'un accompagnateur des idées des groupes.

Ceci n'exclut pas pour autant que des apports extérieurs d'idées soient réalisés dans la mesure où ils ne sont pas imposés, ou trop fortement conseillés, mais simplement proposés dans un esprit de dialogue comme une hypothèse d'action parmi d'autres. Par exemple, on a vu au chapitre sur les femmes que celles-ci n'identifiaient pas toujours la participation à des instances de décision comme une voie pour améliorer leur situation de manière structurelle, mais qu'elles pensaient surtout à la résolution de problèmes pratiques. Le rôle d'un accompagnateur externe peut être de suggérer aux femmes de ne pas négliger ces aspects institutionnels et de leur proposer divers modes de participation à ces instances. Proposer sans imposer et comprendre les réserves éventuelles des intéressées devrait être la juste attitude.

Bien sûr, ce type de processus d'appui aux initiatives locales réclame du temps. Le temps nécessaire aux villageois parait très long aux équipes de projets pressées par des impératifs de réussites rapides exigés par leur direction. Mais, le temps de la réflexion, le temps de la maturation, celui de la réaction, sont indispensables pour un véritable engagement des villageois et un réel dialogue entre les intéressés et les équipes d'appui. Lors de l'atelier de réflexion des organisations paysannes, au Mayo Kebbi, un groupe de travail portait sur le thème *Comment arriver à se développer ?* Parmi les propositions méthodologiques des organisations paysannes, l'une d'elles était : « Les idées peuvent venir de l'extérieur, mais il faut nous laisser le temps de réfléchir ».

« Lave-toi le ventre, on te lavera le dos » ou l'effort propre d'abord

L'appui aux initiatives existantes est plus fécond lorsqu'il est enraciné dans les ressources propres du milieu. « Aide-toi, le ciel t'aidera » se traduit en bambara (Mali) par « lave-toi le ventre, on te lavera le dos ». Autrement dit, l'aide extérieure doit être précédée d'une volonté et d'un effort propres des bénéficiaires afin d'être complémentaire à un processus qui, au point de départ, est endogène. La notion de ressources est ici comprise au sens large : les ressources financières, humaines, sociales.

Il paraît important que les ressources financières apportées par l'aide extérieure soient modulées aux capacités des organisations et des individus receveurs ainsi que nous l'avons déjà évoqué au chapitre 1. L'exemple du GRAIF au Sénégal montre bien comment une analyse des ressources propres des groupes permet de déterminer le montant d'aide extérieure nécessaire. La notion de complémentarité de l'aide par rapport aux ressources propres est fondamentale, comme l'exprime Jean Gabriel Seni, leader paysan de l'ouest du Burkina Faso :

> « Recevoir l'aide doit d'abord "se préparer" car elle doit venir en second. Elle ne peut pas venir au commencement, elle n'est ni un départ ni une fin. Il faut qu'elle soit ajoutée, associée à quelque chose. Je crois que tout le monde a besoin d'aide, mais ce serait vraiment dommage qu'un groupement commence à s'organiser à partir de l'aide. Je pense qu'un groupement qui s'est créé parce qu'il y a l'aide ne marchera plus par la suite parce qu'il n'était pas bien organisé et qu'il n'a rien fait *avant* que le projet ne vienne. »

Effectivement, lorsque l'aide extérieure cessera, le relais du financement de l'action réalisée devra être pris par les ressources propres du milieu ; cela, dès le démarrage de l'action, ne devrait pas être perdu de vue pour que la mobilisation des ressources soit constante. Jean Gabriel Seni poursuit ainsi son analyse :

> « L'aide est risquée. L'aide n'est pas facile, il faut savoir se préparer à la recevoir, et il faut prévoir son départ et comment tu vas vivre après. »

Par ailleurs, l'utilisation des ressources humaines locales constitue également un aspect important de l'appui aux initiatives locales. Confier un certain nombre de tâches à des villageois, les *responsabiliser*, selon l'expression courante, conduit à renforcer leurs capacités d'organisation et permet souvent une moindre dépendance envers les équipes de projet. C'est ce que montre l'exemple précédent du GRAIF avec l'emploi de ses facilitateurs villageois.

Cette responsabilisation ne va cependant pas sans effets pervers comme, par exemple, l'assimilation à des employés du projet. Assimilation souvent vite faite par les communautés elles-mêmes qui, de ce fait, se déchargent de leur responsabilité collective sur le facilitateur *payé pour cela*. Assimilation vite faite également par les facilitateurs eux-mêmes qui se mettent alors aux ordres du patron-projet et ne se considèrent plus comme étant au service de la communauté villageoise.

La question de la rémunération, ou plus exactement de l'indemnisation des facilitateurs villageois est souvent délicate. Faut-il verser une indemnité monétaire, ce qui risque d'augmenter l'effet de salariat ? Certains projets préfèrent ne pas verser d'indemnité ou de compensation matérielle (don de vélo ou de matériels agricoles) mais demandent aux villageois de s'organiser pour prendre en charge financièrement ces personnes. Ainsi, des réflexions sont en cours, au Mayo Kebbi où les différents intervenants extérieurs analysent avec les villageois, les modalités d'une indemnisation des animateurs villageois par la communauté villageoise. Certaines animatrices villageoises disent que le paiement de savon, chaque mois, leur paraît une récompense suffisante. Elles montrent ainsi que leur niveau d'exigence est raisonnable et en adéquation avec les possibilités de leur milieu. Ces réflexions présentent de plus, l'avantage de préparer le retrait de l'aide puisque les modalités identifiées reposent entièrement sur les ressources dégagées par les communautés ; l'emploi des facilitateurs pourrait se poursuivre après l'arrêt de l'aide extérieure.

En conclusion de ce chapitre, il apparaît donc que l'approche par les besoins correspond à une optique de l'aide et se résume souvent à une logique externe d'offre d'aide. En toute bonne foi, la plupart du temps, parce que l'on croit à l'universalité des besoins mais également parce que c'est plus simple et plus rapide ainsi.

L'appui aux initiatives locales constitue une approche radicalement différente parce qu'elle place les communautés villageoises en position d'initiateurs, rôle plus dynamique que celui de receveur ou de quémandeur. Cependant, il ne faudrait pas tomber dans l'angélisme ou le populisme qui méconnaîtrait la complexité des rapports de force sociaux et des intrigues propres à chaque société. Cela ne condamne en rien l'esprit fondamental de la démarche : arrimer l'aide extérieure sur l'existant. La méthode de travail utilisée doit permettre, avec les partenaires concernés, un décorticage minutieux de la demande des groupes, de leurs ressources existantes et potentielles, et de la place évolutive de l'aide dans le processus. Alors, on a des chances d'être en situation de coopération.

Chapitre 5

LES APPRENTIS SORCIERS DE L'ECONOMIE

« Nous, on parlait du maraîchage, de l'embouche, etc. Chaque fois, il y avait des pères qui disaient : "Non, écoutez, vous, Gossas, vous ne parlez que d'argent ! »
Joseph Sene, président de l'ARAF[1].

Difficile de se départir du préjugé que les Africains ne sont pas des *homo oeconomicus* normaux ! Pourquoi les ONG du Nord et du Sud, mais aussi bon nombre d'acteurs du système, ont-ils tant de mal à entendre les demandes d'appui en matière économique que leur adressent les organisations paysannes, et à y répondre efficacement ? Même si la dimension économique est parfois perturbatrice pour les organisations paysannes, elle représente une préoccupation d'actualité.

« Vous ne parlez que d'argent ! »

Pourquoi faire comme si l'économie n'intéressait pas les paysans africains ? Mamadou Cissokho s'insurge contre les préjugés de bien des ONG qui voient les paysans comme des consommateurs de services sociaux (dispensaires, écoles, puits) et non comme des producteurs à part entière, préoccupés par leurs moyens de production, leurs conditions de vente, leurs marchés, leurs bénéfices. Il déclare ainsi :

> « Cessons de penser qu'avec les paysans, on ne peut pas parler d'économie, c'est faux ! Quand les gens ont de l'argent, tout de suite, ils courent acheter un mouton et le mettent de côté. Quand tu leur demandes pourquoi, ils disent : " dans six mois, ce mouton je l'aurai engraissé ; je l'ai acheté 15 000 francs, je vais le vendre à 30 000 ". Ceux qui font l'embouche, ce sont des paysans. Ce ne sont pas les programmes gouvernementaux qui ont amené cela. C'est clair que les gens font un calcul écono-

[1] Association Régionale des Agriculteurs de Fatick, Sénégal.

> mique. Quand tu discutes avec eux, ils t'expliquent et tu verras que c'est toujours un problème d'opportunités et d'intérêt. Ils savent ce qu'est un investissement et ce qu'est du social. Et l'intérêt, le paysan va te l'expliquer avec tout ce qui est autour pour arriver à son choix .»

En réalité, si la question de l'économie, disons même plus brutalement de l'argent, dérange certains, ce ne sont pas les paysans mais les développeurs eux-mêmes, et en particulier la majorité des ONG liées aux missions catholiques qui ont tendance à se méfier de l'argent.

Joseph Sene, créateur de l'ARAF, l'une des plus anciennes organisations paysannes du Sénégal, paysan de la zone de Gossas, se souvient des années 70 lorsqu'il exprimait la nécessité de gagner de l'argent et se faisait rabrouer :

> « Nous, on parlait du maraîchage, de l'embouche, etc. Chaque fois, il y avait des pères qui disaient : "Non, écoutez, vous, Gossas, vous ne parlez que d'argent. Ce qu'il faut faire à la JAC [2], c'est des réflexions et c'est vraiment l'évangélisation." On leur a dit : " Quand on n'a rien, on ne peut pas évangéliser quelqu'un. Quand on n'a pas à manger, on ne peut pas évangéliser. On n'a même pas le temps d'évangéliser. Donc, il faut commencer par faire l'embouche pour pouvoir rester dans le village. »

« Vous ne parlez que d'argent » : en effet, l'économie se trouve bel et bien au coeur des préoccupations des organisations paysannes. Et ceci de manière croissante, dans les périodes actuelles de crise économique et de désengagement des Etats qui, poussés par les vents du libéralisme, réclament aux organisations de producteurs de plus en plus de participation financière pour l'accès à des services auparavant organisés et gratuits. Le coup de colère de ce chapitre est, pour l'essentiel, issu du décalage entre la demande économique des organisations paysannes et la faible capacité de la plupart des acteurs du système d'aide à y répondre.

---

[2] Jeunesse Agricole Chrétienne.

L'économie, une préoccupation d'actualité

L'objectif de création de ressources monétaires est partagé aujourd'hui par une majorité d'organisations paysannes.

Certaines organisations se sont créées directement dans cet objectif. C'est le cas de nombreux groupements féminins, comme, par exemple, ceux du Mayo Kebbi, au Tchad, décrit au chapitre 2. Nés à la fin des années 80, ils se sont lancés d'emblée dans des activités économiques de production, de transformation et de commercialisation : essentiellement maraîchage, plantation de tarots[3], petit élevage, production d'huile, fabrication de poteries, commerce de produits agricoles et de biens importés.

Pour d'autres organisations, souvent de création plus ancienne, l'objectif initial des membres fondateurs n'était pas économique mais social : la gestion de caisses de solidarité pour les cas de décès ou l'organisation de lieux de rencontres et d'échanges, par exemple. Les objectifs étaient aussi d'ordre culturel, débattre de questions d'actualité ou faire la fête, et d'ordre sportif, jouer au football par exemple. Puis, progressivement, sont apparus des objectifs d'ordre économique et financier : produire, trouver des emplois, gagner de l'argent pour financer des investissements collectifs ou augmenter les revenus individuels.

C'est l'itinéraire suivi par les jeunes de Gogmi, dans la région isolée du sud du Guéra, au Tchad, exemple évoqué au chapitre 1. Le groupement « Solidaires et Pacifiques » créé en 1982, se définissait à l'époque comme un club de cérémonies dont l'objectif était de financer des fêtes et des danses surtout dans les périodes de vacances scolaires, période de retour des étudiants au village. Au départ, ils étaient peu nombreux, tous des garçons. Ils travaillaient un champ collectif de mil. La moitié de la récolte était utilisée pour financer les fêtes et l'autre moitié était conservée pour les « cas de malheur ». Puis, le nombre des membres augmentant, il atteignait la cinquantaine, le groupe a commencé à réfléchir différemment. Son jeune président raconte :

> « On s'est dit qu'il fallait faire autre chose que des danses, alors on a cotisé des sacs de mil et on a acheté un taureau et une

[3] Tubercules comparables à la pomme de terre ou à la patate douce.

charrue puis une charrette. Ce matériel est utilisé par chaque membre du groupement et est loué aux cultivateurs du village. Un tiers des recettes est pour les jeunes qui ont fait le travail, et deux tiers vont dans la caisse du groupement. Jusqu'à présent, nous avons réalisé un magasin de stockage de mil qu'on loue aux grands commerçants les jours de marché, une école de deux classes, un puits et on a fait les rues[4] ; les vieux ont été dédommagés lors des expropriations. »

Cet exemple montre aussi l'influence du contexte économique national sur l'évolution de la nature des activités des organisations populaires. La fin des années 80 et son cortège de difficultés économiques verra l'accélération de cette évolution.

Dans les zones de production de cultures de rente, sous l'encadrement des sociétés de développement d'Etat financées par des aides publiques, les activités des organisations paysannes masculines sont consacrées presque exclusivement à la production de la culture dominante. En dehors de ces zones, les organisations choisissent souvent des activités de diversification des productions individuelles ; ainsi, elles entreprennent, par exemple, du maraîchage ou de la pisciculture. Les organisations de femmes ont, elles, plutôt tendance à reproduire à plus grande échelle les activités menées au niveau familial ; par exemple, la transformation de produits agricoles réalisée collectivement leur permet l'achat de matières premières en plus grande quantité et le groupage des produits au moment de la commercialisation pour une vente en gros. D'autres activités de type service sont entreprises également : banque de céréales, petits commerces-boutiques, pharmacies, moulins et décortiqueuses par exemple. Elles sont surtout conçues dans l'objectif de fournir un service de proximité au village.

Lorsque les organisations paysannes sont plus avancées, elles se dotent de petites entreprises destinées à accroître leur part d'autofinancement, tout en conservant un objectif de service aux membres. C'est le cas de l'ARAF, fédération régionale, qui s'est dotée de deux stations d'essence, de six magasins de stockage de semences d'arachide et de banques de céréales.

[4] Pour favoriser un plan des rues en damier afin d'éviter la propagation du feu lors des incendies.

Les organisations populaires écartelées entre rentabilité et solidarité

Pour les organisations paysannes créées dans des objectifs initiaux d'ordre social et dont le ciment originel est la solidarité entre les membres, l'arrivée de fonctions économiques ne se réalise pas toujours facilement et provoque parfois des turbulences internes, ou du moins des dilemmes.

Le premier dilemme : *l'économie contre le social.*

Dans un contexte de rareté des ressources financières, le groupe définit souvent une priorité d'usage des ressources en vue d'assurer la solidarité immédiate. Cette priorité fait qu'il est rare qu'un groupement puisse épargner, puis investir suffisamment et de manière stable pour permettre la formation puis l'accumulation d'un capital. Les activités économiques, même si elles sont perçues et exprimées comme importantes, ont rarement un statut prioritaire par rapport à d'autres fonctions.

Les organisations paysannes disposant de petites entreprises de service mélangent souvent la comptabilité de l'association et celles des entreprises et puisent naturellement dans leurs recettes en fonction des besoins de l'association.

Un *faux* dilemme : le social comme stratégie économique.

Le premier dilemme, cité précédemment, ne doit pas être confondu avec une pratique différente : l'utilisation des relations sociales comme élément d'une stratégie économique. Cette pratique est souvent accusée, à tort, de polluer une bonne conduite économique. Emmanuel Ndione montre comment fonctionne ce qu'il appelle l'économie relationnelle : les relations sociales et les réseaux constituent le terreau d'une activité économique, ils la nourrissent et doivent être ensuite entretenus. Il explique :

> « Tous les réseaux, tous les notables ou "reliés " envers lesquels on a investi, sont des tiroirs-caisses. Il faut les remplir pour pouvoir, en cas de besoin, exercer à leur égard des droits de tirage »[5].

[5] NDIONE Emmanuel, *Le don et le recours, ressorts de l'économie urbaine*, Enda, Dakar, 1992.

Il démontre que ce raisonnement guide les individus comme les groupements. Par exemple, dans le cadre d'une activité de crédit à des groupements de femmes appuyés par ENDA-GRAF[6], grâce à son insertion dans le quartier Grand Yoff de Dakar, il a pu connaître l'utilisation réelle des crédits attribués à ces groupements. Officiellement, ces crédits sont censés financer des activités productrices et c'est effectivement le discours que tiennent couramment les intéressées. En réalité, la part des crédits affectée à l'investissement économique n'atteint même pas la moitié des fonds mobilisés (48 %) alors que les sommes consacrées à des objets sociaux sont majoritaires : cadeaux considérés par Ndione comme des « placements sociaux », entretien de la famille, dépenses de solidarité, offrandes et gris-gris. Les femmes estiment donc leur sécurité assurée de manière plus fiable par des investissements relationnels que par une seule activité économique.

Pour le remboursement des crédits, l'argent provient surtout, non pas des contributions des réseaux sociaux mais des bénéfices de l'activité économique qui représentent 70 % des fonds destinés au remboursement. Ceci démontre clairement la priorité des femmes : préserver au maximum le système relationnel.

Cet exemple révèle que le social n'est pas antiéconomique mais constitutif de celui-ci.

Le deuxième dilemme : *un noyau de décideurs contre le reste des membres.*

Tout d'abord, on constate qu'est difficile l'articulation entre un mode associatif de gestion et un mode plus entrepreneurial. En effet, le premier est basé sur la négociation et la recherche de consensus, et le second suppose une rapidité de prise de décision et une délégation de pouvoir à des responsables. Ces deux modes de fonctionnement sont très différents, voire parfois antinomiques. Le premier suppose une décision collégiale, le second repose sur un noyau de décideurs. L'arrivée de fonctions économiques s'accompagne souvent du passage d'un mode de gestion à un autre, ce qui n'est pas toujours bien maîtrisé par les décideurs, ni bien compris ou accepté par les membres.

---

[6] Environnement et Développement du Tiers monde - Groupe de Recherche Action Formation.

Autre difficulté, l'attitude des leaders. Parmi eux, beaucoup sont conscients de la nécessité d'accorder une priorité aux activités économiques mais, en même temps, ils ne tiennent pas vraiment à abandonner un système traditionnel de décision qui leur a permis de construire leur pouvoir. Par ailleurs, ils voient dans les mécanismes de recherche de consensus le ciment de leur association. Dans les faits, les décideurs de l'association, en particulier le président et le trésorier, monopolisent souvent les fonctions de décision et finissent par se couper du reste des membres, mal informés au fil des trop rares assemblées générales. Ils gèrent alors assez librement l'activité et ont tendance à ne pas diffuser l'information économique aux membres afin de conserver pour eux les opportunités de gain. Ils se rémunèrent de différentes manières et font comme s'ils constituaient un Groupement d'Intérêt Economique (GIE) de quatre à cinq personnes à l'intérieur de l'organisation. Le risque de fracture est alors grand lorsque la confiance entre le noyau de décideurs et le reste des membres est lézardée.
Les membres, de leur côté, ne comprennent pas toujours les impératifs de gestion d'une activité économique et ont tendance à se comporter surtout comme des consommateurs de service avec des logiques de court terme. Ainsi, ils ont tendance à privilégier la répartition individuelle des bénéfices au réinvestissement collectif dans l'appareil de production. Une autre attitude souvent adoptée par les membres est de déléguer la gestion aux responsables et d'abandonner leur pouvoir de contrôle, attitude socialement plus facile qui évite de faire des vagues au sein de l'association.

Perturbées par l'arrivée des fonctions économiques, les organisations populaires reçoivent-elles, en revanche, un appui adapté de la part des autres acteurs : l'Etat, les banques, les ONG, les projets ? Hélas, difficilement.

Enfermées dans un tête à tête jaloux

Les organisations paysannes se retrouvent souvent enfermées dans un tête à tête jaloux dès lors qu'un organisme veut bien s'intéresser à elles. En effet, beaucoup d'ONG, mais aussi certains projets de coopération publique, établissent une relation assez exclusive avec leurs partenaires paysans : elles ne jouent pas un rôle de mise en relation de ceux-ci avec les acteurs économiques

classiques que sont les banques, les entreprises de la place clientes ou fournisseurs, les transporteurs, les grossistes, les commerçants, les centres de recherche agronomique, etc. Elles placent ainsi les organisations paysannes dans un isolement institutionnel qui les coupent des services existants en dehors du système d'aide : crédits bancaires, contrats commerciaux, conseils techniques, fourniture de produits issus de la recherche...
Bon nombre de paysans, de leur côté, trouvent cette situation confortable et préfèrent la captation de l'aide extérieure à l'utilisation des services des acteurs économiques. Ils contribuent donc également à leur isolement institutionnel.

Il est vrai que les relations entre les organisations populaires et les acteurs économiques classiques, et au premier rang de ceux-ci les banques, ne sont pas faciles. Mamadou Cissokho décrit l'idée que les paysans ont de la banque au Sénégal :

> « Si tu dis à un paysan d'aller plutôt à la banque, il dit : "La banque ? Je dois faire un dossier écrit et je dois apporter les 15 % d'épargne : je ne peux pas. Même si la banque me prend 25 % d'intérêt et que le commerçant m'en prend 100 %, avec le commerçant je n'ai pas de problème. Je viens, et tout de suite, il me donne mon argent. La Caisse Nationale de Crédit Agricole, elle, ne me donne pas d'argent. Elle me donne un bon avec lequel je dois prendre des semences. Et de plus, le commerçant, lui, ne va pas me demander : "Qu'est-ce que tu fais avec ton argent ?" ».

La banque reste, pour de nombreux responsables d'organisations, une source de méfiance : on peut relever en particulier une certaine crainte vis-à-vis de l'endettement, la nécessité de présentation d'un dossier conforme à des exigences auxquelles ils ne sont pas habitués, telles que l'obligation de respecter les échéances sous peine de sanctions, le manque de formation à la négociation, la méconnaissance des mécanismes de la banque, les délais d'obtention jugés trop longs.
Du côté des banques, règnent souvent le soupçon d'incapacité des organisations à gérer des crédits, le manque de formation du personnel de la banque vis-à-vis d'une clientèle potentielle jugée à priori non solvable, le manque d'incitations de la part des banques

centrales à soutenir des programmes de développement via des banques commerciales.

Les commerçants, victimes d'a priori idéologiques

L'un des acteurs économiques importants, les commerçants, fait l'objet d'un a priori idéologique de la part des ONG et souvent des coopérations publiques. Désignés comme usuriers sans pitié et exploiteurs des pauvres paysans, ils sont souvent ignorés et contournés par les différents projets mis en place. Aucune analyse n'est faite sur le rôle qu'ils jouent dans l'économie locale. Ils sont souvent, en effet, la seule entité en milieu rural à octroyer des crédits aux personnes de condition modeste, et en particulier aux femmes pour des crédits à la consommation. Quant aux taux d'intérêt qu'ils servent, par exemple 108 % par an dans le cas des régions du Crédit Rural de Guinée évoqué au chapitre 1, les paysans ne s'en offusquent pas outre mesure et ne considèrent pas les commerçants comme des ennemis mais comme des alliés incontournables ou du moins des interlocuteurs utiles.
Dominique Gentil et Yves Fournier, consultants en systèmes de financement, dressent le même constat :

> « Les paysans trouvent bien sûr les intérêts élevés mais pas exorbitants, et les prêteurs, qu'ils soient commerçants ou notables, sont plutôt considérés comme des bienfaiteurs que comme des exploiteurs »[7].

En fin de compte, les taux d'intérêt sont qualifiés d'*usuraires* par les banquiers et les fonctionnaires des grandes villes en référence aux taux officiels des banques de la capitale. Une comparaison bien saugrenue pour les villageois : les banques sont si loin.

Le « projet » contre un bon fonctionnement économique

L'institution par laquelle transite l'aide, le « projet » qui sera analysé plus en détail au chapitre 9, présente plusieurs

---

[7] GENTIL Dominique et FOURNIER Yves, *Les paysans peuvent-ils devenir des banquiers ? Epargne et crédit en Afrique.* SYROS/FPH, 1993.

tendances défavorables au fonctionnement normal d'activités économiques.

Première tendance : *« Hors du projet, point de salut »*. C'est cette relation exclusive des acteurs économiques classiques que nous avons qualifiée de tête à tête jaloux.

Deuxième tendance : *le syndrome de la spécialisation*. Le projet est souvent focalisé sur un maillon particulier d'une chaîne de production sans préoccupation pour l'amont et l'aval de la production. Par exemple, nombreux sont les projets de production agricole qui ne s'intéressent ni au stockage, ni à la commercialisation, ni à la transformation. Bien sûr, un projet ne peut pas tout faire par lui même mais il doit s'assurer que les secteurs d'activité environnant la production fonctionnent, sans quoi le risque est grand de conduire à des surproductions inutiles comme c'est souvent le cas du maraîchage par exemple. Ce syndrome de la spécialisation est le fruit d'une vision réductrice des concepteurs du projet, qui coupe le producteur de son contexte économique. Or, souvent, la rentabilité est acquise grâce à une diversification de l'activité conçue comme une stratégie de répartition des risques. Ceci est non seulement le cas des exploitants agricoles mais également des commerçants[8].

Troisième tendance : *les subventions de démarrage*. Les ressources financières apportées sont généralement fournies sous forme de subventions pour l'équipement et les dépenses liées à des projets précis et non sous forme d'un apport en capital à l'organisation paysanne, ou à une entreprise dépendant d'elle. Même si cela ne change rien quant aux volumes financiers, c'est psychologiquement et pratiquement différent, dans la mesure où un apport en capital, c'est-à-dire un co-investissement, exigerait un suivi et un accompagnement.

Quatrième tendance : *la prédominance des apports externes*. Le projet, même s'il se veut participatif, c'est-à-dire faisant appel à une participation financière des bénéficiaires, apporte une part de ressources très importante, disproportionnée par rapport au capital

---

[8] GREGOIRE E. et LABAZEE P., *Les grands commerçants d'Afrique de l'Ouest. Logiques et pratiques d'un groupe d'hommes d'affaires contemporains*, Khartala-ORSTOM, 1993.

propre souvent obtenu sous forme de cotisations des membres. La dépendance envers l'apport d'aide est forte, rendant l'autonomie financière difficile et l'évaluation objective du service rendu par le bailleur, délicate. Cette situation empêche de réelles négociations et exigences réciproques entre le projet et les acteurs locaux et n'incite aucun des partenaires à la performance.

Cinquième tendance : *les à-coups du financement externe*. Les ONG ont tendance à accuser des retards dans leurs versements. S'imaginent-elles que les recettes des activités productives permettront à l'organisation paysanne de patienter et de préfinancer elle-même ses programmes ? Cela serait bien illusoire. C'est le cas vécu par l'ARAF. Cette organisation paysanne, évoquée précédemment, qui a créé des petites entreprises pour accroître sa part d'autofinancement, négocie avec les bailleurs pour financer son programme. Joseph Sene constate :

> « Malheureusement, les retards des apports des ONG qui nous aident nous ont obligés à consommer la trésorerie fournie par les entreprises ! En 1992 et 1993, l'ARAF a pris à sa charge à 100% les salaires de ses employés. Sur le revenu des pompes à essence, sur les revenus propres de nos entreprises, avec beaucoup de difficultés. Durant les 19 mois de négociation avec une ONG, il a toujours fallu continuer à payer le personnel. C'est le bénéfice sur les pompes d'essence ainsi que nos cotisations qui nous ont permis de ne pas perdre notre personnel. »

L'irrégularité des apports d'aide risque de détruire et les entreprises et l'association. Par ailleurs, les pratiques économiques des ONG sont souvent ambiguës.

Des pratiques économiques hybrides

La conception des projets productifs de bon nombre d'ONG du Nord et du Sud se départit difficilement d'un esprit caritatif qui conduit à voir l'entreprise ou la boutique villageoise comme un outil hybride qui amalgame des objectifs économiques et des objectifs sociaux. On retrouve fréquemment cette hybridation socio-économique dans les projets productifs destinés aux femmes; ceux-ci mélangent le rôle domestique et le rôle de productrice des femmes et, faute d'une approche économique suffisamment rigoureuse, finissent en fiascos commerciaux.

Cette conception biaise des composantes importantes des actions aidées, notamment l'organisation du travail et l'utilisation des bénéfices.

Pour l'organisation du travail, le mode collectif est presque toujours préféré au mode individuel. La plupart des acteurs du système d'aide, à l'exception des organismes d'appui aux filières de production, s'intéressent peu à l'entreprise individuelle. Ils préfèrent appuyer un mode de travail collectif qui correspond mieux, d'une part, à l'idée qu'ils se font d'un fonctionnement des communautés africaines et, d'autre part, au précepte moral de justice selon lequel l'aide doit profiter au plus grand nombre. Le financement de projets individuels ou familiaux est rare alors que c'est souvent le mode d'organisation du travail le plus efficace. Les paysans eux-mêmes commencent à le souligner. Le leader paysan camerounais Jean-Marie Nkogo Lema[9] estime :

> « Les financeurs ne devraient pas toujours insister sur le financement des projets de groupe. Si on observe bien, on se rend compte que les petits projets individuels donnent de meilleurs résultats. Les projets de groupe qui réussissent sont souvent ceux qui ont un caractère social. »

Autre composante économique biaisée, la conception de l'utilisation des bénéfices est, elle aussi, hybride. Elle sert souvent des intérêts extérieurs à ceux de l'activité : alimentation d'une caisse de solidarité pour financer des projets d'équipement villageois, par exemple, ou pour aider d'autres groupements à démarrer. Ce faisant, elle ne permet pas la reproduction de l'activité. Par exemple, dans un projet de petit commerce pour les jeunes dans les quartiers périphériques de Dakar, une ONG française avait ainsi conçu la répartition des bénéfices : les jeunes ne conservaient que 50 % des bénéfices, les associations de quartiers 25 % et les villages d'origine 25 %. Les bénéfices restant aux mains des jeunes étaient bien faibles pour à la fois constituer une rémunération suffisante et permettre un réinvestissement.

---

[9] Secrétaire général du Bureau d'Orientation et de Solidarité à l'Action des Projets Paysans de la Lékié (BOSAPPAL). *Agripromo* n° 82, juillet 1993.

Diagnostic

Ne se trompe-t-on pas d'accusé ? Les réfractaires à l'économie ne sont pas tant les paysans africains que ceux qui les aident, ONG et aussi projets de coopération publique. Les dispositifs d'appui se révèlent inadaptés, fruits de conceptions qui tiennent plus de l'humanisme que de l'économie.
En réalité, les ONG du Nord sont mal à l'aise avec tout ce qui peut ressembler à du business, de l'économie, de l'argent. Même si, à la fin des années 80, la prise en compte de l'économie apparaît dans leur discours, sur le terrain, on observe aujourd'hui encore les mêmes dysfonctionnements. Cette sorte d'allergie à l'entreprise peut s'expliquer, en particulier pour les ONG nées de courants politiques et religieux, par une certaine opposition aux valeurs de l'entreprise. Leur fonctionnement institutionnel se situe lui-même en dehors des lois du marché. Les ONG vivent avec une part importante de bénévoles, de contrats de solidarité.
La plupart des acteurs du système d'aide ne fonctionnent pas comme des entreprises et ne participent pas au jeu du marché. Leur chiffre d'affaires est issu de dons et de subventions et non de la vente de services. Ils ne sont pas des constructeurs de marges bénéficiaires : leur objectif n'est pas de faire de l'argent mais d'en distribuer. Il ne leur est donc pas facile d'appuyer efficacement les dynamiques socio-économiques de leurs partenaires.
De leur côté, les organisations paysannes ne sont pas nées pour accomplir des performances d'entreprise. Jusqu'aux années 80, les activités économiques n'y avaient pas un statut prioritaire par rapport aux autres fonctions. Aujourd'hui, au moment où une baisse des revenus touche de nombreuses familles rurales, les organisations sont confrontées aux défis de désengagement de l'Etat. Parmi ces défis, une majorité est d'ordre économique et financier, domaines où leurs dirigeants sont novices. Aux divers niveaux, depuis l'exploitation familiale jusqu'aux fédérations régionales ou nationales, les organisations paysannes tâtonnent pour assumer l'élargissement de leurs fonctions sans renier les finalités sociales, culturelles et politiques de leurs origines.

Analysons à présent, l'exemple d'une entreprise paysanne d'exportation de produits agricoles qui se développe, supporte des

hauts et des bas, mais a réussi à travailler avec des banques et des commerçants.
Après quoi, des pistes d'amélioration seront proposées.

■ ***L'exemple d'une entreprise commerciale paysanne : Carrefour située en Gambie.***

Durant les années 80, plusieurs unions de groupements paysans d'Afrique de l'Ouest avaient tenté de commercialiser diverses productions agricoles, en particulier l'arachide. Fortes de cette expérience, en grande partie menée sous le statut de GIE qui n'exige pas de rassembler un capital, elles cherchèrent à échanger entre elles des productions et à exporter.
En 1992, cinq fédérations régionales d'organisations paysannes, une malienne, deux sénégalaises, une gambienne et une de Guinée-Bissau ont créé une société commerciale, située en Gambie, pour la commercialisation et l'exportation de produits agricoles : « Carrefour » (Exchange Crossroads). Chacune des fédérations a participé à la construction du capital de l'entreprise. La gestion de celui-ci a été confiée à un professionnel.
Le premier produit a été la noix de cajou; s'est ajoutée, deux années plus tard, la gomme arabique et aujourd'hui Carrefour s'intéresse aussi au karité (amande et beurre) et aux fruits locaux (mangues, etc.). Le travail de collecte et d'achat dans les villages est confié par Carrefour soit aux organisations paysannes - de statut divers selon les pays - membres des cinq fédérations, soit à des commerçants locaux. Carrefour fait l'avance des sommes nécessaires pour les achats et obtient des rotations rapides de ses fonds.
La mise en concurrence entre associations et commerçants s'est révélée fructueuse. De même, la présence de superviseurs de Carrefour au sein même des fédérations concernées a contribué à dynamiser les efforts de collecte par les groupements de base.
Pour négocier de bonnes conditions de transport maritime et d'écoulement à l'exportation, l'entreprise est forcée de soutenir une croissance rapide afin de travailler par milliers de tonnes et non par centaines de tonnes. Or, ses capitaux propres sont modestes et il n'est pas facile, aujourd'hui, de trouver des investisseurs ou des agences d'aide pour participer au capital

d'une entreprise de ce type. Trois acteurs (banques, acheteurs, agences d'aide) ont finalement contribué au financement de l'entreprise, devenue rentable après 3 années. Les banques prêtent pour chaque campagne à deux conditions. Premièrement, Carrefour doit obtenir auprès de ses acheteurs, européens et japonais, des "crédits documentaires" qui apportent au banquier la preuve qu'achats et ventes ont bien été effectués. Deuxièmement, des tiers doivent garantir une partie des prêts demandés auprès des banques par Carrefour. Diverses ONG[10] ont émis des lettres de garantie qui ont facilité les négociations de l'entreprise avec ses banquiers. En cas de défaillance au moment du remboursement, la banque mobilise cette garantie.
Ce système ne remplace cependant pas la nécessité d'augmenter le capital de l'entreprise. C'est ce qu'ont bien compris les administrateurs de Carrefour quand ils ont décidé, en 1995, de répartir ainsi les premiers bénéfices : 50 % pour le capital de l'entreprise et 50 % pour des investissements en plantations paysannes d'anacardiers (cajou).

Après cet exemple, nous proposons quelques axes d'amélioration de l'appui aux dynamiques économiques. Un premier axe préconisé est d'essayer de sortir de la logique de l'aide pour favoriser l'entrée des organisations paysannes dans le jeu économique normal en organisant un interface avec les acteurs économiques de la place. Un deuxième axe propose de rechercher des modes de financement plus proches de ceux du marché. Un troisième axe consiste à améliorer la gestion des entreprises des organisations paysannes en distinguant mieux ce qui relève de l'entreprise de ce qui relève de l'association. Enfin, un quatrième axe consiste à élargir notre conception des mécanismes économiques et à mieux prendre en compte les logiques sociales de réseaux qui se révèlent constitutives de l'économique.

Au préalable, une mise en garde. Nous ne nous éterniserons pas sur la nécessité d'appuyer les initiatives économiques des organisations paysannes mais il ne faudrait pas tomber dans un

---

[10] Dont RAFAD (Recherche et Applications pour le Financement Alternatif au Développement) à Genève, SOS Faim à Bruxelles et des bailleurs de fonds publics (coopération suisse, belge et l'Union Européenne).

excès inverse qui consisterait à considérer l'économie comme seule planche de salut et mépriser les utilisations moins directement productives des ressources des organisations populaires comme, par exemple, les investissements réalisés dans les écoles et centres de santé. En effet, comme nous l'avons évoqué au chapitre précédent, dans certains cas, comme celui des organisations de l'ouest du Burkina Faso, dans les zones de fortes migrations, l'économie n'est pas exprimée comme une priorité car jugée comme une source de conflits potentiels entre les différents groupes de populations; sont préférées des réalisations plus sociales. Cela signifie qu'il est important de respecter ces choix qui font partie du dessein et des stratégies retenus par les principaux intéressés.

Sortir du tête à tête pour jouer un rôle d'interface

Le premier axe proposé pour appuyer les dynamiques économiques est d'aider les organisations paysannes à entrer dans le jeu économique normal et à utiliser les services des institutions publiques et privées existant localement.

Le rôle d'un projet devrait donc être de favoriser la rencontre entre les acteurs économiques locaux. Un rôle d'interface et de mise en relation. C'est par exemple le travail réalisé par le projet de développement péri urbain à Bangui, en République Centrafricaine[11]. L'un des objectifs du projet, démarré en 1995, est d'améliorer les filières vivrières du manioc et du maïs. L'équipe du projet a animé des ateliers de rencontres entre tous les acteurs des filières concernées : fournisseurs de semences et de plants améliorés, transporteurs (gros porteurs et taxis brousse), grossistes, y compris hôteliers et restaurateurs, détaillants et détaillantes, et enfin les producteurs, organisés en groupement ou non. Le ministère de l'Agriculture assistait également à ces rencontres. Les problèmes rencontrés par les uns et les autres ont été mis à plat et des idées de solutions débattues ; c'était la première fois que tous ces acteurs avaient l'occasion de discuter ainsi de leur travail commun. De premiers engagements ont été pris au cours de cet atelier et l'un des rôles de l'équipe de projet est de rappeler périodiquement leurs

[11] Financé par la Caisse Française de Développement et appuyé par deux bureaux d'étude : l'IRAM et le CIEPAC.

engagements mutuels aux différents acteurs et d'examiner avec chacun d'eux comment mieux les honorer.

Parmi les institutions économiques importantes, les banques devraient faire l'objet d'une attention particulière pour les équipes de projet qui pourraient s'attacher à les rapprocher des organisations paysannes. C'est un véritable apprivoisement mutuel à favoriser. On constate souvent que le rapprochement entre ces deux types d'acteurs donne de bons résultats : dès lors que les organisations paysannes surmontent les obstacles de départ et gèrent correctement leurs premiers crédits, elles sont encouragées à intégrer les notions de coûts financiers et de modalités de remboursement dans la structure même de leur programme, voire dans leur gestion globale. De leur côté, certaines banques, constatant que les organisations paysannes honorent leurs engagements, comme n'importe quel acteur économique, acceptent de couvrir peu à peu une part croissante de leurs risques.

L'ouverture aux acteurs classiques présente, en outre, l'avantage de permettre l'accès à d'autres possibilités de financement complémentaires de l'aide, voire même éventuellement concurrentes de celle-ci. En effet, un crédit fournisseur ou un crédit bancaire ne sont finalement pas forcément plus difficiles à obtenir que les dons d'une agence d'aide du Nord.

Des financements plus proches du marché

Aider les organisations paysannes à entrer dans un jeu économique normal suppose également de rechercher des modes de financement plus proches de ceux du marché et moins liés au système d'aide.

Face aux difficultés engendrées par le mécanisme projet en particulier dans le domaine du financement, une piste qui paraît intéressante, bien que délicate à employer, est la garantie bancaire.

Elle est conçue comme une réponse à l'absence de garantie bancaire pour les catégories de population et les entreprises de condition modeste. Dans certains cas, comme dans celui de Carrefour, le procédé a bien rempli son rôle : la banque a été sécurisée pour consentir des crédits à l'entreprise qui, de son côté, a pu disposer de crédits bancaires. Mais, dans d'autres cas, le procédé fonctionne moins bien pour différentes raisons. Parfois, la banque ne joue pas le jeu et n'accorde pas les crédits, estimant le coût de suivi de « petits dossiers » trop élevé ou estimant que les candidats à l'emprunt ne présentent pas les caractéristiques requises (statut juridique informel par exemple). En effet, il faut souligner que l'existence de fonds de garantie ne change rien à la définition des conditions d'emprunt. Les crédits restent accessibles aux conditions financières et administratives habituelles de la banque, notamment celles liées au statut juridique des organisations paysannes et des formalités administratives. Et ceci rebute certaines organisations qui , de fait, ne s'adressent pas à la banque. Enfin, il se développe parfois un effet pervers d'irresponsabilité des bénéficiaires qui ne se sentent pas toujours suffisamment motivés pour rembourser leurs crédits dès lors que l'existence d'un fonds de garantie est connue.

En dernière analyse, la garantie bancaire constitue un outil de financement intéressant parce qu'il peut constituer une clé d'accès à la banque mais elle doit être maniée avec précaution, c'est-à-dire dans des circonstances précises : en particulier lorsque les banques sont prêtes à jouer le jeu et lorsque les bénéficiaires sont réellement motivés à rembourser.

Améliorer la gestion en distinguant entreprises et association

Le deuxième axe de propositions vise à améliorer la gestion en évitant de mélanger les genres entre entreprises et association.
En effet, pour les organisations paysannes ayant créé leurs propres petites entreprises, il paraît préférable de distinguer l'association et les entreprises en séparant mieux la gestion des deux entités.

Certains conseillent de dissocier réellement l'association et les entreprises en conférant une autonomie aux entreprises. Bara Goudiaby, secrétaire général du CADEF[12], au Sénégal, tire les leçons de son expérience et préconise de séparer nettement l'entreprise tout en lui demandant de continuer à rendre des services aux membres de l'association. Il s'explique ainsi :

> « CADEF constate peu à peu qu'il ne peut gérer les entreprises de service ; il les autonomise en créant des GIE autonomes, générés par le CADEF mais liés à lui : les responsables de ces

[12] Comité d'Action pour le DEveloppement du Fogny, en Casamance.

entreprises doivent vivre mais ils doivent aussi rendre des services aux adhérents du CADEF et non pas seulement chercher leur propre profit au détriment des besoins des adhérents... Ce n'est pas simple ! Une organisation multifonctionnelle et multisectorielle ne peut être efficace que si elle est capable d'autonomiser certaines activités, de décentraliser certaines fonctions ; mais les nouvelles structures créées doivent rester fidèles à la cause qui a été à l'origine de leur création »[13].

Le CIDR[14] travaille également dans le sens d'une séparation de l'entreprise et de l'organisation paysanne. Il appuie ainsi des entreprises de service - équipes de techniciens constituées en GIE ou en association - et des unions d'organisations paysannes grâce à la mise en place de mécanismes de passation de contrats entre ces deux entités.

De son côté, Michel Pelloquin, consultant en financement, conseille une « délimitation de l'entreprise et de ses frontières »[15]. Une frontière concrète ne lui paraît pas toujours suffisante, les responsables trouvant souvent de bonnes raisons pour justifier l'utilisation de l'entreprise au nom de la fidélité à la cause. C'est pourquoi il estime que la frontière devrait d'abord être claire « dans la tête des responsables ». Cela devrait se traduire par une comptabilité propre de l'entreprise. Les responsables auront ainsi en tête à la fois l'ensemble des activités de l'association et les activités de l'entreprise lorsqu'ils auront une décision à prendre. Pour fixer des prix par exemple, ils seront à même de juger s'ils font tel choix en tant que responsables associatifs ou en tant que gestionnaires d'entreprises.

Une autre voie est celle de la passation de contrats entre l'assemblée générale d'une association et les responsables de la gestion d'une activité économique de celle-ci. L'objectif de ces contrats serait de clarifier les tâches à remplir et de fixer la rému-

---

[13] Cité in, *Etats désengagés, paysans engagés, perspectives et nouveaux rôles des organisations paysannes en Afrique et en Amérique Latine*, FPH - CIRAD, mars 1997.

[14] Centre International de Développement et de Recherche, France.

[15] Manuel RAFAD, Genève, 1992.

nération proposée aux chargés de l'activité afin d'éviter qu'ils se rémunèrent eux-mêmes sans règle précise et connue de tous.

Les différentes positions et expériences citées montrent bien qu'il n'existe pas de voie unique, chaque organisation paysanne devra juger la formule intégrant le degré de séparation des fonctions qui lui convient le mieux.

Par ailleurs, pour les organisations paysannes qui n'ont pas d'entreprises au sens strict mais qui conduisent des activités économiques, il est important de les aider à améliorer leur gestion. L'exemple du projet des Centres de Gestion[16] au Mali, que nous avons cité au Chapitre 3, est à cet égard intéressant. Situé dans le contexte de la filière coton mais indépendant de la CMDT[17], ce projet a démarré en 1992 avec l'objectif d'améliorer la gestion des associations villageoises par la mise en place d'outils comptables et de conseils en gestion. Les associations villageoises se sont montrées intéressées : 500 étaient adhérentes en juin 1997 et ont mis en place une comptabilité par activité, pour le coton mais aussi pour les autres activités. La transparence dans les comptes ainsi gagnée permet aux membres des organisations paysannes de disposer d'éléments pour juger l'action des responsables. Elle permet également à ces derniers d'exposer clairement les motivations de leurs décisions, et éventuellement de se justifier en cas de doutes des membres. Par ailleurs, la clarification des comptes permet une amélioration des relations avec les banques qui, disposant d'informations fiables puisque certifiées par les conseillers comptables appuyés par le projet, sont plus favorables à l'octroi de crédit aux organisations paysannes.

Mieux connaître et prendre en compte l'économie relationnelle

Le dernier axe de réflexion proposé réside dans la nécessité d'élargir notre conception des mécanismes économiques afin de mieux prendre en compte les logiques de réseaux, *l'économie relationnelle*.

---

[16] Financé par le ministère de la Coopération française, ce projet est appuyé par l'IRAM.

[17] Compagnie Malienne Des Textiles.

L'exemple de l'utilisation des crédits par les groupements de femmes à Dakar montre bien l'importance des relations sociales dans le fonctionnement économique. Il paraît difficile de ne pas tenir compte de telles pratiques qui mêlent si étroitement le social et l'économique et qui invalident la notion d'une rationalité purement économique. Cette économie relationnelle est encore mal connue et gagnerait à être approfondie et mieux prise en compte par les dispositifs d'appui. Mais, du moins dans l'état actuel de nos connaissances personnelles, il n'existe pas d'expériences de projets prenant en compte ces logiques sociales, ce qui confine notre propos dans un flou qui risque de le faire apparaître comme un voeu pieux. Nous ne pouvons que renouveler notre conviction de la nécessité de creuser dans cette direction.

En conclusion de ce chapitre, on insistera sur l'acuité croissante du décalage entre les défis d'ordre économique auxquels sont confrontées les organisations paysannes et la faiblesse des dispositifs d'appui qui font souvent figure d'apprentis sorciers connaissant mal la complexité du sujet.

Chapitre 6

DES ENCADREURS, NON MERCI !

« Certains formateurs ont peur du débat avec les paysans parce qu'ils savent qu'il y a une richesse qui va sortir de là et risque de remettre en cause leur pratique. »
Mamadou Goïta, formateur malien

Le système d'aide contribue à la formation des paysans et à la diffusion des techniques agricoles. Dans ce domaine, les agences publiques ont, jusqu'aux années 1990, utilisé des méthodes directives d'encadrement dont la remise en question est à l'ordre du jour. D'autres méthodes de formation, expérimentées depuis vingt ans, en particulier par des ONG et des fédérations d'organisations paysannes, parviennent sur le devant de la scène. Et, le style de relation entre techniciens et paysans évolue.

Le ras-le-bol d'être encadrés

« Nous en avons assez qu'ils nous vulgarisent-en-coton ! » Cette exclamation d'un paysan burkinabé, Jean-Gabriel Séni, exprimée en 1974, était le signe avant-coureur de la contestation de l'encadrement qui, petit à petit, s'est développée parmi les paysans d'Afrique de l'Ouest. Il faut reconnaître que la zone cotonnière de Ouarkoye où ce leader habite avait fortement subi les effets, positifs comme négatifs, de l'encadrement de masse : des vulgarisateurs salariés appliquent un programme conçu à l'extérieur des exploitations paysannes et orientent la majeure partie des activités des paysans vers une production unique : le coton là-bas, le riz ou l'arachide ailleurs.

Et, en 1996, un responsable paysan de la même région, Pierre Bicaba, s'écrie :

> « On doit venir sur le terrain et demander aux paysans de quels appuis ils ont réellement besoin. On ne peut décider de cela dans les bureaux ! »

Le chercheur Marc Dufumier[1] estime que :

> « Les projets fondés sur une telle démarche *descendante* se sont tous heurtés à l'opposition plus ou moins manifeste de la paysannerie pour qui les intervenants extérieurs ne peuvent transmettre que des conseils et des suggestions dont le contenu doit toujours être soumis à l'épreuve des faits pour en vérifier l'exactitude et l'utilité. »

Une même constatation, concernant cette fois les éleveurs, est faite par Boubacar Ly[2], docteur vétérinaire du Burkina Faso :

> « Les techniciens chargés d'assister les éleveurs les ont plutôt poussés au repli sur eux-mêmes. Ils se sont présentés comme des patrons : d'où le jeu de cache-cache entre les éleveurs qui ont vu le risque d'être manipulés, et les techniciens. Ils ont déclaré aux éleveurs qu'ils devraient faire ceci ou cela, sans avoir pris la peine de leur demander quel sens avait pour eux l'élevage qu'ils pratiquent, ni comment ils entrevoyaient son évolution : d'où l'attentisme et la rétraction des éleveurs. »

Mais les encadreurs connaissent bien - et entretiennent parfois - le complexe de ceux des paysans qui n'ont pas été à l'école : « notre savoir existe, mais il vaut peu de choses ; l'instituteur, l'ingénieur, le formateur, ceux-là savent, pas nous ». C'est pourquoi, avant d'en arriver à une opposition manifeste, longue est l'étape de la soumission. Annick Talbot[3], observant en 1993 des villages de la région de San, au Mali, fait la constatation suivante :

> « Les paysans encadrés et assistés à l'excès pendant de nombreuses années sont en position d'attente. Ils ne prennent pas d'initiatives, n'ont pas la curiosité de s'instruire, ils se limitent à l'expression de besoins purement matériels. »

---

[1] DUFUMIER Marc, *Politiques agricoles et initiatives locales. Adversaires ou partenaires,* in Chantal BLANC-PAMARD (sous la coordination de), op. cit.

[2] LY Boubacar, « Eléments de stratégie pour le développement de l'élevage au Sahel », *Coopération Suisse au Développement, BERAP*, Ouagadougou, novembre 1990.

[3] TALBOT Annick, op. cit.

Mamadou Goïta, un formateur qui a travaillé au Togo, au Mali et au Burkina Faso, rapporte ces propos d'un paysan togolais : « Vous savez, cela fait des années que nous participons à des sessions de formation organisées par vos encadreurs. Chaque année, ils viennent pour nous dire la même chose et des choses, d'ailleurs, que nous connaissons depuis très longtemps ». Mais ce même paysan exprimait ceci dans la voiture qui l'emmenait, avec le formateur à un énième séminaire. Pourquoi y allait-il ? Parce que l'appui reçu est lié à la formation. C'est le même projet d'aide qui finance l'un et l'autre. « Si je viens à cette session, pense le paysan, je sais qu'elle ne m'apportera rien mais si je ne viens pas, je ne pourrai plus bénéficier de l'appui pour telle activité qui doit être menée après la formation ». D'autres viennent parce que peut-être ce sera une occasion d'exprimer certains besoins. Et d'aucuns viennent parce qu'il y aura des indemnités de séjour. Un paysan du Yatenga, au Burkina Faso, nous disait : « Si ce qu'un encadreur propose amène de l'argent, j'en aurai bien quelques miettes. Si ça ne marche pas, je n'aurai rien perdu. Si je le renvoie d'office, je n'aurai rien obtenu. Alors, je le laisse jeter ses miettes dans ma cour ».

Ces désillusions d'acteurs si différents laissent perplexe. Comment en est-on arrivé là ?

Brève histoire de l'encadrement

Relisant les travaux auxquels nous avions participé en 1959 au Sénégal[4], au sein de l'équipe Lebret, nous y trouvons l'emploi courant du terme *encadrement,* utilisé non seulement dans le constat mais aussi dans les recommandations ! L'encadrement existait d'une façon très peu étendue à la fin de l'époque coloniale. Il s'est affirmé dans les années 1960 : il fallait trouver d'urgence des ressources financières pour les nouveaux Etats et l'on pensait que les agriculteurs, pourvu qu'ils soient *bien encadrés*, pourraient les fournir grâce à des produits d'exportation.

On pensait également qu'on pourrait réussir vite, que les techniques étaient au point, qu'il suffirait de les diffuser. Quelques voix s'élevaient pour critiquer la directivité des programmes, en

[4] CINAM-SERESA, *Rapport sur les perspectives de développement du Sénégal*, Premier Ministère, Dakar, 1960.

particulier celle des acteurs de l'animation rurale qui prônaient une formation globale pour une responsabilité étendue des paysans. Mais leurs méthodes étaient jugées trop lentes et trop politiques. La vulgarisation par un encadrement rapproché semblait aller de soi. Les agences d'aide emboîtèrent le pas de charge des responsables des sociétés parapubliques françaises d'assistance technique qui faisaient miroiter aux yeux des dirigeants politiques des augmentations miraculeuses de productivité si on mettait en place *l'infanterie du développement*.

Ainsi, de 1964 à 1984, dans les régions favorisées de l'Afrique de l'Ouest s'est établi le règne des sociétés d'Etat et de leurs méthodes d'encadrement de masse.

Au niveau du village, un moniteur pour 40 à 200 paysans, selon qu'il s'agissait du riz irrigué, du coton ou de l'arachide, était la norme jugée souhaitable. Aux yeux d'un villageois, l'encadrement c'est le moniteur. Or, le moniteur est un jeune, parfois issu du village, le plus souvent venu d'un village voisin, qui se permet de dire aux anciens à quel moment semer, quel type de pratiques culturales adopter, quel règlement respecter pour obtenir des engrais ou des semences. Ces encadreurs n'ont, en général, jamais cultivé car pour être encadreur il faut parler le français, et donc avoir été à l'école et, à l'époque, aucun scolarisé ne reprenait la daba. On formait les moniteurs par des stages de plusieurs semaines ou de plusieurs mois. Leur rôle était d'expliquer, sinon d'imposer, des solutions standardisées à ceux dont le niveau de formation était, par principe, considéré comme insuffisant pour qu'ils puissent apprendre par eux-mêmes. En 1969, analysant l'effet de ce type d'encadrement rapproché sur les paysans, nous notions : « ne pas pouvoir choisir tel ou tel moyen (ex : tel vulgarisateur) plutôt que tel autre est un handicap pour des paysans en recherche d'autonomie »[5]. Certes, leurs productions étaient pesées, expédiées et payées via leurs coopératives mais celles-ci n'avaient aucunement les caractéristiques d'une entreprise ni d'une association. Une coopérative, c'était un lieu de commercialisation, un *secco* dit-on au Sénégal.

---

[5] LECOMTE Bernard, «Eléments pour une recherche sur l'organisation de l'aide au développement rural», in *Développement et Civilisations*, n° 38, Paris, juin 1969.

C'est dans ce pays qu'apparurent les premiers signes d'une méfiance paysanne face aux politiques d'exportation et au système d'encadrement. La grève de l'arachide de 1967 donna le premier signal. La production chuta brutalement. Mais il fallut attendre 1973 et le choc de la sécheresse pour que des paysans - du moins des jeunes ruraux exclus du système d'encadrement rizicole - créent une première association paysanne autonome et critiquent le travail des encadreurs d'une société d'Etat. C'était là les premiers pas de l'Amicale des Foyers des Jeunes du Walo, précurseur du mouvement paysan.

L'échec de la vulgarisation

La vulgarisation, conduite par des bataillons d'encadreurs, a fini par lasser les paysans qui doutent de son intérêt. Les projets et les services de vulgarisation agricole, organisés de façon hiérarchique et autoritaire, n'ont disposé bien souvent que de messages techniques standards. Comme si toutes les exploitations agricoles étaient identiques, comme si « la tâche du vulgarisateur était de transmettre un nombre de messages pour la véracité desquels aucun doute ne serait permis »[6]. Seuls les ingénieurs des sociétés d'Etat et ceux des services techniques savaient quelle était la meilleure solution. Et la meilleure solution est nécessairement unique ... Alors, les formateurs, les encadreurs et les moniteurs répètent, en cascade jusqu'aux paysans, les mêmes messages.

Les divers agents d'encadrement sont liés aux projets d'aide qui vérifient leur qualification et évaluent le nombre de journées de formation ou de visites. Evaluer l'utilité finale pour chaque catégorie de formés est plus difficile et plus rare. De plus, certains d'entre eux se limitent juste à ce qu'ils ont comme outils de départ et ne veulent pas chercher ailleurs, échanger avec d'autres personnes, s'autoformer pour être plus efficaces. Ils justifient ainsi cet immobilisme : « Comment faire autrement ; je suis évalué par les responsables en fonction de la réussite de telle pratique. Nous avons des indicateurs pour cette manière de faire mais pas pour autre chose ». Joue aussi la sécurité que donne à l'encadreur, l'utilisation des mêmes concepts, des mêmes exemples, des mêmes outils. Il a

[6] DUFUMIER Marc, op. cit.

besoin d'être rassuré car les paysans s'expriment et parfois contestent ; ils savent beaucoup de choses et il est plus prudent de suivre le canevas d'un savoir asséné que d'engager un dialogue.
En 1974, un encadreur sortait, bouleversé, des trois premiers jours d'une rencontre[7] intitulée *Encadreurs et paysans se forment ensemble*. « Ils en savent plus que nous » disait-il, « qu'allons-nous devenir ? ». Et, à une compétence jugée faible correspond une directivité élevée !
Et aujourd'hui, en 1996, Mamadou Goïta constate :

> « Certains formateurs ont peur du débat avec les paysans parce qu'ils savent qu'il y a une richesse qui va sortir de là et risque de remettre en cause leur pratique. Ils répètent leur savoir comme pour affirmer aux paysans : "Vous avez toujours besoin de nous parce que nous détenons les recettes dont vous avez besoin pour vous développer" ».

Et ces recettes sont parfois si inadaptées que les paysans désormais s'insurgent et critiquent jusqu'aux concepteurs de programme. Le président de l'Union Provinciale des Producteurs de Coton et de Céréales du Mouhoun, au Burkina Faso, explique ceci, en 1996[8], à propos du Programme National de Vulgarisation Agricole (PNVA) :

> « Nous, les producteurs de l'ouest, on pense que cela nous pénalise parce qu'il y a déjà eu la vulgarisation de la culture du coton chez nous ; après il y a eu la vulgarisation de la culture du maïs, encore à l'ouest ; nous sommes en avance par rapport aux autres régions du pays. Mais on nous a dit que tous les paysans du Burkina devaient aller ensemble et nous, on nous a stoppés. Nous, on a dit : "non, il faut suivre l'évolution des paysans par étape, selon les régions" ».

Ce qui semble, en effet, être le b.a.-ba du planificateur !

---

[7] Au Centre d'Etudes Economiques et Sociales d'Afrique de l'Ouest (CESAO) à Bobo Dioulasso, Burkina Faso.

[8] Interview de Pierre BICABA par Mamadou Goïta, 1996, documentation GRAD, Bonneville.

Par contre, Demba Keita constate que des techniciens, dans la région de la Basse-Casamance au Sénégal, changent désormais d'attitude :

> « Je vois qu'ils "s'approchent trop"[9] du paysan ; là tu sens, en eux vraiment, qu'ils veulent changer. Ils ont constaté qu'avec leur système de penser que le paysan doit être un exécutant, cela n'a pas marché. Les paysans laissaient de côté ce que les techniciens apportaient et continuaient à pratiquer leurs façons de faire. Je pense que c'est à partir de là qu'ils ont cherché à combiner les deux savoirs : celui des paysans et le leur. »

Voyons comment les paysans apprennent.

Les voies de l'apprentissage

Aujourd'hui, certains organismes d'encadrement et des ONG d'appui choisissent l'objectif de favoriser la responsabilisation des paysans. Ils espèrent remplacer l'encadrement par des programmes de formation. Certes, des paysans viendront encore s'asseoir sur des bancs pour se former mais après avoir agi. Joséphine Ndione explique ceci :

> « Nous n'avons pas commencé par l'alphabétisation des femmes, leur priorité étant de démarrer des activités économiques pour gagner de l'argent, pouvoir nourrir la famille, se faire soigner, etc. Nous les avons aidées dans ce sens tout en sachant qu'il faudrait, un jour ou l'autre, qu'elles apprennent à lire et à écrire.»

Dans les unions de groupements autonomes, on constate que les paysans et les paysannes préfèrent tâtonner et essayer une activité nouvelle avant d'aller chercher un complément de formation. Les responsables paysans sénégalais disent de cette méthode, qui déroute les formateurs aux programmes préparés d'avance : « Nous savons mieux ce que nous avons besoin d'apprendre quand nous avons déjà essayé. Nous nous formons *dans le flot de l'action* ».

---

[9] « trop », au sens de *beaucoup*.

Pour beaucoup d'entre eux, le désir de se former ne précède pas l'action mais la suit.

Puis à l'occasion et au-delà de cette forme de formation par essai, erreur et évaluation, apparaissent, petit à petit, des besoins de formation complémentaires.

A quelles sources les intéressés vont-ils alors trouver les informations qui leur manquent ? Ils ne se dirigent ni vers les bancs d'école, ni hélas vers les centres de recherche ; ils vont chez d'autres paysans qui habitent leur région ou plus loin encore. On retrouve dans la démarche d'aller voir soi-même ce que les autres font, l'une des pratiques qui a permis aux jeunes paysans français de l'après-guerre (1945) de s'émanciper et d'innover :

> « Ils ont pris leur bicyclette pour aller dans le canton d'à côté, l'autocar pour visiter le département voisin, le train pour venir à Paris rencontrer des paysans originaires de toutes les régions ou pour sillonner un pays étranger. L'échange des idées et la circulation physique des hommes ont été un moyen irremplaçable de décloisonnement et d'autoformation de cette nouvelle paysannerie »[10].

Mais certains paysans croient qu'ils savent et n'apprennent plus. A l'inverse de ceux des paysans qui estiment nul leur propre savoir, d'autres - vite satisfaits par le premier progrès accompli - ont tendance à ne plus chercher à apprendre. Peut-on changer cela par une offre de visite ou de séminaire ? Non, car ils ne viendront pas sauf si le titre de ce dernier inclue le mot *recherche* qui les flattera ! Sinon, le mur de l'indifférence satisfaite grandira. Alors, seule la concurrence de voisins plus réalistes ou l'arrivée de jeunes plus curieux pourront secouer les cocotiers et raviver les désirs d'apprendre.

Un des paradoxes des organisations paysannes autonomes est que les noix de coco semblent s'accrocher encore plus qu'ailleurs ! Le fait d'être membre du conseil d'administration d'une union donne-t-il à certains des dirigeants paysans le sentiment de tout savoir ? En

---

[10] HERVIEU Bertrand, «Histoire de la mutation de l'agriculture dans une France en modernisation : la révolution silencieuse», in *Des paysans qui ont osé*, Dossiers pour un débat n° 25, Fondation pour le Progrès de l'Homme, FPH, Paris, 1993.

tous cas, nous observons souvent que ceux-là n'assistent pas à d'autres réunions que celles où se prennent les décisions. Alors leur capacité de progresser plafonne et peut limiter celles de leurs associés.

Diagnostic

L'idée préconçue sous-jacente à la conception de l'encadrement semble être celle-ci : le développement est un apport non seulement nouveau mais il ne peut provenir que de l'extérieur de la communauté considérée. Le chercheur iranien Majid Rahnema[11], qui a été agent international d'aide au développement, affirme ceci :

> « Les structures d'assistance au développement sont encore aujourd'hui basées sur le principe de développer les communautés par des développeurs externes, comme si ces communautés n'étaient pas capables de se développer elles-mêmes. L'infantilisation des groupes de population est la raison fondamentale pour laquelle les activités de développement ne prennent pas racine au sein des communautés.»

Sans être aussi sûr que lui de la capacité des communautés à se développer elles-mêmes, car des greffes sont utiles, nous partageons l'essentiel de son diagnostic.

En 1997, le contexte est marqué par la densification des exploitations, l'ouverture d'importants marchés urbains, le désengagement de l'Etat, la mondialisation et ce n'est plus de savoir-faire dont les paysans ont besoin. La vulgarisation par encadrement est mal placée pour contribuer à la solution de problèmes qui ne sont plus seulement ceux du progrès d'une filière de production. D'autant plus mal placée que les agents de vulgarisation ont vieilli. Peu d'entre eux ont fait progresser leurs connaissances et leurs façons de combiner celles-ci avec celles des paysans, alors que, parmi ces derniers, on trouve désormais des scolarisés restés, ou revenus, au village.

---

[11] RAHNEMA Majid, « The grassroots of the future », in *IFDA Dossiers n° 43*, Genève, 1984.

Comment changer cela ? Dans la deuxième partie de ce chapitre, nous proposons quatre ensembles de pistes : mettre en évidence les savoirs des paysans ; faciliter les formations actives entre les paysans eux-mêmes et au-delà du village ; construire la combinaison des deux savoirs : ceux des paysans et ceux des agents ; enfin, produire et diffuser des instruments d'information adaptés.

Mettre en évidence les savoirs des paysans

Qu'est-ce à dire ? Montrons-le par un exemple :

■ *Les cartes mentales des villageois de la région de Mayahi, au Niger*[12]

« Non écrit, le savoir paysan n'en est pas moins complexe et subtilement structuré. Les villageois disposent de leurs propres cartes mais elles sont mentales et non écrites. Elles superposent, sans qu'il y ait de confusion, plusieurs paliers de la réalité physique et en même temps sociale de leur environnement.

Le premier palier est celui de la description des sols et de la végétation, ces deux données se complétant l'une l'autre, le plus souvent. Chaque type de sol est désigné par un nom vernaculaire très précis. Le potentiel agricole et pastoral de chaque ensemble sol-végétation, ainsi que leur richesse relative, sont connus de tous les hommes adultes.

Le second palier est celui de la toponymie : les terroirs villageois sont toujours divisés en unités géographiques qui portent un nom : le toponyme peut, selon les cas, se référer à une caractéristique géographique, à un trait de l'histoire locale, au nom lignager des usagers, etc. Il n'y a pas de portion de l'espace sans nom. Il en est de même du réseau hydrographique et des points d'eau, des chemins et de tous les accidents de terrain.

Un troisième palier est celui de l'occupation des sols. Celle-ci est variable selon les années, et tout un vocabulaire existe

---

[12] FENU, « Approche méthodologique pour le démarrage d'un programme d'éco-développement participatif. Le cas de Mayahi au Niger », in *Notes Documentaires n° 5*, New York, 1994.

pour décrire l'usage des ressources à un moment donné : champs intensifs, champs extensifs, zones clôturées, pâturages, jachères, etc.

Le quatrième palier est celui des droits sociaux sur les terres. Chaque quartier distinct de territoire est utilisé par des membres bien identifiés de la communauté. A l'intérieur de ces quartiers, on observe de nouvelles divisions qui descendent jusqu'à la parcelle.

N'importe quelle portion du territoire est immédiatement lue par les populations en fonction de tous ces paliers. Cette carte mentale est ainsi une carte totale ».

Comment mettre en évidence, par oral et par écrit, les savoirs des paysans ?

Par oral ? Sous l'impulsion de la FONGS[13], leur fédération, des unions de groupements paysans du Sénégal organisent des centaines de rencontres d'échanges de savoir dans les villages qui ont quelque chose d'intéressant à montrer ; Demba Keita l'explique :

> « Par les échanges - de une à trois journées chaque fois - organisés, dans différents villages, entre groupements de diverses zones de la Casamance, on s'est rendu compte qu'on a beaucoup de connaissances. Et s'il y a des choses qui manquent, on fait appel à des techniciens et des chercheurs pour combler ces lacunes-là. Mais d'abord, on s'appuie sur ce que nous connaissons. »

Par écrit ? François Greslou[14], agronome, a aidé des paysans indiens au Pérou à exprimer dans leur langue - sur une fiche de quelques pages et par des dessins - les pratiques, dites archaïques, qu'ils utilisent. Il explique :

> « On repère des pratiques et des technologies qui servent de support à la structure productive actuelle et qui sont adaptées

[13] FONGS, Fédération des Organisations Non Gouvernementales du Sénégal.

[14] François Greslou écrit qu'il a souvent échoué dans ses tentatives d'être utile à diverses communautés indiennes au Pérou. Il a couronné son parcours de 18 années, comme volontaire puis comme assistant technique, par ce travail d'écoute, de restitution et d'édition. Voir GRESLOU François, op. cit.

aux particularités écologiques et sociales du milieu. Grâce à l'édition de la fiche, on rend durable des savoir-faire, on contribue à renforcer la fierté des paysans et même, à condition que les agents des projets aient pris goût à la méthode, on contribue à modifier la relation entre un savant qu'est l'encadreur et l'ignorant qu'est le paysan au profit d'une relation de savant-à-savant. »

Faciliter des formations actives, entre paysans, au-delà du village

Voici trois façons de faire utilisées par les associations paysannes autonomes.

La première est *la formation par essaimage.*

Adama Ouedraogo, dit « Grand-Passage », président de la Fédération des Unions des Groupements Naam, pratique ce qu'il appelle la formation par essaimage. Une formation qui ne fait pas appel à des encadreurs et se répand d'elle-même. Il explique que la transmission du savoir a ses moments et ses lieux spécifiques :

> « Celui qui transmet n'a pas beaucoup à parler. Il doit seulement orienter. Le plus important, c'est que cela se passe dans un bon lieu. Ce n'est pas partout que nous sommes à l'aise. Il faut chercher le lieu ; ce ne sera pas le même si l'on est avec un vieux, avec un jeune ou une femme, et selon que tu parles de la façon de cultiver ou de l'organisation de la société. Ce ne sera pas le même non plus selon le moment de la journée. Et là, seul un paysan qui a de l'expérience peut connaître le bon lieu. Si tu l'as bien choisi, des années après le paysan se souviendra et il te dira : cela, tu me l'avais dit sous ce karité »[15].

Mamadou Goïta a observé, de son côté, la méthode de ce même paysan-formateur qui procède par des questions comme dans une simple discussion :

> « On sent qu'il n'y a pas une barrière entre Grand-Passage et ceux qui viennent apprendre en visitant son exploitation. Il discute avec eux par rapport à ce qu'ils ont chez eux, à partir de

[15] Interview d'Adama Ouedraogo par Loïc Barbedette, 1990, documentation GRAD, Bonneville.

leurs propres expériences : "Qu'est-ce que tu fais chez toi ? Vous avez telle chose chez vous, comment avez-vous fait ? Qu'est-ce que vous avez eu comme avantage avec cette méthode ? Comme inconvénient ? Quelles sont les difficultés par rapport à telle ou telle autre chose ?" C'est une discussion avec les participants. A partir de là, il essaye d'évoquer son expérience. Et cette expérience est, bien sûr, analysée par les autres et lui, afin de revoir effectivement toute la démarche d'essais, d'échecs souvent, de réussites aussi. »

Une autre méthode est celle des *chantiers-écoles*.
Quand, au Burkina Faso, en 1977, les groupements Naam de Ouahigouya, région du Yatenga peuplée de mossi et de peul, ont commencé les activités de maraîchage, ils ont organisé, autour d'un seul maraîcher expérimenté, des chantiers-écoles de plusieurs semaines, la durée d'un cycle de maraîchage. Des dizaines de paysans y sont venus vivre ensemble. Se déroulant au début de chaque saison sèche, ces chantier-écoles leur ont permis de produire des tomates et des pommes de terre. Rentrés chez eux avec un lot de semences et d'outils, ils ont immédiatement, autour du point d'eau, mis en place leur jardin maraîcher. Et à leur tour, ils ont fait participer d'autres paysans à ce travail. Le processus de diffusion de la connaissance de paysan à paysan a pris son point de départ dans le savoir-faire d'un seul d'entre eux et sans l'appui de vulgarisateurs formés à cet effet. L'action est au coeur de ce type de formation. Quelques outils et paquets de graines immédiatement disponibles ont permis, à ceux qui disposaient d'eau, de transformer cette formation-action en réalisation durant la même saison sèche.

Et enfin, une dernière méthode est celle des *3 E : Essais - Erreurs - Evaluation.*
Une nouvelle activité ne réussit pas toujours du premier coup. S'engager dans un processus qui comporte des essais et des tâtonnements dans des domaines mal connus conduit à commettre des erreurs. La possibilité de se tromper devrait être inhérente au processus de formation et de recherche d'un savoir amélioré. Mais l'erreur ne devient féconde qu'une fois analysée.
Cette activité de réflexion après coup n'est pas si évidente qu'elle le paraît. Celui qui constate un résultat médiocre est tenté parfois de poser là ses outils en pensant qu'il n'a pas eu de chance ou bien qu'il n'y connaît rien et que cela ne vaut pas la peine de continuer.

Si l'essai a été fait en groupe, il sera facile pour certains d'accuser l'incompétence du responsable, tâche moins risquée que d'analyser les facteurs ayant conduit à la semi réussite ou à l'échec. Car l'autocritique est souvent perçue comme un danger et chacun préfère ne rien dire. Ou bien, si quelqu'un dit quelque chose, il n'accuse souvent que les facteurs extérieurs sur lesquels le groupe n'a pas prise, comme le traduit l'expression habituelle : « On n'a pas eu assez de moyens ».

Une des méthodes pour éviter cette frilosité et ces peurs est de provoquer un atelier d'analyse des résultats atteints par différents groupes ayant essayé une même activité. L'atelier démarre non pas sous forme d'une évaluation, qui peut glacer les participants, mais sous forme d'un échange d'expériences. Au fur et à mesure des récits de chacun, un travail d'analyse permet de clarifier et de classer les divers facteurs qui ont influencé les résultats des uns et des autres. Petit à petit, les participants vont constituer ensemble la liste de ces facteurs et chacun pourra, sans être placé sous le regard critique des autres mais dans son for intérieur, situer parmi ces facteurs ceux que son groupe a plus ou moins bien maîtrisés.

Combiner les deux savoirs

C'est avec leurs propres façons de regarder et de questionner que les paysans intéressés cherchent l'autre savoir auprès de scientifiques, dans des livres, dans des centres de documentation, auprès des formateurs des ONG formés à l'écoute et - plus récemment - auprès de techniciens de l'administration. Comment un agent ou un chercheur peuvent-ils, de leur côté, aller à la rencontre du savoir des paysans ?

Nous serions tentés de dire : d'abord en s'exposant à un choc, celui de percevoir les connaissances dont disposent les paysans. Demba Keita explique son propre parcours :

> « Après mes études jusqu'en 3ème (1982), finalement je suis parti à Dakar dans l'espoir de trouver du travail. J'y suis resté de 1983 à 1985 sans avoir de boulot et quand je suis revenu, il s'est trouvé que le groupement de mon village adhérait à

l'AJAC[16]. Ma mère était la présidente de ce groupement. Nous, les intellectuels, pensions vraiment que le paysan ne connaît rien. Pour moi, ma mère c'était quelqu'un qui peut seulement consommer[17]. Les paysans sont là pour exécuter. C'est un peu l'idée que j'avais quand je suis revenu ! Quand je me suis mis à cultiver, je me suis introduit dans le groupement, j'ai vu que l'on peut tirer beaucoup de leurs expériences. Alors moi-même, j'ai changé de disquette ! »

Le besoin d'accoucheurs

Une fois ce choc subi, prendre modèle sur la sage-femme et non sur le professeur constitue une attitude à rechercher. Henri Desroche[18], chercheur et pédagogue, remarque :

> « Combien souvent avons-nous trouvé d'humbles agents de développement, portant en eux et des technologies appropriées et des modes de sociabilité adéquate et des projets d'associations innovatrices, mais qui n'arrivaient pas à les accoucher. Il faut trouver la sage-femme, l'accoucheur pour les délivrer. »

C'est pourquoi, une journée de formation gagne à ressembler à un chantier-école où chacun apprend en se servant directement de ce qu'il sait et en le complétant grâce à l'apport discret d'un connaisseur. Mais l'apprentissage pour devenir un accoucheur-connaisseur n'est pas si facile, reconnaissons-le ! Un modèle pourrait être Grand-Passage ; celui-ci écoute d'abord celui qui vient chercher des connaissances chez lui. Les apprenants questionnent . L'accoucheur n'apporte pas de réponse afin de laisser s'exprimer le savoir faire et les bases du savoir des apprenants. L'accoucheur approfondit alors les questions en proposant d'autres interrogations. Ensemble, ils cherchent des réponses. Autour de la table ou de la parcelle, chacun cherche. Celui qui forme est l'un d'eux. Aux bons moments, il exprime un peu de son propre savoir.

---

16 AJAC : Association des Jeunes Agriculteurs de Casamance (Sénégal). Association régionale fondée en 1976.

17 «Consommer», au sens de consommer le savoir de ceux qui sont allés à l'école.

18 DESROCHE Henri, op. cit.

Il s'agit d'encourager le métissage des connaissances, c'est-à-dire le croisement de connaissances locales et de connaissances venues d'ailleurs, de connaissances d'autrefois et de celles d'aujourd'hui.
Par ailleurs, la formation des paysans passe par l'explication des phénomènes avant l'apprentissage de la technique. Hugues Dupriez[19], agronome et formateur, exprime cela de façon imagée :

> « Lorsque, ensemble, paysans et agents, on a compris les principes de la vie du vent, il devient possible de chercher quelques solutions pour la constitution de brise-vents. Chaque paysan devient capable d'en discuter avec les techniciens. »

Le dialogue entre paysans et techniciens

« En discuter avec les techniciens ! ». Citons trois voies explorées par diverses ONG pour que les dialogues entre les paysans et les techniciens soient féconds.

La première voie est celle des *ateliers d'échanges de savoirs*, comme ceux mis en route au Sénégal puis repris dans plusieurs pays par diverses équipes sous le vocable DIOBASS[20] (nom de la zone où eut lieu le premier atelier, près de Thiès) : une semaine d'observations et d'échanges dans un village entre villageois, jeunes et anciens, techniciens divers et responsables d'organisations paysannes, pour décortiquer un ensemble de problèmes à partir de multiples regards et savoirs.

La deuxième voie est celle de la coopération entre chercheurs des *centres de recherche et paysans-chercheurs*, comme l'indique l'exemple suivant rapporté par Demba Keita :

> « Notre union, l'APRAN, a aménagé, en 1993, un "Centre de production, de formation et d'expérimentation" sur 2 hectares avec des hangars, des dortoirs, des pépinières. Les chercheurs et

---

[19] DUPRIEZ Hugues, *Programmer n'est pas donné*, TERRES ET VIE, Nivelles, avril 1994.

[20] JACOLIN Pierre, DUPRIEZ Hugues, FALL Papa Maïssa, NDIONE Joséphine, SOW Mamadou, *DIOBASS : les paysans et leurs terroirs. Guide Pédagogique*, FONGS, ENDA-GRAD, TERRE ET VIE, CTA, Nivelles, Dakar, 1991.

> les techniciens de la région y travaillent désormais. C'est que dans leurs propres centres, actuellement, ils n'ont plus rien à faire car, faute de moyens, ils ne peuvent pas faire d'applications concrètes sur le terrain. Même sans y être invités, ils viennent parce que c'est nous qui avons des poules ! En pratiquant leur recherche, ils nous appuient parce que, s'ils voient des lacunes ou des maladies, ils sont obligés de nous dire : "Attention, il y a cela ..." Quant à l'école des Eaux et Forêts, nous hébergeons ses élèves durant deux mois, au centre, pour qu'ils fassent une période de pratique dans nos pépinières et avec les membres des groupements. »

La faiblesse des budgets des administrations peut ainsi devenir un atout pour délocaliser les chercheurs et les techniciens.

Une troisième voie est ouverte par les *brigades agricoles* au Kivu, à l'est du Congo : des groupes de paysan(ne)s habitant une même zone écologique se réunissent pour résoudre ensemble, à partir de leurs divers savoir-faire et essais, un problème puis toute une série de problèmes d'agriculture, d'élevage, etc. Ils notent leurs observations et résultats au fur et à mesure. Ils entrent alors en contact avec les chercheurs des instituts et obtiennent leur collaboration pour poursuivre leurs essais et les critiquer[21].

Le besoin de lieux d'échanges

Il peut être utile de promouvoir la création et financer le fonctionnement de lieux d'écoute, d'échanges, de documentation et de confrontation, où les différents acteurs d'un développement plus endogène se rencontrent. Disons le mot : « des instituts de co-formation ». Leur réussite dépendra de la capacité des formateurs à quitter le domaine classique de la fabrication programmée de diplômés. Par exemple, oser organiser des cycles de recherche-formation entre des acteurs que les institutions dominantes empêchent souvent de se rencontrer : responsables paysans et fonctionnaires d'autorité par exemple, mais aussi chercheurs et membres des clergés de différentes religions, etc.

---

[21] MAPATANO MULUME Sylvain, « Les paysans chercheurs au Kivu » dans *Spore n° 58*, CTA, Wageningen, août 1995.

Le financement des activités annexes de ces centres (publications, coévaluations sur le terrain, participation à des recherches) et le jumelage entre institutions de différents pays, dont ceux du Nord, peuvent compléter l'intérêt de tels lieux.

Le besoin d'outils pédagogiques pertinents et conviviaux

Les lieux d'échange - un champ, un village, un institut - ne suffisent pas. Se rencontrer et même s'écouter ne produit pas ipso facto le métissage des connaissances des techniciens, des paysans, des chercheurs et des responsables politiques. Il faut en outre disposer d'outils d'analyse et de synthèse adaptés à cette démarche collective.

En pratique, la construction de ces outils est une tâche difficile à accomplir pour des personnes peu habituées à élaborer un produit en commun et imprégnées de leurs propres (dé)formations professionnelles. Parmi eux, les professeurs ont souvent tendance à démontrer par un raisonnement faisant jouer une opposition entre deux concepts : tradition/modernité, culture de rente/culture vivrière, rentabilité/solidarité, etc. Cette façon de faire irrite les formateurs-accoucheurs habitués à laisser s'exprimer les groupes mais qui en resteraient volontiers à la surface des choses, à défaut d'analyse exigeante. De leur côté, les spécialistes des filières apportent beaucoup grâce au repérage des opérations en amont et en aval d'une production mais ils négligent souvent l'analyse des contextes sociaux et politiques. Les planificateurs, quant à eux, sont habiles à construire des relations de cause à effet, commodes pour faire se rencontrer les savoirs des paysans et ceux des autres intervenants ; mais ils produisent finalement plutôt du découragement tant leurs arbres graphiques soulignent plutôt la multitude des problèmes que les essais et les points-clés.

Construire des outils pédagogiques conviviaux demande, selon notre expérience, de conjuguer trois courants : d'un côté, la volonté d'une organisation paysanne déjà expérimentée ; de l'autre, la disponibilité d'une équipe technique à géométrie variable ; enfin, la ténacité d'un concepteur d'outils pédagogiques. C'est aux responsables paysans de choisir les buts de l'outil à construire ; d'expliciter les savoirs empiriques et de décider du choix des contenus et des supports (textes, photos, etc.). L'équipe technique apporte alors des savoirs à la demande et critique les apports de chacun. Le concepteur observe, note, engrange les divers savoirs exprimés, aide à leur transformation en outils divers, les fait tester et assure la production finale de l'outil.

Favoriser la diffusion des informations et leur production au village

Un problème souvent rencontré par les projets et les ONG concerne la diffusion des essais réussis. Comment faire pour qu'un greffon puisse profiter à plusieurs porte-greffes et non à un seul ? La réponse la plus courante est trop souvent : « Embauchons des animateurs, des vulgarisateurs, et chargeons-les soit de susciter des groupes, soit de soutenir des paysans-pilotes ou (à la mode d'aujourd'hui) des paysans-entrepreneurs ». Or, chaque embauche de ce type constitue un frein à *l'effet-mobylette*.

Chercher l'effet-mobylette

La mobylette, au Burkina Faso, s'est en effet diffusée sans besoin d'aide extérieure ! Pas d'encadreurs, pas de forces de vente, peu de messages publicitaires. Par contre, une grande visibilité, des bouche-à-oreille quotidiens, et un trio d'acteurs composé d'importateurs, de vendeurs et de réparateurs combinant efficacement deux dynamiques : celle de la concurrence et celle du débrouille-toi-pour-manger-aujourd'hui. Sans oublier une utilité sociale incontestée et prisée tant par les femmes que par les hommes. Comment imiter cette diffusion ?
Joséphine Ndione explique la voie qu'elle trace aujourd'hui dans sa propre structure, après avoir longtemps été chef d'équipe des animatrices d'une autre ONG :

> « Il n'y a pas d'animatrice qui se déplace sur le terrain. L'information se transmet de personne à personne et par des rencontres-échanges au village de l'un des groupements. Ce sont les villageoises qui les organisent. Toute une journée, des femmes de différents groupes se réunissent, discutent. Et même certains hommes, intrigués, viennent les rejoindre. D'un autre côté, de nouveaux groupes viennent nous voir. On leur explique ce que nous faisons. On les laisse repartir au village, réfléchir et

mûrir ensemble ces informations. Le groupement, après avoir identifié ses ressources propres et ses besoins, reprend contact avec nous qui, le sentant motivé, répondons à sa demande. »

La diffusion des informations se fait alors simplement de groupement à groupement par visites.

Produire des informations au village

Soutenir les efforts de création et de diffusion d'instruments d'information est un investissement trop rarement financé par les agences d'aide aujourd'hui. Quels médias utiliser pour apporter et recevoir des informations au village ? Et pour les produire entre villageois ?

La vidéo certes, mais elle est coûteuse. Les montages diapos sont plus commodes et peuvent éveiller l'attention de tout un village si l'animation de la séance est bien menée. La cassette audio est intéressante parce qu'on l'écoute puis on discute. Les livrets écrits, en langues nationales, permettent aux paysans de se documenter. Cassettes et livrets techniques gagnent à être réalisés par des paysans-informateurs formés à ces techniques.

Un autre support pédagogique est performant : la maquette, surtout quand paysans et techniciens la construisent ensemble. Elle est un outil d'analyse de la réalité. On ne regarde pas un champ abîmé par l'érosion éolienne ou une ravine de la même manière lorsqu'on sait qu'il faudra les représenter physiquement. C'est un outil de synthèse des deux savoirs : le groupe de paysans et de techniciens qui la construit essaie d'y montrer ce qu'il a remarqué et défend ensuite son point de vue. Enfin, c'est une façon de concilier les langages des uns et des autres, puisque ce que l'on représente est nécessairement concret[22].

Les bibliothèques villageoises constituent un moyen d'information plus prisé qu'on n'aurait tendance à l'imaginer. Une équipe d'alphabétisés vivant au village se procure une cantine. Les documents rassemblés sont en langues locales ou en français. Car à quoi sert de s'alphabétiser si, au village, on n'a rien à lire ? Les personnes alphabétisées font la lecture aux autres.

---

[22] D'après DUPRIEZ Hugues, op. cit.

Ceux qui produisent l'information sont trop souvent uniquement les gens de la ville. Un réseau de *paysans-journalistes* est utile, pour assurer la remontée des informations depuis les villages, publier ce qui s'est passé lors d'un échange, écrire des billets villageois en langue locale ou nationale, ou rendre lisible un article d'une revue internationale. Relier ces journalistes villageois à des associations régionales d'édition - en langues nationales et en français - de livrets et de dossiers permet de constituer des réseaux qui assument à la fois les fonctions de production, d'édition et de vente. Certains réseaux diffusent leurs productions par des vendeurs sur les marchés. Ainsi, l'information écrite peut sauter les multiples barrières à la circulation et l'échange des savoirs.

Court-circuiter les institutions trop dominantes.

Un projet d'aide, un service public comme une fédération de groupements sont des institutions au sein desquelles l'information circule parfois bien mal. En particulier les organisations paysannes grossissent sans adapter leurs méthodes et leurs budgets d'information. Une bonne partie des savoirs reste bloquée au siège et n'est disponible que pour les seuls responsables qui y passent. L'échange oral étant encore le mode de communication essentiel, le groupement, éloigné de ce lieu, est sevré d'informations. Les rencontres sont nécessaires ; les grandes assemblées avec plusieurs centaines de membres ont l'avantage de faciliter le bouche-à-oreille et sont finalement plus efficaces que les missions d'information effectuées par les délégués. En effet, ils permettent beaucoup mieux la circulation à double sens. Ils sont une sorte de circuit court qui freine l'appropriation du savoir par les seuls responsables[23].

---

[23] D'après LECOMTE Benoît, *Quelques éléments concernant la progression des connaissances et des savoir-faire des personnes et des responsables des organisations paysannes*, Etude GRAD-GTZ, Bonneville, Eschborn, novembre 1996.

En conclusion de ce chapitre, citons des chercheurs : « La vulgarisation doit commencer là où se trouvent les intéressés et elle doit oeuvrer à partir de la connaissance de leurs situations, de leurs problèmes et de leurs objectifs »[24]. Choisir ce point de départ, c'est refuser de centrer le travail de vulgarisation sur la recherche ou la filière. C'est chercher, entre paysans et techniciens, à comprendre une situation et à acquérir puis combiner divers savoirs pour essayer de l'améliorer.

La présence d'organisations paysannes autonomes et le rôle des intellectuels vivant au village sont deux atouts, relativement récents, pour réussir la vulgarisation-recherche et éliminer la vulgarisation-encadrement. A condition que les agents techniques, et donc les responsables des ministères, des agences d'aide et des ONG, poursuivent activement ce revirement.

[24] BAN (Van Den) A.W., HAWKINS H.S., BROUWERS J.H.A.M. et BOOM C.A.M., *La vulgarisation rurale en Afrique*, CTA-KARTHALA, Wageningen, Paris, 1994.

Troisième partie

PAR QUI ARRIVE L'AIDE ?

Le nombre d'acteurs placés sur le chemin de l'aide ne fait que croître. Le bailleur de fonds occupe une place centrale et domine les autres acteurs. Il définit les règles du jeu, impose ses normes, ses méthodes de travail, et ses modes.

Les différents intermédiaires du système révèlent des comportements d'adaptation aux priorités des donateurs et finissent, pour certains d'entre eux, par perdre leur autonomie de pensée pour n'être plus que des agents d'aide. Un peu comme des caméléons sur la branche qui les soutient. (Chapitre 7).

Parmi les acteurs, une place particulière est accordée aujourd'hui aux organisations non gouvernementales, les ONG. Venues du Nord à l'origine et, de plus en plus, créées par des acteurs du Sud, elles sont diverses et parfois novatrices. Qu'en est-il de la qualité de leurs relations avec leurs partenaires, et en particulier avec les organisations paysannes ? (Chapitre 8).

Respecter les autonomies de chacun et renforcer les capacités de ceux qui sont aidés, comment y arriver au sein du système d'aide ? Un système qui doit contrôler l'usage de l'argent, ne serait-ce que pour continuer à s'alimenter. Priment alors les intérêts des acteurs et les exigences des logiques institutionnelles.

Chapitre 7.

TOUS INTERMEDIAIRES, TOUS SUBORDONNES ?

« Pour répondre aux clauses qu'elles ont signées avec leurs donateurs, les ONG viennent et disent : "Nous avons des comptes à rendre". Ce sont des intermédiaires ! »
Joseph Sene, leader paysan sénégalais.

Jusqu'aux années 1980, l'aide était plus souvent acheminée par des acteurs du Nord que directement envoyée aux acteurs du Sud. Les volontaires et les assistants techniques, agissant au sein d'organismes publics ou privés, étaient les supports de la distribution de l'aide financière et de l'appui technique au niveau des villages. Cette exclusivité a tendance à changer. Les acteurs du Sud, chargés de mettre en oeuvre des projets et des programmes d'aide extérieure, se multiplient au sein des collectivités locales, des ONG africaines et des organisations paysannes et des bureaux de consultants. Deviendront-ils à leur tour des intermédiaires, sinon des subordonnés, du système d'aide ?

Une cascade d'acteurs

Joseph Sene s'interroge sur l'utilité des ONG d'appui quand une organisation paysanne est capable :

> « Pourquoi est-il nécessaire que notre association passe par un intermédiaire du Nord pour obtenir une aide de l'Union Européenne ? Qu'apporte-t-il ? Les gens des ONG sont là pour défendre leurs intérêts ; pas pour nous défendre. Parce que tant que les paysans sont incapables, les ONG ont leur place. Mais quand les paysans arrivent vraiment à prendre leurs responsabilités, petit à petit, ces intermédiaires n'ont plus leur place. »

Intermédiaire ! Chacun voit les autres sous ce jour. Mais qui ne l'est pas ? Même les leaders des organisations paysannes font désormais partie de ce que les anthropologues classent sous l'appellation *courtiers du développement* ! Une cascade d'acteurs sont placés sur le chemin de l'aide. A chaque étage, de l'argent s'écoule car chaque intermédiaire se rémunère. Et chacun d'eux considère qu'il a son mot à dire à l'intermédiaire situé au dessous de lui. Chacun s'arroge le droit d'imposer son point de vue parce qu'il est bien placé sur ce chemin. Le docteur Zafrullah Chowdhury[1] a déclaré, lors d'un entretien :

> « Nous sommes très reconnaissants envers ceux qui nous donnent de l'argent et de leur temps. Mais cela ne confère à personne le droit de nous dire : "faites comme ceci !" Je pourrais répondre à ceux-là : votre argent n'est qu'une partie du tout ! Et mon travail ? Et mon temps ? Et les villageois qui nous ont donné leur terre ? Et ceux qui, sur place, ont offert leur aide ? »

Ce cri souligne le risque que chaque intermédiaire subordonne celui qui le suit dans la chaîne. Un risque qui est perçu jusqu'au sommet du système d'aide. « Les donateurs, y compris la Banque Mondiale, ont rendu un mauvais service à l'Afrique en lui imposant des consultants étrangers », affirme Edward Jaycox[2], vice-président pour l'Afrique de la Banque Mondiale. Cette pratique « est une force de destruction systématique », lança-t-il au cours d'une conférence de l'Institut afro-américain en mai 1993. Et chacun d'entre nous risque d'être prisonnier d'une logique ainsi décrite par l'agronome et chercheur Bertrand Hervieu[3] :

> « Nous sommes dans une logique d'aide consentie, animée par des agents que l'on envoie et non pas dans une dynamique d'appui conquis, revendiqué ou même attendu. Nonobstant l'incontestable générosité et le dynamisme des individus, le

---

[1] CHOWDHURY Zafrullah est le fondateur du Centre de Santé Populaire de Savar (Bangladesh), créé en 1971. L'association G.K. Savar a depuis lors réalisé de nombreuses activités, en particulier pour la production industrielle de médicaments essentiels. Entretien in *Croissance des Jeunes Nations n° 371*, Paris, 1994.

[2] JAYCOX V.K. Edward, « Capacity building : the missing link in African development », Adress to the African-American Institute Conference, Virginia, 1993.

[3] HERVIEU Bertrand *et alii*, « Coopérants, volontaires et avatars du modèle missionnaire », *Dossiers pour un débat n° 5*, FPH, Paris, 1991.

processus concourt à fabriquer des notables ou des clercs, par lesquels transitent informations, connaissances et finances. »

Alors, depuis le volontaire jusqu'au consultant, sommes-nous tous intermédiaires ? Avec le risque de devenir subordonnés ? Tel est l'objet de ce chapitre. Il concerne la place des individus dans la chaîne des diverses institutions qui mobilisent de l'aide.

En premier lieu, passons en revue les acteurs de l'aide extérieure et observons le type de relations qu'ils entretiennent avec les villageois.

Les missionnaires

Le missionnaire est le plus ancien acteur du système d'aide internationale. « Aidez-moi à les aider » écrit-il à ses parents, aux habitants de son quartier. Des paroissiens du Piémont vont se mobiliser pour aider tel village du Congo parce qu'entre ce village congolais et eux, existe la religieuse A., leur parente. La relation est basée sur une double confiance, venue du Nord et venue du Sud, en une personne. Parfois se constitue, au Nord, une association d'aide qui rassemble des moyens : couvertures, vivres, médicaments, argent.

Au niveau des villages, cette relation d'aide visant à satisfaire des besoins n'est pas facile à transformer - à partir de la paroisse et de ses oeuvres sociales - en appui à l'initiative des villages et des organisations paysannes. Parfois, la relation d'aide cesse : quand une soeur ou un prêtre africain remplace l'étranger, les contacts avec le Nord s'estompent. Le canal de transmission de l'aide reste dans ce cas Nord-Nord, il ne se transforme pas en flux Nord-Sud.

Les volontaires

D'autres acteurs venus du Nord vont rejoindre les missionnaires, dès les années 1960 : les volontaires. Partant le plus souvent pour deux ans, parfois trois, ils sont affectés par l'organisation qui les envoie dans des structures locales (églises, ONG, collectivités locales, etc.) et dans des projets variés de coopération publique. Ces divers organismes utilisent des générations successives de volontaires pour leurs différentes activités (hôpitaux, animation de groupes de jeunes agriculteurs, forages de puits, etc.). Combien de jeunes, aujourd'hui même, pensent comme François Greslou[4], lors de son premier départ en 1971 :

> « Ma tête est ailleurs. Dans un mois, je vais partir au Pérou. Mon vieux rêve se réalise enfin [...] Je ne vais tout de même pas passer ma vie à enseigner l'agronomie à des élèves (français) si peu motivés. Si j'ai choisi de faire des études d'agronomie, c'est pour partir là-bas, pour apporter aux pauvres du tiers monde qui meurent de faim l'assistance technique vitale pour les aider à améliorer leur production ... »

La disponibilité du volontaire, sa certitude d'être utile, lui enlèvent tout complexe :

> « Quand je reçois une proposition d'aller travailler au fin fond des Andes péruviennes, je n'hésite pas une seconde. Je suis prêt. »

Prêt à quoi ? A vivre son expérience, une « expérience humaine et professionnelle unique, qu'il rapportera et valorisera à son retour »[5]. Prêt à donner son temps, ses connaissances techniques, et - sauf exception - les moyens d'action que le système d'aide lui a confiés. Par le financement de l'action qu'il gère, le volontaire s'intègre, qu'il le souhaite ou non, comme l'un des maillons de la chaîne d'intermédiaires. Un maillon aujourd'hui désiré par les décideurs du système d'aide alors qu'il était hier plutôt méprisé : il coûte moins cher qu'un assistant technique. Il accepte de travailler au ras du sol. Il n'exige pas de statut de longue durée et il peut être - du fait de la pénurie d'emplois et de la grisaille morale en France - sélectionné parmi des centaines de candidats. Mais seulement un maillon !

---

[4] GRESLOU François, op. cit.

[5] Charte des Associations Françaises de Volontariat de Solidarité Internationale (AFVSI).

C'est pourquoi nous partageons cette conclusion de Bertrand Hervieu[6] :

> « Les volontaires, bien qu'ils se mettent à l'écoute de leurs interlocuteurs, sont bien là pour mettre en oeuvre une opération de développement, avec des techniques et des moyens venus d'ailleurs. Ils cristallisent, avec les ambivalences que cela suscite, les symboles du savoir (ils en détiennent beaucoup) et de l'argent (leur présence est en effet due à des financements lointains). »

De leur côté, les auteurs de la récente évaluation du volontariat français constatent que l'originalité propre de ce type d'acteur tend à s'estomper :

> « Quelles que soient les différences de motivation et de statut entre volontaires et coopérants, le volontariat prolonge, complète, voire remplace [...] les anciennes modalités de la coopération (publique). Vus par les populations du Sud, les volontaires sont assimilés à des coopérants. »[7]

Ils vont, dans les meilleurs des cas, « accompagner ou appuyer les communautés dans leur propre processus de développement, en valorisant particulièrement les ressources humaines locales »[8]. C'est là un idéal rarement réalisable, même s'ils sont, comme c'est de plus en plus souvent le cas, expérimentés et originaires des pays africains eux-mêmes. Car leur apport temporaire (vingt quatre à trente mois) doit avoir un résultat visible et, autant que possible, correspondre aux objectifs des projets qu'ils exécutent. Or, accompagner un processus de changement social et réaliser une action programmée sont rarement compatibles en un court délai.

---

[6] HERVIEU Bertrand *et alii*, op. cit.

[7] MINISTERE DE LA COOPERATION, « Le volontariat français dans les pays en développement. Evaluation 1988-1994 », *Collection Evaluation n° 26*, Paris, 1995.

[8] Charte des AFVSI, op. cit.

Alors que de nombreux cadres africains expérimentés travaillent hors de leur pays, l'assistance technique étrangère continue à affluer. Durant les années 1980, le financement de cet apport en personnel a représenté un quart des dépenses d'aide internationale à l'Afrique, selon l'étude faite en 1992 par J. Bossuyt, G. Laporte et F. Van Hoek[9], qui précisent : « On estime que 80.000 experts expatriés sont employés actuellement en Afrique au Sud du Sahara ».
L'économiste Elliot Berg[10] affirme ceci :

> « L'Afrique s'est retrouvée prise dans un cercle vicieux : celui d'une diminution des capacités locales à gérer la prolifération des projets d'aide et du grand nombre de contrôles exercés sur cette aide par les donateurs (et leurs experts). Après 30 années d'une coopération technique coûteuse, les institutions de l'Afrique restent faibles et elle est de plus en plus dépendante de l'aide étrangère. »

Alain Henry[11], chercheur et chargé de mission à la Caisse Française de Développement, s'interroge sur les raisons du maintien de coopérants sur place. Pour lui, une vision essentiellement technique du rôle des experts ne correspond pas à la réalité. Si la justification formelle de leur présence en Afrique « est un transfert de savoir, leur vraie fonction serait ailleurs, dans celle d'une neutralité critique ». Un rôle de « paratonnerre » leur permettant de superviser la gestion des projets d'aide extérieure sans être impliqués dans les jeux locaux du pouvoir. Le coopérant technique, en effet est, parmi tous les intermédiaires, le partenaire le plus libre. Il n'est pas inséré comme ses collègues africains dans les réseaux familiaux et politiques. Bénéficiant d'une immunité due à son extraterritorialité, l'expert étranger aurait en fait une fonction de

---

[9] BOSSUYT J., LAPORTE G. et VAN HOEK F., *New avenues for technical cooperation in Africa*, Centre Européen de Gestion des Politiques de Développement, Maastricht, 1992.

[10] BERG Elliot, *Repenser la coopération technique : réformes pour le renforcement des capacités en Afrique*, Economica, Paris, 1994.

[11] HENRY Alain, *Quand donc les experts partiront-ils ?*, Annale des Mines, Paris, juin 1995.

régulation sociale. Ajoutons à cette fonction celle, encore souvent présente, de surveillant de la gestion des apports d'aide.
Alain Henry propose de transférer cette « place d'arbitre » vers des « auditeurs » africains dotés de la « triple réputation de neutralité, de technicité et de sérénité ».

Est-ce à dire que les coopérants techniques sont désormais tous obsolètes ? On observe une tendance, par exemple dans la coopération publique suisse, à limiter l'usage des coopérants sur le terrain. Parallèlement, bien des agences renforcent leurs bureaux nationaux de coordination peuplés de chargés de programme. Bref, les acteurs du système d'aide quittent la brousse pour les capitales. D'ici quelques années, qui parmi eux aura une compétence autre que celle de négociateur de programmes d'aide ? Or, un coopérant technique travaillant sur le terrain peut être un connaisseur et un créateur. Nous partageons l'avis de Philippe de Rham[12] :

> « Dans un contexte de changement politique comme celui vécu depuis 1990 à Madagascar, on constate que ce ne sont pas seulement les bureaux des agences de coopération qui peuvent innover en matière de coopération. Plus proches des réalités quotidiennes et moins soumis aux contraintes administratives croissantes des Centrales, les coopérants d'expérience peuvent utilement apporter leur contribution dans l'expérimentation pratique de nouvelles formes de coopération. »

Les chargés de programmes

Au sein de certaines administrations publiques (la coopération suisse, par exemple) et des ONG du Nord, les chargés de programme sont désormais originaires tant du Nord que du Sud. Ils sont responsables de la promotion, du financement, du suivi et du contrôle des interventions d'aide au développement. Ils gèrent généralement une multitude de projets et sont le plus souvent attachés à une région (Afrique de l'Ouest, Amérique Latine, ...) et plus rarement à un secteur d'activités (projets agricoles, crédit, ...). Des missions plus ou moins fréquentes et plus ou moins longues

[12] DE RHAM Philippe, LECOMTE Bernard, « Promouvoir la maîtrise locale et régionale du développement », in H. SCHNEIDER et M. H. LIBERCIER (sous la direction de), op. cit.

leur permettent d'entretenir des relations avec leurs partenaires sur le terrain. Mais ces relations restent généralement superficielles, faute de temps, chacun d'eux étant placé sous la pression du chiffre d'affaires.

En effet, du côté des ONG, quand leur conseil d'administration laisse s'élargir le nombre de partenaires et le nombre de pays touchés, les chargés de programmes sont des acteurs débordés. Ils sont occupés par le travail d'introduire de nouveaux projets ou de renouveler les programmes en cours et n'ont guère le temps de suivre ce qui se passe sur le terrain. Tous les deux ou trois ans, rarement tous les ans, une mission dite d'évaluation est accomplie par l'une ou l'autre de ces personnes. Elle a peu à voir avec une véritable évaluation et ressemble plus à une mission d'appui du siège à une filiale, avec un agenda bourré de contacts et de représentations pour le visiteur-donateur. Et ce météore n'a que peu de rapports directs avec les acteurs réels du développement que sont, théoriquement, les villageois.

De leur côté, les chargés de programme des agences publiques d'aide, souvent débordés eux aussi, confient à des consultants internationaux ou nationaux le soin de concevoir la stratégie, le contenu des programmes et l'évaluation des résultats aux différentes étapes. Ils voient donc les choses de loin et à travers les rapports de ces consultants.

Les consultants

Utilisés essentiellement par la coopération publique, ils sont nombreux et pressés car soumis à des contraintes de résultats. Cette profession, qui est la nôtre, s'exerce par une succession de courtes missions de dix à trente jours dont le mandat est donné, dans la quasi totalité des cas, par les chargés de programme. Heureux ceux qui arrivent à cultiver une spécialité appliquée à un petit nombre de pays où ils ont, dans le passé, effectué de longs séjours comme volontaires ou coopérants, ou - pour les consultants africains - dont ils sont originaires. Mais nombreux sont ceux que les mandataires utilisent n'importe où ; leur connaissance des milieux est alors faible et leurs rapports rendent mal compte de la réalité des contextes locaux.

Face à des organisations paysannes, le consultant est rarement à l'aise. Et, si les termes de référence de sa mission comportent les concepts : *capacités locales* ou *développement participatif*, il est alors pris à contrepied. G. Lazaref[13], l'un d'entre eux, explique pourquoi :

> « Dans les projets *classiques*, le rôle des consultants se borne à bien formuler ce que devrait être le projet et à apporter toutes les justifications qui permettent aux bailleurs de fonds de décider en connaissance de cause. La pratique que l'on commence à avoir des projets *participatifs* semble indiquer que le rôle des concepteurs de projets ne peut plus se borner à la fonction abstraite de producteurs d'idées et de données. »

En effet, le consultant est appelé dans le cas de projets participatifs à assumer, peu ou prou, une fonction d'accompagnement, plus proche d'un travail pédagogique que d'une expertise. Or, les consultants sont rarement de bons connaisseurs des communautés locales et des organisations paysannes car ils travaillent plus naturellement avec les administrations et les ONG. Ils sont généralement chargés de conseiller les structures d'appui au développement rural et beaucoup plus rarement de travailler directement pour les organisations paysannes. Ils sont enclins, sauf exception, à ne pas prendre le risque de remettre en question les instruments classiques de planification et de financement. Leur travail reproduit donc le système actuel au lieu de contribuer à tracer des voies alternatives d'appui aux processus de changement social.

Les acteurs locaux

La cascade des intermédiaires comprend aussi, de nos jours, de nombreux acteurs locaux. D'un côté, les organisations privées et publiques du Nord recherchent des partenaires capables de réaliser des projets dans les villages. De l'autre, les agents nationaux remontent la cascade pour se constituer comme intermédiaires du système d'aide. C'est vers ces niveaux que migrent bien des cadres nationaux, licenciés des sociétés para-publiques et transformés, par la baguette magique des agences donatrices, en promoteurs

---

[13] LAZAREF G., op. cit.

d'opérations de développement participatif. Les uns sont employés par des ONG du Nord dont certaines ne sont que des émanations des agences bilatérales. D'autres fondent des ONG locales et des bureaux de consultants. Giorgio Blundo[14], chercheur anthropologue, a étudié, dans la région de Kaolack au Sénégal, les rôles des acteurs placés sur les chemins de l'aide :

> « Ces acteurs, qui vont des agents de l'Etat "déflatés"[15] qui se ruralisent et s'improvisent *promoteurs de projets* aux leaders paysans, me semblent être plus que de simples traducteurs entre deux systèmes de sens différents - ceux des développeurs et des développés. Qu'ils servent de courtiers entre les services administratifs de l'Etat et les groupements villageois ou qu'ils aident les groupements paysans à rédiger des projets, leur but est le captage de l'aide étrangère. »

Pour y parvenir, il leur suffit parfois de connaître assez bien les manies des donateurs. « Aidez-moi à devenir consultant », nous demande, au Walo en 1996, tel responsable paysan. « A chacun son ONG », pensent aujourd'hui beaucoup d'hommes politiques et de fonctionnaires africains. Ceci peut créer une saine concurrence au sein de laquelle seuls les plus compétents finiront par émerger. Mais, ceci peut aussi conduire à la prolifération d'un ensemble d'organismes sans autre objet social que la conquête des ressources d'aide extérieure. Même les leaders des organisations paysannes risquent d'être absorbés par le système d'aide. Ce dernier leur apporte des financements à titre de dédommagement, les convie à des colloques et à des missions d'étude et parfois même les salarie directement.

De l'intermédiation à la subordination

Du missionnaire au leader, la variété des acteurs est étendue, certes, mais chaque intervenant est inséré dans une institution. Chacun des acteurs joue son rôle de maillon d'une chaîne, une chaîne qui structure l'ensemble des relations et contraint

[14] BLUNDO Giorgio, « Les courtiers du développement en milieu rural sénégalais », *Cahiers d'Etudes Africaines n° 137*, 1995.

[15] « Déflatés » au sens de licenciés.

chaque acteur. Une ONG du Nord, par exemple, n'obtient de cofinancement du secteur public qu'en présentant un programme précis à exécuter par le partenaire du Sud. Ce dernier devient un point de passage obligé vers la deuxième ressource capitale : les gens et leur capacité de travail. Le partenaire du Sud applique alors tous ses efforts à apparaître comme seul capable de mobiliser et d'organiser les bénéficiaires espérés. Sa force est son accès aux villages. C'est d'ailleurs un de ses seuls atouts pour l'autonomie car ses ressources propres sont presque toujours maigres, sinon nulles. Joseph Sene explique comment il ressent, par exemple, la place de beaucoup d'ONG :

> « Elles sont situées entre les donateurs réels et les bénéficiaires. Nous, les associations paysannes, on est les bénéficiaires. Elles vont négocier des sous et viennent vers nous pour discuter avec nous ou s'imposer en nous disant de faire ça et ça. Alors pour répondre aux clauses qu'elles ont avec leurs donateurs, elles viennent et disent : "Nous avons des comptes à rendre". Ce sont des intermédiaires, et si on ne leur donne pas d'informations elles ne peuvent pas faire de programmes. »

Quoi de plus normal d'ailleurs que de rendre des comptes à ceux qui participent au financement d'une action ? L'intermédiaire est utile. Cette analyse de la dépendance réciproque peut s'appliquer à tous les acteurs de la cascade, du consultant international au moniteur, du bureau d'études au leader. L'autonomie des organisations populaires pose question, elle aussi. Elles sont moins dépendantes que les ONG dans la mesure où leurs membres obtiennent leurs ressources des exploitations familiales. Mais en tant qu'organisations, elles sont souvent encore faibles et sans autonomie financière.

Le bât commence à blesser quand faire durer le flux d'aide devient l'objet même de la fonction des intermédiaires. Apportons un exemple récent. Dorothée Pierret[16] décrit la relation observée entre un ensemble d'artisans et le projet d'appui au sein duquel, jeune assistante technique, elle travaillait en République Centrafricaine en 1995-1996. Elle met en évidence le processus de

[16] PIERRET Dorothée, *Analyse des dispositifs d'appui aux entreprises artisanales. L'exemple du projet Promotion des Entreprises Artisanales en Centrafrique*, AFVP, Bangui, novembre 1996.

subordination qui s'installe entre tous les acteurs. Au sein du projet, « la direction du projet tient le discours : laissez les artisans venir à nous, surtout n'allez pas les chercher s'ils ne sont pas motivés ». Magnifique intention ! Mais les conseillers payés par le projet savent qu'ils n'ont pas les moyens de répondre à la motivation première des artisans, c'est à dire leur financement. Ils ne sont là que pour donner des conseils. De son côté, l'administration souhaite des résultats visibles tandis que le bailleur de fonds raisonne en termes de coût-bénéfice : « 40 artisans pour une équipe de 5 conseillers : cela fait cher du conseil ! ». L'artisan, lui, connaît les limites des conseils donnés par les conseillers mais garde l'espoir de pouvoir décrocher un jour un financement.
Alors que se passe-t-il en réalité :

> « L'artisan tente par tous les moyens de satisfaire les attentes du projet vis-à-vis de lui. Il va suivre les formations (même si elles sont payantes !), il va mettre en place une comptabilité (même s'il n'en perçoit pas toujours l'utilité), il va adhérer à l'association mise en place par le projet et venir aux réunions interminables qui lui prennent du temps. Bref, l'artisan va essayer de se mouler dans l'attitude qu'on attend de lui avec l'espoir qu'un jour il sera récompensé. »

De leur côté, chacun des conseillers s'inquiète de son propre avenir. Que se passera-t-il pour lui si les artisans ne viennent plus au projet ? Aussi, quand un artisan ne s'intéresse plus aux conseils, il lui laisse entendre qu'il a les moyens de lui débloquer des fonds un jour, peut-être même demain !
Enfin, la direction, elle, s'interroge sur la moins mauvaise manière de faire :

> « Soit, satisfaire le bailleur qui pourra un jour lui donner d'autres contrats ? C'est facile, il suffit de demander aux conseillers d'aller chercher les artisans, de faire des promesses et de maintenir artificiellement autour du projet une centaine d'artisans. Soit, persister dans une démarche à petit pas en espérant convaincre le bailleur que l'important n'est pas le nombre mais la qualité de la relation ? La direction du projet est donc, elle aussi, coincée entre la contrainte de temps et de résultats concrets imposés par les commanditaires d'une part, et

> l'exigence de long terme et de respect du rythme de chacun que suppose toute action de développement d'autre part. »

Le risque est grand de voir s'installer un processus de subordination entre les acteurs, liés entre eux par un même intérêt : faire durer le flux d'aide.

Diagnostic

La relation d'aide met en jeu l'autonomie de chacun des acteurs, publics comme privés, sauf rares exceptions d'ONG complètement autofinancées. L'autonomie de celui qui aide paraît évidente mais cela est trompeur : la main qui donne dépend, elle aussi, de la main qui reçoit : « C'est moi qui vous nourrit », disait un assisté lucide aux assistantes sociales de son quartier. On ne peut mieux dire combien chaque intervenant dépend à la fois de son bailleur et de son public.

Aujourd'hui, les acteurs liés au système d'aide sont de plus en plus nombreux. Agissant dans des structures apparemment fort diverses, ils ont des intérêts et comportements souvent très semblables. Chaque acteur risque d'être subordonné. Une double subordination en fait : d'un côté, pour convaincre le bailleur de fonds, le chargé de programme (ou tout autre intermédiaire) dépend de la fiabilité du demandeur d'aide ; de l'autre côté, pour réaliser son propre programme, celui qui demande dépend des intentions, des capacités et des intérêts de l'intermédiaire placé au-dessus de lui.

Celui qui cherche de l'aide a tendance à adapter sa demande en fonction de ce qu'il connaît des priorités et des tabous de son donateur. Le document de projet est le lieu de cette compromission. Chaque intermédiaire tend alors à concevoir ses propres programmes, non plus en fonction de ses priorités et des contraintes locales, mais aussi - sinon surtout - en fonction de sa chance de faire arriver l'aide. Certains d'entre eux finissent par n'être, en quelque sorte, que des *agents d'aide* et par perdre, au moins apparemment, leur autonomie de pensée.

Peut-on limiter cette dérive ? Pour introduire la deuxième partie de ce chapitre, voici un exemple d'appui spécialement orienté vers l'autonomie des bénéficiaires.

■ ***Exemple d'un appui respectueux de l'autonomie des artisans de Sokodé au Togo***[17]

L'approche choisie, par le chargé de programme et le coopérant à Genève en 1984, découlait d'un postulat : l'intervention extérieure devait être un accompagnement et évoluer au rythme et à la mesure des acteurs : des artisans et de petits producteurs de biens et de services d'une ville d'importance régionale.

Le mot « projet » et toutes les connotations qui lui sont liées ont été d'emblée estompés : pas de bureau de projet, pas de panneau de projet, pas de chef de projet et pas d'animateur du projet. Les notions de participation et de partenariat n'ont jamais été utilisées non plus. Les artisans et petits entrepreneurs étaient, en toutes matières, les décideurs et les réalisateurs. Et pourtant, la cascade était complète depuis Genève (BIT) et Berne (financeur), en passant par Lomé (gouvernement et Nations Unies) jusqu'aux artisans de Sokodé. Que voulaient ces derniers et surtout que craignaient-ils ? Ces questions firent l'objet des premiers pas du processus d'appui.

Ils voulaient une structure qui facilite leurs approvisionnements, leur donne accès à un équipement approprié, leur ouvre la voie vers de nouveaux marchés, leur permette de se perfectionner et leur octroie des crédits. Ils disaient : « Nous voulons que notre association soit le lieu de rencontre de tous les métiers et de tous les artisans de cette ville ». Mais en même temps, ils ne voulaient à aucun prix de « coopérative ». C'était l'époque où, dans beaucoup de projets, on ne parlait que de coopératives, de groupements pré-coopératifs. « Nous ne voulons pas partager nos revenus. Que chacun puisse gagner ce qu'il a mérité par son travail. Mais nous voulons avoir notre propre

---

[17] BRAUN Emmanuel (d'après) , « L'autopromotion des artisans et des petites entreprises : Etude de cas : Région Centrale Togo », Dactylographié, Bruxelles, 1993.

magasin, c'est comme cela que nous, artisans, voyons l'intérêt de notre association ». C'était là le premier souci des artisans, car Sokodé est à trois cent cinquante kilomètres des grossistes de la capitale. De fait, le magasin est né quatre mois avant la constitution effective du GIPATO-SOKODE (Groupement Inter-Professionnel des Artisans du TOgo).

Les artisans avaient choisi eux-mêmes l'animateur de leur projet d'association. Celui-ci ne s'est pas institué en chef, en directeur, en décideur. Il était un lien entre les artisans. Il se déplaçait comme eux, à pied ou en mobylette. Sa neutralité en faisait un arbitre des conflits et son comportement canalisait les énergies. Vis-à-vis de lui, un conseiller expatrié, employé par le Bureau International du Travail (BIT), jouait en arrière-plan un rôle de conseiller et d'accompagnateur. Après trois années, son travail de conseil était achevé. Le budget d'appui n'avait pas dépassé 70 millions CFA (soit 1,35 millions de FF à l'époque) en trois ans, non compris le conseiller expatrié. Et l'association était financièrement autonome, grâce à 5 activités rentables[18], dès la troisième année. Elle concernait 16 corporations (une corporation par métier) et plusieurs centaines d'artisans.

Cet exemple - que nous analyserons ci-dessous - introduit une interrogation essentielle : comment les divers acteurs, que le système d'aide utilise comme intermédiaires de distribution du flux financier, peuvent-ils conserver assez d'autonomie, les uns pour innover et garder l'initiative, les autres pour épauler les diverses capacités locales ? La question de l'autonomie est au coeur de la deuxième partie de ce chapitre. Nous tenterons d'y répondre selon deux axes de réflexion et de proposition : comment respecter l'autonomie des bénéficiaires au sein des projets d'aide ; puis, comment un acteur placé sur l'un des chemins du système d'aide peut-il sauvegarder sa propre autonomie ?

---

[18] Magasin, atelier, étude de marché, formations spécifiques, épargne et crédit.

Comment l'équipe d'un projet d'aide peut-elle respecter l'autonomie des bénéficiaires ?

Trois facteurs ont permis la réussite de l'intervention d'appui à Sokodé : le respect de l'autonomie de chacun (artisans, animateur et coopérant), le travail collectif des corporations naissantes et un système non directif de réflexion et de décision. Revoyons ces trois points.

Respecter l'autonomie des acteurs locaux

Avant l'intervention d'un projet d'aide, l'artisan, le paysan, la commerçante et leurs associations agissent sous leur propre responsabilité. Ils en feront de même après l'arrêt de l'aide extérieure. Cette autonomie, comment la garder intacte et même la faire progresser durant la période d'aide ?

D'abord, en reconnaissant le caractère temporaire de l'intervention. Un *projet*, même si son équipe est bien intégrée, reste étranger, non-durable à long terme, souvent inconstant (ne serait-ce que par la rotation des chargés de programmes et des chefs de projets) et écarté du champ politique et culturel ; c'est-à-dire du terreau du développement. Mettre en avant cette structure est une erreur fatale pour la durabilité de l'action.

Raisonnablement, ce n'est donc pas au projet d'embaucher du personnel pour les associations locales ; ni à lui de gérer les dépenses faites avec celles des ressources d'aide destinées aux associations : la sous-traitance à ces dernières - même débutantes - est une règle d'or.

Pas de bureau du projet et pas de panneau indiquant les noms des donateurs ; rien qui puisse donner à penser que l'action aidée n'est pas celle des artisans et des paysans eux-mêmes.

Pas de décision unilatérale venant de ceux qui ont la clef du budget d'aide : l'appropriation de l'apport d'aide par les acteurs locaux est freinée - ou même rendue impossible - quand le volontaire, l'assistant technique ou le cadre national chargé d'un projet d'aide accaparent toute la responsabilité. Respecter les autonomies demande de négocier avant de décider.

Laisser se développer des dispositifs autonomes

Qu'il soit responsable d'une ONG ou d'un projet, celui qui appuie et gère le budget d'aide devrait souhaiter que les dispositifs locaux, existants ou nouveaux, prennent en charge, dès que possible, diverses fonctions. Comment favoriser cela ?
Pour que sa propre volonté d'action ne devienne pas un obstacle à la volonté d'agir des autres, il est nécessaire qu'il abandonne l'idée d'être leur guide. Il sera plutôt secrétaire d'un comité ad-hoc que président, par exemple. Il favorisera l'animation par plusieurs « collectifs », réunissant certains des acteurs selon le thème ou l'opportunité, pour éviter l'immobilisme d'une structure unique où son poids serait dominant.
S'il entreprend lui-même des réalisations que d'autres pourraient faire ou s'il n'informe pas assez tôt sur ses intentions, il ne faudra pas qu'il s'étonne ensuite du recul de certains acteurs. De même, s'il n'accepte pas de revenir sur une décision qui se révèle non positive.
Enfin, s'il décide de tenir des délais en imposant son calendrier et en usant du poids que lui donne l'argent de l'aide, il risque de ne pouvoir mobiliser les moyens propres des gens et de revenir, malgré son objectif d'appui, à un classique projet d'aide.

Comment faire, alors que tout le système d'aide pousse ses acteurs à agir vite et à agir eux-mêmes ? La réponse théorique est simple à énoncer et tout adolescent l'enseigne : « Laissez-moi faire. Laissez-moi penser seul. C'est à moi de décider ». Cette réponse est déroutante, pour les consultants en particulier, leur cahier des charges leur imposant en quelque sorte de penser à la place d'autrui. Limiter le nombre des consultants envoyés dans les projets est capital, car quelle liberté de penser laisse-t-on à une équipe de projet quand chaque semestre débarquent des missions lourdes composées de plusieurs consultants étrangers ? La pratique de la coopération suisse restreint désormais cet usage à une seule personne étrangère par mission, ce qui favorise aussi l'emploi de consultants nationaux.

Développer les capacités d'écoute et de maïeutique des agents des projets aiderait à faire progresser les capacités de ceux pour lesquels ils travaillent. Cela suppose que les chargés de programmes qui choisissent les agents recherchent des compétences relationnelles en plus de leurs compétences techniques.

La proposition précédente - « laissez-moi faire » - ne peut s'appliquer à ceux des agents d'aide qui sont chargés de réaliser une action dans un délai déterminé. Eviter la responsabilité directe pour travailler en position de conseil n'est, en effet, pas toujours possible. Pour ceux qui conduisent l'action, coopérer est alors chercher, avec ceux que l'on aide, des équilibres successifs entre le pôle : « pressentir les capacités d'autrui et faire confiance » et le pôle : « contrecarrer les abus et déviations et maintenir leur sens profond aux actions »[19].
L'attitude, envers autrui, de celui qui aide est nécessairement positive. Une relation d'aide vécue dans la méfiance, la dureté et le mépris ne peut pas être génératrice d'épanouissement et de changement. Quelle que soit sa position au sein de la cascade, celui qui aide doit pressentir les capacités de ceux avec lesquels il collabore et savoir que c'est à partir du progrès de ces capacités qu'un changement peut s'effectuer et durer. Dans sa façon personnelle d'être avec les autres, il témoigne de cette confiance.

Cependant, porter un regard positif et respecter autrui ne signifie pas pour autant naïveté et indulgence excessive. Il est tout aussi important de ne pas laisser le désordre s'installer. Coopérer exige esprit critique et franchise. Le danger est grand qu'au nom de la non-ingérence et du respect des valeurs d'autrui, le coopérant laisse - par complaisance ou faiblesse - s'installer l'hypocrisie et perde son autonomie.

Comment sauvegarder sa propre autonomie ?

Comment un acteur placé sur le chemin de l'aide extérieure peut-il éviter la subordination ? Comment maintenir sa propre capacité de proposer et de refuser ? Comment garder sa propre liberté de pensée et d'action ? Ces questions se posent à ceux qui servent d'intermédiaires, quel que soit leur statut : une entreprise (comme un bureau d'études), une ONG, une organisation populaire, aussi bien qu'un consultant (indépendant par son statut mais vulnérable par ailleurs) ou qu'un leader.

---

[19] DE RHAM Philippe, op. cit.

Chacune de ces institutions, comme chacun des acteurs qui les composent, cherche ses propres réponses et celles-ci varient selon les moments et les évènements. Cependant, il nous semble que le maintien de l'autonomie demande à chaque acteur de veiller, en priorité, à l'origine de ses ressources, à sa réputation, à la transparence de ses comptes et au dynamisme de sa capacité de proposition. Reprenons ces quatre points.

Quant à ses ressources

Il convient de diversifier l'origine de ses ressources, et si possible de trouver des ressources aussi peu liées au système d'aide que possible.

Un responsable d'une ONG française d'appui explique : « Aucune source d'aide ne doit apporter plus de 30 % de notre budget annuel total, quitte à réduire nos possibilités d'activités dans tel pays ou tel secteur ». Qu'on soit ONG, bureau d'études ou consultant, cette sage précaution n'est pas facile à respecter. Signer un accord de cofinancement avec un seul donateur aux grands moyens est toujours tentant. Et puis trouver, pour un même projet ou un même pays, plusieurs sources de financement n'est pas toujours commode, car la concurrence entre elles existe.

Le même responsable poursuit : « Quand nous avons réuni par des dons du grand-public 100 francs, nous recherchons 100 autres francs auprès des bailleurs de fonds bi ou multilatéraux. Ces 50 % de ressources propres sont nécessaires pour garder notre autonomie et assurer une trésorerie sans défaillance ». Cette pratique prudente n'est permise qu'à ceux des acteurs qui ont choisi d'avoir accès aux dons du grand-public. Ce dernier n'est pas toujours fidèle. Et il préfère les appels d'aide d'urgence aux demandes répétées des organismes d'aide au développement. Parfois aussi, les ressources propres obtenues par les campagnes auprès des donateurs privés s'effondrent et les cofinancements de programmes décidés pour les deux ou trois années suivantes sont alors en danger.

Parmi les méthodes d'autofinancement des organisations d'aide privée, deux sont relativement sûres : la voie du parrainage d'enfants qui procure mensuellement un nombre élevé de petites sommes et celle de la fondation qui n'utilise que les revenus de son capital.

Les ONG dites de parrainage, contrairement à l'opinion de ceux qui les considèrent comme exclusivement humanitaires, peuvent financer les tâches de développement de leurs partenaires, bien au-delà du secours individuel à un enfant[20].
Quant au dispositif de la fondation, il commence à être utilisé par certaines grandes fondations du Nord - américaines, en particulier - pour assurer un flux continu de ressources propres à des institutions expérimentées du Sud. Pour cela, elles apportent une dotation au capital de leur partenaire, capital que ce dernier fait fructifier et dont il utilise les intérêts pour couvrir des dépenses de fonctionnement ou pour financer des activités.

Quant à sa réputation

Le système d'aide fonctionnant en partie sur des relations de confiance, il convient de bâtir celles-ci en permanence, en particulier par la fiabilité de ses résultats, l'autocritique et la transparence.
Il est normal qu'une agence d'aide tienne courte la bride de ceux qui promettent plus qu'ils ne réalisent. Mieux vaut dépasser ses objectifs que de devoir justifier les écarts négatifs. Grâce à cette fiabilité, l'intermédiaire élargit le champ de la confiance qui lui est faite et son espace d'autonomie.
Etre le premier à critiquer ce que l'on entreprend permet d'exprimer soi-même les difficultés rencontrées et d'intéresser les autres acteurs, y compris ceux qui financent, à la recherche de voies meilleures. Contrairement à ce que pensent tant d'acteurs, l'évaluation, pourvu qu'elle soit faite à temps et pas au bord du précipice, est un atout dans la construction de la confiance entre partenaires.

Quant à la transparence de ses comptes

Prendre goût aux apports d'un évaluateur externe, laisser les experts-comptables décortiquer ses comptes et publier régulièrement les résultats de ces deux formes de contrôle - pratiques courantes dans les entreprises privées - sont l'une des clés

---

[20] Nous ne portons pas de jugement sur le contenu des messages de certaines d'entre elles vers le grand-public ni sur ce qu'elles font sur le terrain. Notre propos porte sur la technique d'autofinancement que cette voie permet.

de leur réussite. Pourquoi n'en serait-il pas de même, s'ils le veulent, pour les acteurs liés au système d'aide ?
Parmi les experts-comptables, il en est qui (pour ne pas se brouiller avec le partenaire du Sud, leur client finalement) sont volontairement aveugles sur les ficelles classiques de débrouillardise des comptables et des responsables locaux. Entrer dans ce jeu laxiste finit par coûter cher à l'intermédiaire.
Un expert-comptable qui dénonce clairement les anomalies et, en même temps, accompagne avec pédagogie le partenaire dans son effort de bonne gestion est une garantie, difficile à trouver, pour assurer la transparence et donc aussi la réputation d'un intermédiaire.

Quant à sa capacité de proposition

Le système d'aide, qui fonctionne souvent par modes successives, est influençable. Aussi est-il nécessaire d'avoir des propositions à lui faire, et de ne pas seulement répondre aux appels d'offres et aux demandes de candidatures.
Par le biais des cofinancements, quelques chargés de programme (par exemple les responsables géographiques des agences publiques) peuvent orienter les politiques et les pratiques de presque tous les acteurs privés ou publics agissant dans un pays du Sud. Il convient d'élaborer des propositions à leur soumettre. Il arrivera que l'un ou l'autre d'entre eux s'intéresse à construire ensuite des contrats-cadres ou des conventions d'objectifs, deux procédures moins corsetées que les projets et programmes.
Bien des chargés de programmes publics sont ouverts à une innovation pourvu qu'elle soit déjà assez fondée sur l'expérience.
Un acteur intermédiaire gagne donc, en influence et en liberté d'action, à utiliser une partie de ses ressources propres à observer, à analyser, à essayer, à comparer et à rendre compte. Et même à publier !

En conclusion de ce chapitre, il apparaît que sauvegarder l'autonomie et la capacité d'initiative des bénéficiaires quand une relation d'aide devient durable est difficile. Or, la tâche de construction d'organisations paysannes efficientes est une tâche de longue haleine. De leur côté, la majorité des intermédiaires du système d'aide dépend du maintien du flux d'aide.

La conjugaison de ces deux tendances peut provoquer non pas le développement mais la dépendance réciproque. C'est pourquoi la construction de l'autonomie, financière et mentale, est l'un des défis majeurs de la coopération.

Chapitre 8

VOUS AVEZ DIT : « PARTENAIRES » ?

« Ils ont un avis sur tout ; et ils décident de nos budgets. »
Julien Nyuiadzi, fondateur de AVE, au Togo.

Ce chapitre porte sur les ONG, ce qui ne signifie pas pour autant que le partenariat n'intéresse que celles-ci. Parce qu'elles participent au cofinancement des projets des ONG, les agences publiques d'aide sont de plus en plus concernées par ce thème.

Le vocable *partenaire* est souvent utilisé par les ONG du Nord pour caractériser le type de relation qu'elles entretiennent avec les ONG et les organisations populaires du Sud. Il voudrait exprimer que la relation unit deux acteurs libres, égaux et durablement engagés à coopérer entre eux. Quelle est la qualité de ces relations ? Celles-ci permettent-elles aux organismes africains d'obtenir un appui efficient et d'espérer construire leur autonomie ?

Des colères rentrées

La médiocrité des rapports entre *partenaires* provoque bien des colères, souvent rentrées pour éviter la rupture. Julien Nyuiadzi, fondateur d'une ONG au sud Togo, exprime ainsi ce qu'il ressent :

> « Chaque ONG du Nord aimerait elle-même tout contrôler. Elles se méfient même des experts-comptables ! Elles disent qu'ils sont trop complices des ONG du Sud. C'est un problème que de trouver quel système de contrôle mettre en place pour vérifier et être tous d'accord sur la vérification. Il y a une forte volonté des ONG du Nord de s'occuper elles-mêmes de tout. Celui qui est placé sur le circuit de l'argent a tendance à penser ceci : "L'argent que j'envoie, c'est moi qui te dis où il faut l'utiliser".»

De plus, cet argent tarde souvent, malgré les promesses. Un exemple, rapporté par Joseph Sene illustre une situation courante :

> « Il y a 18 mois déjà que nous avons soumis un projet à une ONG du Nord, mais ils n'ont toujours rien envoyé. Pourtant, ils sont venus, nous avons fait une réunion tous ensemble et ils étaient d'accord. Pour nous, cela fait des mois et des mois sans aide. Alors, sont-ils vraiment nos partenaires ? »

Vu du bureau des gestionnaires de programmes du Nord, un long délai pour amorcer un financement de projet ou mettre en route une deuxième phase d'un programme d'aide, n'est pas catastrophique. Mais pensent-ils à la trésorerie de leurs partenaires ? Non, tout leur intérêt va aux réalisations dans les villages et les partenaires n'ont qu'à attendre le jour où la manne tombera. Joseph Sene déplore cette situation :

> « Quand nous leur demandons de nous aider à nous organiser entre paysans, les ONG répondent qu'elles ne veulent pas entendre parler de fonctionnement. Il y a même des mots tabous comme *voiture* ou *voyage* qui peuvent mettre en cause toute une relation. Ils disent que cela ne fait pas partie de leurs principes. »

Alors, pour assurer la couverture de leurs charges de fonctionnement, les organismes du Sud ne peuvent pas compter sur leurs partenaires du Nord. Ils trouvent parfois une oreille plus attentive auprès des agences publiques ; et cela ne plaît guère aux ONG du Nord qui assaillent alors leur partenaire de questions méfiantes, comme le regrette Julien Nyuiadzi :

> « Certaines ONG nous disent : "Quelles relations vont exister maintenant entre nous si vous arrivez à trouver certains financements directement ailleurs ?" "Comment allez-vous utiliser cet argent ? Est-ce que vous allez l'utiliser effectivement au profit des plus pauvres ?" Mais de notre côté, nous voyons que l'ambassade sur place, elle, ne nous ennuie pas. Elle veut qu'on lui renvoie ses factures, et puis qu'il y ait vraiment une participation qui vienne des villages. Avec l'ambassade, on échappe au « partenaire » qui est encore là à dire : "Quelles sont les différentes sources de l'argent que tu reçois ?" »

Vous avez dit « partenaires » ?

Analysons les principales difficultés rencontrées par les organismes du Sud dans leurs relations avec leurs partenaires du Nord.

Au Nord, des partenaires inconstants ou trop constants

La plupart des ONG du Nord financent pour une courte durée. Parfois il s'agit d'opérations ponctuelles sur un an. Rares sont celles qui s'associent à la totalité du programme de leur partenaire. L'attitude des ONG du Nord s'apparente plutôt à celle d'un client qui entre dans un magasin et choisit ce qui lui plaît : des jardins maraîchers pendant un an, de la promotion féminine quelques mois. Ou, parfois, à celle d'un fournisseur qui place des produits à la mode: l'installation d'éoliennes durant les années 80, l'environnement durant les années 90. Elles viennent, font trois petits tours et puis s'en vont. Joseph Sene décrit un cas de ce type en pays sérère, au Sénégal, en 1993 :

> « Ceux-là, lorsqu'ils sont arrivés, ont dit : "Nous voulons travailler dans des villages très petits où il n'y a encore rien". Alors ils ont choisi 4 villages ; ils les ont encadrés et équipés de matériel agricole. Et, ce que notre association faisait déjà, ils ont fait de l'embouche à crédit. Au bout de 4 ans, lorsque le projet s'est terminé, ils voulaient sauvegarder la vie de ce projet ! Alors, ils sont venus nous voir ; on leur a dit : "Il fallait commencer par là et, au départ, essayer de mettre ces villages-là en rapport avec nous ; il ne fallait pas attendre le dernier moment pour venir essayer d'intégrer à notre association régionale ces villages qui n'ont pas la même philosophie que nous. Si on le fait aujourd'hui, cela ne va pas aller plus loin." Actuellement, dans ces 4 villages, il n'y a plus rien. »

Certaines organisations, du Nord comme du Sud, séduisent des villages ou des groupements, leur accordent des financements limités à de courtes durées et pour des objets bien précis, puis abandonnent ce terrain-là pour aller séduire ailleurs.

Regardons maintenant les effets de cette dispersion sur une organisation paysanne. A la page 183, le tableau de la diversité des organismes qui ont aidé l'association paysanne ARAF[1], au Sénégal, depuis sa fondation en 1977 jusqu'en 1994, illustre le phénomène du saupoudrage. Dix sept organismes différents ont apporté une aide ! Parmi eux, on relève six grandes agences d'aide, dont deux publiques et quatre privées qui, chacune, travaille dans plus de soixante pays. Ce ne sont donc pas seulement les petites ONG qui jouent ce jeu. Beaucoup d'ONG du Nord ont tendance à multiplier le nombre de partenaires et la variété des contextes et des pays où elles travaillent. Elles en arrivent à entretenir un trop grand nombre de relations. Leurs chargés de programmes font face à une pression permanente. Ils consacrent, petit à petit, trop peu de temps à préparer les interventions successives et, surtout, à en suivre le déroulement pour être capables de les réorienter, au besoin. En multipliant à partir du Nord le nombre de ses partenaires, l'ONG court le risque d'un travail superficiel qui vide le partenariat de son contenu.

D'autres ONG du Nord sont, elles, exagérément fidèles, elles ne savent pas s'en aller ; elles durent. Non pas à cause des résultats particulièrement mauvais ou bons qui justifieraient la poursuite de leur aide, mais au nom de l'engagement auprès d'un partenaire. Des partenaires qu'ils n'ont pas pris soin de considérer comme capables de s'évaluer, de se perfectionner, de rompre. De plus, le jeu des paysans : « Vous ne pouvez pas nous abandonner, nous sommes comme l'enfant qui ne sait pas encore marcher et qui a besoin d'une main tendue » fonctionne très bien. Le bailleur, humaniste magnanime, continue. C'est l'abonnement.

En France en particulier, un grand nombre d'associations de petite dimension ne travaillent qu'avec un seul partenaire du Sud. Cette spécialisation peut être autant un facteur limitant qu'un facteur d'efficacité. Ne connaissant qu'un seul contexte et une seule institution du Sud, l'ONG risque d'avoir des oeillères et il lui sera difficile d'échapper à une relation paternaliste. Dans la plupart des cas de « partenaire unique », l'ONG aura tendance à se considérer, en quelque sorte, comme propriétaire d'une relation qu'elle souhaite voir durer et s'approfondir. Souvent, elle redoutera que l'institution du Sud entame des relations avec d'autres organismes d'aide.

---

[1] ARAF, Association Régionale des Agriculteurs de Fatick. En 1993, l'ARAF comptait une soixantaine de groupements, répartis en 9 unions, et près de 2000 membres.

Objet de l'aide de dix-sept organismes au même partenaire, l'ARAF

N° des organismes	Domaines de coopération	Années														
		1979	80	81	82	83	84	85	86	87	88	89	90	91	92	93
1	Echanges	X- -	- -	- -	- -	- -	- -	- -	- -	- - - -	- -	- -	- -	- -	- -	- →
2	Pompes	X—	——	——	—X							X—	——	——	——	—→
3	Forages			X—	——	—X										
4	Fonds souples					X—	——	——	——	——	——	——	—X			
5	Formation	X- -	- -	- -	- -	- -	- -	- -	- -	- - - -	- -	- -	- -	- -	- -	- →
6	Communication			X-	- -	- -	- -	- -	- -	- - - -	- -	- -	- -	- -	- -	- →
7	Formation							X-	- -	- - - -	- -	- -	- -	- -	- -	- →
8	Promotion féminine								X—	——	——	——	——	——	——	—→
9	Formation									X- - X						
10	Formation									X- - X						
11	Formation									X- - X						
12	Volontaires									X- - - -	- X					
13	Crédits												X—	—X		
14	Réalisations & Fonctionnement												X—	—X		
·15	Réalisations & Fonctionnement														·····	···→
16	Garantie bancaire														——	—→
17	Réalisations & Fonctionnement															···→

Légende :
.... : En négociation ;
_____________ : Finances ;
---------------- : Services.

Le saupoudrage

Pourquoi, avec si peu de fonds propres, aider tant d'organisations dans tellement de pays ? Chacun des donateurs - sauf les nouveaux venus - sait qu'aider avec sérieux demande une connaissance des cultures des populations et un travail de longue haleine pour accompagner leur évolution. Et cependant, une association du Nord est parfois plus occupée à multiplier le nombre de lieux et de projets d'intervention qu'à renforcer sa connaissance du milieu et son efficience auprès d'un nombre raisonnable de partenaires. Pourquoi cette tendance à l'éparpillement ?

D'un côté, les coups-de-coeur : « Nous n'avons pas pu résister à cette demande venue d'un groupe de femmes si dynamiques. Certes, nous ne connaissions pas ce pays, mais nous avons décidé de coopérer avec elles ». Ce système de décision fait de beaucoup d'ONG du Nord des bonnes-à-tout-faire ; c'est à dire des bonnes-à-peu-faire.

De l'autre côté, la répartition des risques. « Mieux vaut continuer des petits projets avec plusieurs partenaires que tout miser sur un seul », pensent les chargés de programmes. Rares sont, en effet, les donateurs qui cherchent à être efficients en limitant leur impact géographique. Multiplient-ils les localisations de leurs projets pour éviter que se manifestent clairement les échecs ?

Chaque organisme justifiera le nombre de ses interventions dispersées et la petite taille de la majorité d'entre elles par le slogan : *« small is beautiful »*. Ou bien, il avancera à mauvais escient l'argument : « Donner trop de moyens extérieurs risque d'empêcher l'effort propre ». Ou encore : « Il ne faut pas habituer les populations à l'aide ». D'autres, utilisant le critère d'équité, affirmeront qu'il est meilleur de répartir le peu d'aide disponible entre un maximum de groupes. Certains montreront que la sécurité de l'organisme est à ce prix, un échec avec un partenaire pouvant lui être fatal.

En fait, beaucoup d'organismes petits ou grands, publics ou privés, ont l'ambition d'être présents dans le maximum d'endroits et sans spécialisation dans un domaine raisonnablement restreint de compétences. Des petits drapeaux sont épinglés sur le planisphère des bureaux des présidents de nombreux organismes d'aide. *« 30 pays, 300 projets »*, disent les plaquettes d'information et de prospection financière des donateurs. L'image de puissance rapporte.

Concentrations et déserts

Si l'on observe la répartition géographique des interventions, on est étonné de voir combien certains pays et certaines régions concentrent sur eux la plupart des contrats d'aide. Des pays voisins ou des régions du même pays sont, au contraire, pratiquement délaissés. Ceci n'est pas l'effet d'une politique réfléchie, et encore moins concertée entre les organisations du Nord. Certains pays attirent plus que d'autres, par exemple le Sénégal et le Burkina Faso parmi les pays du Sahel, mais aussi Haïti et, quand son gouvernement était révolutionnaire, le Nicaragua. Par contre, d'autres pays sont pratiquement inexistants pour l'aide internationale. Comment expliquer ces effets de concentration ? D'abord par l'existence de liens entre pays : par exemple, Italie-Somalie, France-Afrique de l'Ouest.

Ensuite, par la permanence de relations historiques, par exemple entre croyants d'une même religion (comme entre Madagascar et la France ou le Burkina Faso et la France). Enfin, par des facilités accordées ou disponibles : autorisation de fonder des associations locales, statut accordé aux organisations étrangères, transports par avion charter, etc.

Ajoutons à cela, le facteur des *pays à la mode* qui produit la concentration puis la disparition brutale des organismes d'aide en des points déterminés du globe. R. Aragon Madina[2], prêtre du Nicaragua, écrivait de Managua, en 1994 :

> « Depuis l'échec électoral des sandinistes, le Nicaragua n'est plus attractif. Beaucoup d'institutions et de groupes de solidarité du Nord ont pris des distances. Il n'y en a pas beaucoup qui se préoccupent de ce pays. »

Vous avez dit « partenaires » ?

---

[2] ARAGON MADINA R., Lettre publiée par *Espace Saint Barthélémy de Las Casas*, Eveux, juillet 1994.

Des partenaires dominateurs et envahissants

Bien que les ONG du Nord se défendent de poser des conditions comme le fait l'aide publique, elles imposent des méthodes de travail, ce qui, en fait, n'est pas très différent. Julien Nyuiadzi décrit cette pression :

> « Le donateur dit de faire attention, de ne pas trop mettre dans un même village. Et, en même temps, il vous parle "des créneaux de rentabilité" de votre activité. Mais, envers les villages qui sont porteurs, qui peuvent soutenir l'action pour dégager des plus-values en argent, avec lesquelles on pourrait faire quelque chose dans d'autres villages, on nous dit : « Attention, là-bas vous avez trop mis ! Est-ce qu'il n'est pas plus raisonnable d'aider d'autres villages, à côté ? » Ils ont un avis sur tout ; et ils décident de nos budgets. »

Parfois, certaines ONG du Nord ou du Sud sont organisées pour appliquer un programme, dont elles ont obtenu une partie du financement d'une agence publique d'aide, avant même d'avoir identifié les bénéficiaires. Leurs agents parcourent alors le terrain, dans les villages, et proposent leur marchandise. Mais celle-ci est un produit unique, préparé d'avance, non modifiable et à exécuter selon les termes d'un accord prédéterminé par le *vrai* donateur, c'est-à-dire celui du bout de la chaîne : les agences de coopération publique. Chacun de ces démarcheurs tend à imposer les choix et les méthodes de son organisme. Pour celui-ci, c'est d'abord l'eau, pour celui-là, c'est autre chose. Un tel ne veut pas d'animateur, mais un collectif ; pour tel autre, il faut défrayer l'animateur-paysan toute l'année et pas seulement en saison sèche, etc.

Certains sont plus envahissants que d'autres ! « Il en est qui nous connaissent mieux que nous-mêmes ; ceux-là nous aiment-ils plus que nous-mêmes ? », dit Mamadou Cissokho à propos de partenaires qui imposent leur bienfaisance et leur comportement colonial.

Des partenaires du Nord qui vont jusqu'à vous refuser une chaise !

Celui qui finance, au Nord, ne porte souvent attention qu'aux seules réalisations matérielles, sans s'occuper du fait que celui qu'il appelle son partenaire a, lui aussi, des charges de fonctionnement. Qu'appelle-t-on fonctionnement ? Des salaires, un véhicule, du carburant, du papier, des meubles ... Il paye les puits des villages mais ni la chaise pour le bureau du partenaire ni le travail de conseil aux bénéficiaires qui garantirait la viabilité des puits. Julien Nyuiadzi explique ceci :

> « Ils ne regardent nos budgets que s'il y a des actions dans les villages. Je ne sais pas si c'est clair comme cela dans leur tête, mais semble-t-il, il leur est difficile d'accepter les charges fixes de notre association parce que, disent-ils, leurs donateurs à eux n'acceptent de payer que les malheurs du Sud. »

Pourtant, la majorité des agences publiques d'aide - et en particulier l'Union Européenne - ont des dispositifs qui permettent de financer les dépenses dites d'appui institutionnel. Mais beaucoup d'ONG du Nord ne les utilisent pas et répugnent à prévoir ces coûts. Est-ce par peur de ne pouvoir maîtriser le risque de bureaucratisation ?
Autre hypothèse : les ONG du Nord ont-elles trop de partenaires lointains, peu visités eu égard aux nombres de pays d'intervention et de projets variés ? Craignent-elles d'être trompées par un partenaire mal connu et peu suivi qui gonflerait ses frais réels ? Ou bien croient-elles que financer ces coûts risque de diminuer l'autonomie de leurs partenaires ? Mais alors, où ces derniers trouveront-ils de l'argent pour le local, le transport, la formation de leurs agents ?
A moins qu'elles ne refusent tout simplement par principe et sans explication claire. Nombreuses, en effet, sont les ONG du Nord qui semblent n'avoir pas réfléchi aux raisons de leur refus.

Alors, que font les organisations receveuses sur le terrain ? Elles grappillent sur les budgets prévus pour les projets quelques miettes de-ci de-là pour couvrir les salaires et l'équipement du bureau. Cette débrouillardise est ensuite critiquée par les organisations donatrices. D'un côté, on exige des projets bien faits et des comptes d'exécution précis, de l'autre on rechigne à financer les dépenses institutionnelles qui permettraient cette bonne gestion.

Des partenaires qui font attendre l'argent promis

C'est vrai que les destinataires attendent, et parfois longtemps ! Julien Nyuiadzi a essayé de changer cela :

> « Je dis aux ONG du Nord que je voudrais qu'au mois de janvier de chaque année 50 % des fonds prévus par le contrat arrivent (pour être sûr de mener nos activités en suivant le programme tracé), puis à la fin du premier semestre, après contrôle des dépenses, 45 % et, après le contrôle de l'audit, 5 %. Ils me répondent : "Non, on ne peut pas. Nous n'avons pas assez avec notre propre fonds, nous devons attendre les virements de notre bailleur". »

Les apports de financements extérieurs sont, en fait, découpés par opérations et ne forment en aucune façon un flux continu. De l'argent arrive, mais il est budgété pour telle opération et non pour telle autre, puis plus rien ne vient pendant des mois. Comment travailler dans ces conditions ? Le budget d'une organisation forme un tout et plusieurs postes doivent être financés en même temps pour que ce tout fonctionne. Une même organisation du Sud peut paraître riche pendant quelques mois et être absolument sans ressources les mois suivants, si elle dépend d'un trop petit nombre de partenaires du Nord. Pour peu qu'elle ne maîtrise pas bien sa gestion ou qu'elle ait mis en oeuvre une activité avant d'avoir obtenu le cofinancement de celle-ci, les situations deviennent désastreuses. Or, la programmation, en milieu sahélien par exemple, est loin d'être un exercice facile. Sans compter le bon nombre de cas de mauvaise gestion ou d'incapacité à rendre des comptes et à justifier des dépenses.

Plus gênant encore est le rythme imprévisible d'arrivée des fonds. Les ONG du Nord veillent d'abord à assurer leur propre fonctionnement. Sauf exception, la trésorerie de leurs partenaires du Sud n'est pas pour elles une priorité. Elles envoient l'argent des projets au rythme de décaissement des cofinancements par des agences d'aide publique. Ces dernières les attirent. Selon un opuscule d'information publié par la Banque Mondiale, « l'aptitude des ONG à favoriser et à promouvoir la participation de la population leur donne de grands avantages comparatifs et peut faire d'elles des alliées expérimentées d'une grande utilité »[3]. Soit, mais leur autonomie en pâtit. Celles des ONG du Nord qui n'ont pas accès aux dons collectés sont de plus en plus dépendantes des bailleurs de fonds publics : dépendantes pour le choix des actions et des rythmes de réalisation, dépendantes quasi-journellement pour leur trésorerie soumise aux aléas des apports financiers des bailleurs. Ceux qui en pâtissent sont les dirigeants et le personnel des ONG du Sud : les retards de paiements de salaires et les dettes, si la réputation de l'ONG locale est bonne, peuvent s'étendre sur plusieurs années. Un praticien britannique dénonce ainsi ce qu'il considère comme de l'hypocrisie :

> « Tandis que les donateurs insistent pour que l'ONG maîtrise la planification financière, la gestion et le contrôle, ces mêmes donateurs, par leur absence de fiabilité dans le versement des fonds, tournent totalement en dérision ce souci de professionnalisme »[4].

Le temps pour des donateurs ou des ONG du Nord ne s'écoule pas de la même façon que le temps de leurs obligés. Vous avez dit : partenaires ? Dans ces conditions, mieux vaut être client que partenaire !

Diagnostic

Certes, il est rare qu'une relation de partenariat accumule l'ensemble des défauts qui viennent d'être décrits. Mais, presque toujours, le mot *partenaire* est plus noble que la relation effectivement vécue. Les ONG l'utilisent parce qu'elles n'aiment pas être considérées comme des bailleurs de fonds. Or, la coopération est toujours à renégocier, projet après projet, afin de maintenir le flux financier. L'argent fourni par l'un des deux partenaires est source d'inégalité entre eux.

---

[3] BANQUE MONDIALE, *Partenariat de la Banque Mondiale avec les organisations non gouvernementales*, Washington, mai 1996.

[4] WRIGHT David L., « The pleasures and peril of donor consortia », in *Small Enterprise Development vol. 7 n° 4,* ITP London, décembre 1996.

L'association Vétérinaires Sans Frontières écrit, en 1993[5] :

> « Bien souvent, le partenariat entre une ONG du Nord donatrice et une organisation locale perpétue des relations binaires et hiérarchiques entre le donateur et le bénéficiaire, où la collaboration reste strictement financière et momentanée, où l'ONG locale ne participe pas à la préparation des projets, où le financement continue de se faire au coup par coup par projet bien défini, où l'organisation du Sud doit rendre un compte-rendu financier sur chaque projet, où les évaluations externes sont demandées par l'ONG du Nord ... Bref, il s'agit rarement de relations négociées et multipolaires à long terme et dont les projets ne seraient que les moyens et non la fin. »

On ne saurait mieux dire. Allons cependant plus loin. Beaucoup d'ONG du Nord construisent leur réputation, leur pouvoir et leur stabilité en cherchant de nouveaux partenaires. Pour financer cela, elles multiplient les projets cofinancés et se lient aux sources publiques de financement. Cette dépendance affecte leurs relations avec les partenaires du Sud. Au lieu de renforcer l'autonomie de ces derniers, le cofinancement accentue alors leur subordination. Pour diminuer cette dernière, chaque organisation du Sud essaye de multiplier ses sources d'aide. Le temps et l'énergie consommés pour négocier deviennent vite considérables et peuvent absorber la majeure partie de l'énergie de leurs dirigeants. Un système épuisant et destructeur se dissimule sous le concept attirant de « partenariat ».

Dans la deuxième partie de ce chapitre, nous présentons en premier lieu un exemple et une analyse comparant l'exécution du programme d'un donateur à la conduite d'un partenariat. Puis, plusieurs dilemmes à résoudre par les partenaires sont considérés. Ils concernent quatre objets : la durée de la relation, l'offre et la demande d'aide, la limitation du nombre de partenaires et la collaboration entre intervenants auprès d'un même partenaire.

---

[5] VETERINAIRES SANS FRONTIERES, *Appui aux organisations locales : le long chemin de la théorie à la pratique*, Lyon. 1993.

■ ***Exemple et analyse comparée des deux pôles extrêmes de la relation d'aide***

Dans un mémoire de recherche portant sur le CRIAD (Centre de Relations Internationales entre Agriculteurs pour le Développement), Catherine Chaze[6] *montre les étapes d'évolution des formes d'aide de cette association dans la région Rhône-Alpes, depuis les micro-réalisations de 1968 jusqu'aux prêts sur fonds souples des années 1980. La capacité d'écoute des agriculteurs(trices) du Nord et du Sud, à l'occasion de séjours d'étude là-bas et de stages des sénégalais ici, a nourri cette lente évolution. Dès sa création (68 oblige !) écrit C. Chaze, « le CRIAD a tenu un discours assez novateur pour l'époque où l'on retrouvait des mots qui sont aujourd'hui (1991) dans la bouche de toutes les ONG : appui à l'autopromotion, partenariat ».*

Voici comment Joseph Sene, de son côté, décrit les relations entre l'ARAF et le CRIAD : « Avec nos amis du CRIAD, dès 1980, on faisait des visites entre organisations, c'est-à-dire qu'on allait les voir chez eux, en France, et ils venaient nous voir au Sénégal. On leur soumettait des petits projets d'approfondissement de puits, de fonçage de puits, etc. et ils s'organisaient pour se cotiser entre membres pour nous aider à régler notre problème. C'est une organisation qui n'a pas beaucoup d'argent et, à chaque fois qu'on soumettait une demande, ils essayaient de répondre suivant leurs possibilités. Ils envoyaient aussi, à notre demande, des volontaires. Ils sont encore avec nous aujourd'hui (1993). C'est vraiment un partenaire».

Joseph Sene distingue deux types parmi les dix sept ONG du Nord et du Sud qui ont eu des relations avec l'ARAF : « D'un côté, les bailleurs de fonds. Ils nous apportent de l'argent mais ils veulent transformer ce qui est là et qui est notre affaire à nous. Et puis, leur programme terminé, ils nous quittent. De l'autre : les vrais partenaires. Ils sont là, toujours à l'écoute. On peut compter sur eux. Ils nous suivent depuis le début. Ils ne nous imposent pas ».

Les deux pages suivantes comparent les modalités de ces deux types de relations : celui d'un *programme du donateur* et celui d'une *convention de partenariat*.

---

[6] CHAZE Catherine, *Le Centre de Relations Internationales entre Agriculteurs pour le Développement - CRIAD*, Mémoire de fin d'études, IEP, Grenoble, 1991.

Programme d'un donateur
Contrats : Le seul contrat est celui se rapportant au financement du projet.
Négociation : Le donateur propose de financer, sur un programme qu'il conduit, l'une des actions de l'organisation aidée. Par exemple, la participation à la construction de puits si son programme comprend un volet puits.
Exécution d'un projet : Le donateur fait établir une comptabilité spécifique pour son apport. Souvent encore, il assure lui-même la tâche d'engagement des dépenses ou de fourniture du matériel.
Suivi-Evaluation : Le donateur, quand il effectue une visite de suivi ou une évaluation, ne s'intéresse qu'aux seuls résultats de son apport.
Charges de fonctionnement : Des frais de gestion sont autorisés par les bailleurs de fonds. Généralement, leurs pourcentages se situent entre 6 % et 15 % du coût du projet. Ces marges ne permettent pas de supporter l'ensemble des charges de personnel, de fonctionnement et de formation.
Durée : Une fois le projet exécuté, le donateur laisse son partenaire pour trouver ailleurs d'autres bénéficiaires de son programme.

Convention de partenariat

Contrats :
Les deux parties établisssent une convention de partenariat qui précise les finalités poursuivies par leur coopération, les droits et devoirs de chacune des parties pour améliorer celle-ci. Des contrats de projet sont signés, au fur et à mesure, sous forme d'avenants à cette convention.

Négociation :
L'organisme du sud soumet à son correspondant au nord un ou plusieurs projets qui décrivent telle ou telle réalisation à effectuer. Si l'ONG du nord les accepte, peut être réalisée une gamme de projets variés qui correspond aux demandes du partenaire du sud parfois amendées lors de la négociation.

Exécution d'un projet :
L'organisme du sud gère l'apport extérieur au sein de son propre budget. Il effectue lui-même les achats et inscrit les dépenses au sein de sa propre comptabilité.

Suivi-Evaluation :
Les deux partenaires sont intéressés à l'ensemble des activités et au dessein global poursuivi. Les opérations de suivi et d'évaluation couvrent l'ensemble du champ de travail assumé par le partenaire du sud.

Charges de fonctionnement :
L'organisme du nord finance, comme l'un des objectifs essentiels de la coopération, les dépenses qui permettent le renforcement du partenaire sud et des organisations populaires. Ensemble, ils recherchent comment construire l'autonomie financière.

Durée :
De nouveaux contrats de financement de projets sont passés entre les partenaires. La relation peut s'établir en profondeur grâce à la durée et aux co-évaluations.

Bien sûr, une *convention* en bonne et due forme est rare entre les partenaires, celui du Nord se satisfaisant des seuls contrats de financement de projets. Mais un tel instrument juridique devient nécessaire pour une coopération durable qui stipule clairement les droits et les devoirs de chaque partie. L'Union Européenne a montré l'exemple depuis longtemps par les conventions successives avec les Etats d'Afrique - Caraïbes - Pacifique. Selon Michèle Coste et Luis Villafane[7], dans un travail récent d'évaluation de partenariats divers, « une tendance se dessine parmi les partenaires du Sud : celle d'aller vers plus de formalisation et de rapports contractuels, bien que certaines ONG du Nord soient réticentes à cette démarche ». Nous soutenons vigoureusement ce qui est aujourd'hui une tendance venue du Sud.

Etablir une relation de partenariat demande plus d'efforts que ne le laisse penser le tableau simplifié. Non seulement les finalités d'un partenariat peuvent être complexes mais le rôle central de l'apport financier imprime sa forme à la relation. Comment progresser vers un partenariat exigeant ? Analysons quatre axes d'amélioration, en indiquant des solutions trouvées par diverses ONG et leurs partenaires.

S'engager durablement sans créer la dépendance

Beaucoup de relations sont de courte durée alors qu'on négocie longtemps pour se mettre d'accord sur un projet ou un programme acceptable par les deux parties. Il convient dans ce cas que le premier contrat soit suivi d'un autre afin que la coopération puisse produire d'autres effets qu'une réalisation matérielle. L'acteur du Nord cherche à mieux connaître celui avec lequel il commence à coopérer et il espère pouvoir le faire à l'occasion d'un accord de financement portant sur un projet au contenu précis et d'une durée limitée. C'est une méthode féconde si, durant cette période, des liens s'établissent au-delà de la seule relation de financement. Réussir un projet n'est pas la preuve qu'un partenariat peut s'établir et porter ses fruits. C'est seulement un indice positif. Un partenariat durable s'enracine dans un terreau plus riche que

---

[7] SACED/F3E, *Evaluation transversale de partenariat entre ONG du Sud et ONG du Nord dans le domaine du développement*, SACED/F3E, Paris, 1995.

celui d'une réalisation matérielle. Il exige des occasions de rencontre et des moments d'évaluation vécus ensemble. Ndiogou Fall, secrétaire général de la FONGS au Sénégal, constate ceci :

> « Ceux qui appuient de la manière la plus efficace, ce sont les donateurs qui, d'abord, acceptent de rester longtemps et qui commencent avec nous dès le début. Ceux-là qui admettent qu'une association n'est pas parfaite en deux ou trois ans, qui sont conscients que ce que l'on commence peut être difficile et qu'avec le temps, on va acquérir beaucoup plus de compréhension les uns des autres. »

Un partenariat naît si la volonté de durer est présente des deux côtés. Il se nourrit du partage d'autres intérêts que la mise en oeuvre du seul projet financé. Il se renforce par l'analyse patiente des échecs et des difficultés rencontrées.

Mais durer combien de temps ? Et, quand arrêter une relation d'une façon positive ? Jean-Gabriel Seni, co-fondateur en 1976 de la première union burkinabé de groupements à Ouarkoye (Burkina Faso) explique ceci :

> « Il peut être parfois bon que l'aide s'arrête, simplement pour mesurer les capacités, la bonne volonté et la prévision des groupements bénéficiaires. »

Certes, mais éviter le risque de dépendance demande de construire l'autonomie financière de chacune des activités du partenaire durant la période d'aide extérieure. Cette exigence va bien au-delà de la prévision entre partenaires de la limite de durée des apports d'aide. Construire l'autonomie financière d'une activité, c'est ne plus lui accorder de dons, une fois qu'elle a été correctement mise en route. En réalité, il est probable que l'insuffisance des ressources financières propres continuera au-delà de cette limite. Mais, en prévoyant la fin de l'aide financière par dons, les partenaires s'obligent à trouver des solutions à l'autofinancement permanent de l'activité. Par exemple, un projet de construction d'écoles en milieu rural s'accompagne souvent d'un projet de formation des maîtres. Mais ce n'est pas suffisant. Il est utile de le compléter d'un projet de mise en valeur de la surface agricole nécessaire pour couvrir les frais de fonctionnement de chaque école, et par un volet de constitution

d'une caisse d'épargne entre les parents d'élèves pour les frais de scolarité.
Cette construction n'est possible que s'il y a, des deux côtés, assez de lucidité et de détermination pour limiter à la fois la durée et le volume des financements et pour en faire évoluer les formes (dons, apports en capital, crédit, etc.).

Articuler entre eux le respect de la demande et la possibilité de l'offre

L'association Vétérinaires Sans Frontières[8] avait l'habitude de gérer ses projets par du personnel expatrié. Constatant que l'existence de partenaires compétents au Sud rendait anormal l'envoi d'équipes de volontaires expatriés, elle a évolué et présente ainsi les termes et la solution de son dilemme :

> « Entre l'intervention directe et le transfert de fonds, ou plutôt entre l'assistance et la simple prestation de service neutre, il y a une alternative : si l'ONG ne doit pas imposer sa problématique, il lui faut tout de même bien avoir un discours, un message, une ligne d'action, des finalités, bref, une politique. »

Effectivement, quitter l'intervention directe c'est reconnaître à l'acteur du Sud la capacité de gérer. Une des preuves de sa capacité est son refus de se laisser imposer un schéma et des objectifs préparés par celui qui finance. Pour un partenaire du Sud capable, un programme ne peut être imposé depuis l'extérieur. Mais, pour un partenaire du Nord conscient de sa propre politique, un programme ne peut être financé aveuglément.

Comment articuler respect de la demande et possibilité de l'offre ? Parmi les moyens d'y arriver, se situe en premier lieu l'exigence de l'approfondissement permanent de la connaissance mutuelle : non pas celle que les chargés de programmes des ONG du Nord acquièrent par de rapides missions annuelles auprès de leurs divers partenaires d'une même région. Non pas une connaissance superficielle et à sens unique, mais celle, plus exigeante, d'une discussion des politiques des deux parties, de leurs contraintes respectives, des possibilités qui s'offrent à chacune

[8] Vétérinaires Sans Frontières, op. cit.

d'elles. Faute de cette connaissance, chacun risque de camper sur les seules dispositions des contrats de projets et programmes, jusqu'à la rupture.
En deuxième lieu, vient la pratique des coévaluations. C'est-à-dire le droit et le devoir de chacune des parties de s'évaluer elle-même, d'être évaluée par l'autre, d'aller évaluer à son tour, puis de confronter, éventuellement avec l'aide d'un tiers, ces regards et ces jugements, comme on le verra au chapitre 10.

Limiter le nombre de partenaires

Comment résister à l'attirance des petits drapeaux sur le planisphère ? La réponse est aussi simple qu'exigeante : en pensant aux partenaires que l'on a déjà et en se rappelant les difficultés à surmonter pour leur fournir un appui régulier et adapté. Quel serait donc l'engagement minimum à assurer à ces anciens-là avant de prendre contact avec un nouveau partenaire ? Nous estimons qu'il convient de vérifier pour chacun d'entre les partenaires si quatre seuils sont bien atteints.

Premier seuil : s'assurer que le financement effectif puisse s'étendre à plus d'objectifs que ceux des réalisations proprement dites, en particulier pour couvrir les dépenses de renforcement institutionnel et les effets d'évènements imprévus.

Deuxième seuil : respecter les calendriers prévisionnels des versements minima. Par versement minimum, nous entendons les sommes nécessaires pour couvrir une partie des frais de gestion et de perfectionnement du partenaire du Sud, afin que le retard éventuel de financement d'un projet proprement dit n'entraîne pas d'effets destructeurs. Point trop d'argent ne faut, mais il le faut juste à temps. Pour cela, l'ONG doit disposer de suffisamment de fonds propres, gérer sa trésorerie en pensant aussi, sinon d'abord, à ses partenaires, et faciliter à ces derniers la recherche de ressources auprès d'autres bailleurs.

Troisième seuil : pratiquer un suivi semestriel et l'évaluation périodique des résultats, celle des projets d'une part, et celle de l'efficacité propre du partenariat de l'autre.

Quatrième seuil : étudier conjointement, sur le terrain, le contenu de nouveaux projets des anciens partenaires et les négocier avec eux avant de les soumettre à des bailleurs de fonds éventuels.

Ces quatre conditions une fois remplies, accueillir un nouveau partenaire se fera sans risques exagérés.
Mais une pratique si rigoureuse n'est pas facile à introduire dans une ONG. Citons l'exemple de l'une d'entre elles. Pour limiter le nombre de ses partenaires et approfondir les relations avec chacun d'entre eux, l'association Terre des Hommes-Genève a placé un verrou sur son système de décision : même si le financement est assuré, le conseil d'administration n'accepte un nouveau partenaire qu'à la condition qu'une équipe de membres bénévoles s'engage à établir et à développer les liens et à suivre les actions concrètes sur le terrain. Et pour mieux connaître les contextes locaux, elle a limité le nombre de pays où elle travaille. Le résultat est que, en quelques années, partenaires et pays ont diminué de moitié.

Travailler avec les autres partenaires de nos partenaires du Sud

Jusqu'à présent, nous avons regardé le partenariat comme s'il s'agissait d'un tête-à-tête entre une institution du Nord et une institution du Sud. La réalité des relations de partenariat est, en fait, beaucoup plus complexe. L'expression classique : « nos partenaires » dissimule une multiplicité de relations beaucoup moins exclusives que l'expression possessive ne le laisse entendre. Chaque partenaire du Sud travaille, sauf les débutants, avec plusieurs partenaires privés et, de plus en plus souvent, publics.

De leur côté, certaines ONG du Nord, surtout en France, se limitent à un seul partenaire, comme nous l'avons dit plus haut. Pour éviter les inconvénients d'agir en tête-à-tête, on peut s'inspirer de l'exemple de l'association française de soutien au travail de l'association GK Savar [9], au Bangladesh. Elle associe les efforts de ses deux cents membres donateurs à ceux d'autres ONG de diverses nationalités qui mettent alors leurs ressources propres en commun et présentent, ensemble, une même demande de cofinancement de programme auprès de bailleurs de fonds publics. Les divers partenaires veillent à recevoir et à donner de l'information sur l'ensemble des actions. Ils organisent des voyages d'échanges (vers le Bangladesh et vers l'Europe) des membres des équipes, dont celle

[9] « Bulletin du Comité Français de Soutien à GK-Savar », Issy les Moulineaux.

du partenaire du Sud. Et ceci dure, avec ce seul partenaire, depuis 1972.

Dans certains cas, il est possible de cofinancer un seul programme réparti entre plusieurs donateurs. Ndiogou Fall, secrétaire général de la Fédération des ONG du Sénégal (FONGS), explique ceci :

> « Avant, on avait en face de nous une multitude de budgets, de négociations et de contrôles. Aujourd'hui, cela a disparu et nous allège la tâche. Nous envoyons un seul rapport tous les six mois et il est valable pour tous les partenaires. Pour nous, le travail avec un consortium constitué entre plusieurs ONG pour un cofinancement de l'Union Européenne et un apport de la Coopération Suisse, est un grand progrès. »

Cette pratique d'un consortium permet aussi d'éviter les suspicions dues aux collaborations parallèles où chacun des bailleurs a le sentiment qu'on lui cache quelque chose ; ce qui peut être réel, bien des partenaires du Sud cherchant, dans leur intérêt, à éviter la transparence. Cette dernière est-elle plus facile à obtenir dans une relation avec un consortium que dans des relations individualisées ? Certainement. Mais c'est un risque pour une organisation du Sud de réunir tous ses oeufs dans le même panier car, si la méfiance s'installe au sein du consortium, toutes les ressources extérieures peuvent disparaître d'un seul coup. David L. Wright[10] a évalué ce risque :

> « Etant donné l'arrogance des donateurs, l'équilibre du pouvoir peut se déplacer au détriment de l'ONG (du Sud), surtout si pour une raison ou une autre elle est faible ou manque d'assurance. Elle peut alors être obligée de s'engager dans des actions ou dans des changements qui, même s'ils sont justifiés du point de vue du consortium, ne sont pas réellement partagés par l'ONG et seront donc sources de rancoeurs considérables. »

C'est alors le financement de l'ensemble qui est en question. Si ce risque lui parait trop élevé, l'ONG du Sud peut se contenter d'organiser des tables rondes périodiques d'examen de son programme en présence de l'ensemble de ses partenaires. Chacun de

---

[10] WRIGHT David, op. cit.

ceux-ci garde alors sa liberté et les négociations se font en tête-à-tête après la rencontre. La recherche d'un minimum d'harmonie est ainsi facilitée.

Résumons-nous. Une ONG du Nord qui souhaite construire des partenariats exigeants, commencera par jeter les bases de sa propre autonomie en constituant une masse suffisante de fonds propres, indépendamment de la négociation de contrats de cofinancement de projets. Cette trésorerie sûre lui permettra d'honorer ses engagements, au jour et à l'heure promis envers ses partenaires, sans les handicaper par des retards. En deuxième lieu, la limitation du nombre de ces derniers est la condition-clef d'un appui durable, constructif et capable de faire face, avec eux, aux difficultés et aux aléas du travail de développement.

Quatrième partie

COMMENT AIDE-T-ON ?

Comment aide-t-on les villageois ? Par des projets. Sans beaucoup de rigueur. Et, de plus en plus, sans les Etats.

L'instrument de liaison entre les acteurs du système est le document de projet, conçu et rempli selon les desiderata du bailleur. A l'instar d'un formulaire, tout y est prévu d'avance, et le décalage entre prévisions et réalisations et même la prise d'initiatives par les villageois risquent fort d'être interprétés comme des déviations. Les dynamiques paysannes se trouvent souvent étouffées et stérilisées par les projets et programmes. Comment accompagner les initiatives locales et les dynamiques endogènes ? Ce n'est pas aux bénéficiaires de participer aux projets du système d'aide. Au contraire, c'est à ceux qui aident de participer aux processus de développement locaux. (Chapitre 9).

De quelles manières le système d'aide est-il contrôlé, régulé et réorienté ? En réalité, les mécanismes de contrôle de la qualité sont faibles, au profit d'un laxisme qui concerne autant les ONG que les coopérations publiques. A l'inverse du marché qui a la vertu, parfois brutale et pas toujours juste, d'éliminer les canards boiteux, le système de l'aide au développement se reproduit à l'identique sous le couvert de modes successives.(Chapitre 10).

Comment aide-t-on ? « En tous cas, sans l'Etat du Sud », entend-on depuis les années 1990. D'où provient ce rejet des administrations autrefois respectées par les agences d'aide, sinon par les ONG du Nord ? Est-il judicieux d'aider les paysans sans contribuer avec eux à la construction des Etats ? (Chapitre 11).

Chapitre 9

DEMANDEZ LE PROGRAMME !

« L'aide s'intéresse aux objectifs, aux coûts et aux délais. Pour moi, il faudrait plutôt lier entre eux le rythme de la dépense et les niveaux de capacités où sont arrivés les gens. »
Julien Nyuiadzi, responsable de l'AVE (Togo)

Présenter un dossier de projet ou de programme[1] est une condition nécessaire pour obtenir de l'aide. Un dossier qui puisse remonter la cascade des intermédiaires. Un dossier fait pour que le système d'aide fonctionne.

Ce chapitre pose une double question : l'outil projet-programme est-il adapté pour épauler les efforts des villageois ? Sinon, quels outils utiliser ?

« Suivez notre programme, participez à notre projet »

François Greslou rapporte ainsi l'accès de colère du jeune volontaire qu'il était au Pérou en 1978 et qui s'adressait aux paysans des Andes : « Vous qui bénéficiez de notre programme d'aide, vous pourriez au moins participer activement à sa réussite ! »[2]. A l'opposé, des praticiens africains expérimentés rejettent cette approche téléguidée. Joséphine Ndione s'exprime ainsi :

> « J'ai vécu pendant des années, dans une ONG, l'expérience des programmes établis d'avance, des programmes bien réfléchis mais qui, souvent n'intéressaient pas les populations parce qu'ils ne touchent pas leurs priorités. Alors je me suis dit que, pour démarrer des actions dans les villages, il ne faut pas aller avec des programmes établis et penser que, puisqu'il y a la sécheresse ou le manque d'eau, il faut nécessairement ceci ou cela. »

---

[1] Un projet a un contenu plus précis, et plus localisé, qu'un programme; mais ils ne diffèrent pas fondamentalement l'un de l'autre.

[2] GRESLOU François, op. cit.

Julien Nyuiadzi va plus loin et critique le coeur de la construction d'un programme :

> « Quand je le regarde, je n'y vois qu'une suite d'activités à réaliser avec tels moyens et avant telle date. L'aide s'intéresse aux objectifs, aux coûts et aux délais. Pour moi, il faudrait plutôt lier entre eux le rythme de la dépense et les niveaux de capacités où sont arrivés les gens. »

En effet, cette adaptation entre le rythme de la dépense et la capacité des acteurs est capitale, mais c'est, aujourd'hui, l'inverse que l'on constate. Le système d'aide se rigidifie et emploie systématiquement l'outil projet, y compris au sein des ONG. De haut en bas du circuit de financement du développement rural, c'est-à-dire depuis les directions des agences publiques jusqu'aux petites organisations non gouvernementales, on continue à utiliser une méthode qui ne convient qu'à une partie des tâches d'aide au développement, celles que l'on peut prévoir avec certitude.

Devant l'étonnement des partenaires du Sud quant à la rigidité des projets ou des programmes, le donateur répond qu'il est impossible de s'engager sur le plan financier pour de longues durées et pour de multiples objectifs dont une partie ne serait définie qu'au fur et à mesure de la coopération. Or, cette durée et cette souplesse sont deux conditions indispensables de la réussite de cette coopération. J. P. Olivier de Sardan[3], anthropologue, constate :

> « La façon dont on doit concevoir des projets et les présenter aux bailleurs, dont on doit établir un calendrier de financement, le type de rapports d'évaluation qui est exigé, etc., tout ceci accroît l'écart entre les projets et les dynamiques locales. »

Mais, plutôt que de remettre en question le principe du projet et son cycle, plutôt que d'observer comment se développent les organisations et les entreprises, les agences d'aide et les ONG entonnent en choeur leurs couplets sur le développement participatif . De nouveaux couplets pour une vieille chanson. Le PNUD, la Banque Mondiale et d'autres organisations internationales répan-

---

[3] OLIVIER de SARDAN Jean-Pierre, "Les contraintes du marché du développement", in *Nouveaux Cahiers de l'IUED n° 4*, PUF, Genève, 1996.

dent désormais le credo de la participation populaire. Mais, dans la pratique, elles ne changent guère leurs méthodes de travail : que ce soit pour faire construire un pont par des entreprises ou pour octroyer du crédit dans des bidonvilles par des ONG, la Banque Mondiale, par exemple, utilise les six étapes du cycle des projets[4], et recommande « aux ONG de se familiariser avec celui-ci avant d'établir des liens d'association avec ses services »[5].

Pourquoi la préparation de projets est-elle souvent une méthode inadéquate ? Prévoir et budgéter, décrire ce qui va être fait, préciser par qui et avec quels moyens, paraît pourtant constituer une méthode rationnelle.

Les trois défauts de la méthode projet

Un ami comparait les projets d'aide au développement rural au jeu d'échecs : « On prévoit tous les coups d'avance, comme s'il n'y avait ni adversaire, ni contexte ! Et de plus, au moment de l'exécution, l'échiquier ne cesse de bouger ! ». Trois raisons démontrent qu'il peut être irrationnel d'utiliser la méthode projet-programme pour le développement rural[6].

En premier lieu, la prévision des activités n'est-elle pas aléatoire et parfois nuisible ?

Elle est aléatoire quand celui qui projette ne dispose pas de données sûres et précises. Par exemple, comment connaître, deux ou trois ans à l'avance, le volume des forces de travail disponibles dans un village sahélien où la majorité des hommes sont contraints, si la récolte est mauvaise, à chercher un travail temporaire en ville ? Prévoir, c'est aussi énoncer un présupposé sur les besoins que les gens voudront satisfaire en priorité à un moment déterminé. Quand les gens sont inorganisés et se trouvent à la limite de la survie, sont-ils en situation de prévoir ce qu'ils jugeront prioritaire et ce qu'il sera indispensable de réaliser à la date prévue ?

La prévision est parfois nuisible, car ce qui est projeté sera budgété et ce qui est inscrit au budget ne peut être facilement modifié au

---

[4] BAUM Warren C., *Le cycle des projets*, Banque Mondiale, Washington, 1982.

[5] BANQUE MONDIALE, *Partenariat de la Banque Mondiale avec les Organisations Non Gouvernementales*, Washington, 1996.

[6] LECOMTE Bernard J., "International aid : a hindrance to the growth of local capacities ?", in *EEC and the Third World Survey ODI/IDS*, 1984.

moment de l'engagement de la dépense. Si les jeunes d'un village, par exemple, ont dû le quitter au moment où devrait être dépensé l'argent pour réaliser leur périmètre maraîcher, que faire ? Souvent, le donateur exigera que le projet soit exécuté. Ensuite, il s'étonnera que l'investissement ne soit pas suffisamment utilisé.

Deuxième irrationalité : la priorité souvent donnée au seul apport d'aide dans le budget du projet. Au moment de l'étude du projet, on considère comme un simple complément l'autre versant de la réalisation, celui des moyens propres des gens : le travail, l'épargne, le savoir des gens eux-mêmes. On le conçoit comme secondaire face à l'apport d'aide. Le volume des apports d'aide, leur rythme de livraison et leur forme (prêt, don) constituent l'ossature du projet-programme. L'outil projet ne fait qu'incorporer les efforts de ceux qui sont aidés au sein d'une action dominée par celui qui aide. On est alors loin d'aider, de « joindre ses efforts à ceux de quelqu'un »[7].

La technique du projet, tournée vers les moyens externes, ne prend pas assez en compte la multitude potentielle et variée des efforts propres des gens. Or, le coeur d'une action dépend d'eux, de leur volonté de réaliser ceci ou cela. Et cette volonté mobilisera leurs moyens, mis en oeuvre selon leurs idées.

Troisième défaut : établir un projet peut stériliser la prédisposition à satisfaire immédiatement le besoin présent avec les moyens du bord. Il renvoie au lendemain (ou au surlendemain ...) la réalisation qui aurait pu être, en tout ou partie, exécutable immédiatement. Ce report est difficile à parer par une planification seulement descendante. En particulier, il est difficile, dans le cadre d'un projet ou programme, d'appuyer des activités nouvelles : on ne peut les prévoir avec une estimation correspondante des coûts ; et si elles ne sont pas prévues, elles ne seront pas financées. Julien Nyuiadzi décrit le casse-tête devant lequel il se trouve pour innover malgré tout :

> « On est obligé d'engager les fonds d'un autre projet pour commencer. Sinon, on fait des "ré-allocations" à l'intérieur des budgets. Mais cela aussi ne plaît pas ! Parfois cependant, quand l'ONG voit que l'on a commencé et que cela marche, elle est

[7] « Aider » : seconder, assister, contribuer, concourir, joindre ses efforts à ceux de quelqu'un, Larousse, Dictionnaire de la Langue Française, 1995.

> d'accord et dit : " Bon, maintenant j'envoie l'argent. " Mais, si on n'avait pas pu se débrouiller avant cela, aucune des potentialités n'aurait pu être mise en valeur. »

Trop souvent, un projet c'est un peu le : « Demain, on rasera gratis » qui décourage les efforts immédiats possibles. Quand une description de ce qui pourrait être fait et un budget sont exigés avant d'obtenir - peut-être - un appui, l'énergie du groupe est paralysée. Elle devient une attente, un rêve démobilisant : « L'aide va bientôt résoudre notre problème ». Dire : « Exprimez vos désirs, chiffrez-les, je verrai ce que je peux faire », c'est risquer de briser le ressort qui pousserait les gens à résoudre leur problème en comptant d'abord sur leurs propres moyens, avec leurs outils et leurs savoir-faire. En conséquence, l'instrument projet est peu adapté à l'une des fonctions du système d'aide qui devrait être essentielle: mobiliser d'autres moyens que les ressources extérieures.

Mettre en évidence les irrationalités de la méthode-projet ne veut pas dire que la préparation de l'action soit inutile. Ce qui est prévisible, comme les coûts de fonctionnement ou les dépenses de formation et de conseil, doit être prévu. Mais tout ce qui n'est pas prévisible avec précision, c'est à dire ce qui dépend du travail, de l'épargne et de l'initiative des villageois, l'essentiel en fait, devrait n'être décidé, par négociation avec les intéressés, qu'au moment même d'agir.

Les projets des gens singent les projets d'aide

La volonté de réussir la négociation du budget d'aide recherché, influence, parfois très fortement, le contenu du projet en préparation. Elaborer un programme ou un projet consiste bien souvent à rassembler les éléments qui permettront de justifier la demande d'aide. En construisant cette justification, on risque de donner plus de poids, dans l'information recueillie et traitée, aux éléments qui flattent le projet et correspondent aux priorités de l'agence d'aide. Ainsi, l'étude du projet se mue en demande d'aide. Une demande formulée sur mesure. Il faut obtenir l'aide et on ne l'obtient qu'en tenant compte des conditions stipulées par le donateur.

Observant les organisations paysannes autonomes, nous constatons que les projets et programmes qu'elles élaborent ne sont guère différents de ceux des offreurs d'aide. En effet, toute demande fait l'objet d'une mise en forme afin d'être ajustée au modèle de projet souhaité par telle agence et parfois imposé par elle. Cet exercice, comme la pratique de la formulation en fonction du destinataire, contribue à mouler peu à peu les projets selon les critères des agences. Et le projet des gens devient un projet d'aide. Leurs besoins n'y seront plus formulés dans leur langage mais dans celui des donateurs.

L'idée des demandeurs se transforme pour se conformer à ce que les organismes d'aide ont l'habitude de financer. Hugues Dupriez[8], accompagnant des responsables d'unions de groupements paysans burkinabé durant un travail de programmation, note ceci :

> « Dès lors qu'il fallait des propositions techniques, le groupe des animateurs paysans s'orientait assez systématiquement vers les solutions les plus coûteuses, ou en tout cas trop coûteuses pour pouvoir être mises en oeuvre dans le cadre même des unions sans faire appel à d'importants moyens extérieurs. En fait, il s'avérait que l'inspiration des solutions techniques venait le plus souvent des projets environnants financés par l'aide extérieure. Or, la généralisation de telles solutions dans les villages conduisait à des énormités financières hors de portée des unions. »

Cet alignement existe même dans le cas où l'organisme d'aide est d'accord pour financer ce que les gens expriment librement. C'est le contenu de cette demande, spécialement les méthodes prévues pour réaliser le projet, qui est influencé par la perspective d'être aidé. En quelque sorte, les projets des gens *singent* les projets d'aide.

Les filières de confection des dossiers accentuent ce travers. On voit des organisations paysannes actives et expérimentées se laisser trahir par des rédacteurs de programmes faits d'avance pour plaire aux bailleurs. On voit des ONG d'appui laisser leurs gestionnaires se livrer à des dizaines de pages de calcul pour justifier, au franc près, des programmes triennaux d'alphabétisation à réaliser dans

[8] DUPRIEZ Hugues, op. cit.

des villages qu'elles ne connaissent pas encore ... Et on voit des bailleurs potentiels leur demander encore plus de précisions !

Un outil inadapté, mais qui a la vie dure !

Il est devenu de bon ton de critiquer la méthode d'aide par projet, mais cette remise en question se traduit rarement sur le terrain par de nouvelles modalités d'aide. Trop d'acteurs du système d'aide déclarent forfait :

> « Actuellement, étant donné les contraintes objectives et institutionnelles, l'outil-projet reste incontournable pour l'ONG ; à partir de là, il faut avoir conscience de ses faiblesses pour l'assouplir et l'adapter afin que les dynamiques engagées soient réellement endogènes »[9].

Et pourtant, les analyses faites par cette ONG dynamique et exigeante montrent que ses membres ont bien conscience que l'aide par projet, instrument commode pour les acteurs du devant de la scène, est un corset pour les bénéficiaires finaux de l'apport d'aide et peut être un handicap pour la réussite des actions dont le succès dépend des gens.

Comment expliquer que, tout en reconnaissant souvent l'imperfection fondamentale de cet instrument d'aide, si peu d'acteurs cherchent à le remplacer ?

Est-ce parce que l'instrument est commode pour décider du devenir de la collaboration avec un partenaire ? Il permet, en effet, de faire cesser la relation au moment choisi par le seul partenaire du Nord. A la fin d'un projet ou d'une phase d'un programme, l'acteur du Nord peut, sans se déjuger, se désengager ou continuer ; et, bien sûr, à tout moment si les clauses du projet ne sont pas respectées à la lettre par l'acteur du Sud.

Est-ce parce qu'il permet, mieux que toute autre méthode, le contrôle a priori ? Où irait-on si un partenaire du Sud avait l'autorisation de construire son dessein à sa guise ou selon son caprice, pense plus d'un chargé de programme au Nord ?

---

[9] VETERINAIRES SANS FRONTIERES, op. cit.

Ou bien l'instrument projet-programme est-il le produit normal des certitudes de celui qui aide, lui seul sachant ce qu'est le développement ?
Ou encore l'outil apporte-t-il au bailleur des garanties de bonne utilisation de ses fonds ? Mais en pratique, il n'obtient pas cette garantie car la réalisation est souvent différente de ce qui a été projeté.

Finalement, la coopération internationale, malgré la profusion des intervenants et leurs changements constants de stratégies, est-elle tout simplement restée fidèle au message que nous recevions, dès 1960, à Bruxelles ? Nous cherchions alors à savoir ce que les dirigeants de la Commission des Communautés Européennes pensaient de la planification du développement entreprise par le Sénégal : « Vos stratégies ne sont que des idées ; nous finançons du concret, présentez-nous des projets bien étudiés, nous déciderons de ceux qui nous intéressent au fur et à mesure de leur présentation, selon nos critères », nous ont-ils dit. Mais, mis au point du temps des colonies[10], ce mode de décision privilégie l'investissement extérieur et prend mal en compte les cohérences du développement et le progrès des institutions locales.

Diagnostic

Un document de projet est un pont. Il assure un lien entre un groupe de villageois et un organisme d'aide. Ce lien déforme souvent. Il fait entrer de force l'initiative des gens, existante ou potentielle, dans le cadre des prévisions de dépenses de l'agence. Et tout, dès lors, se centre sur cet argent à venir. Quand, une fois négocié, le projet s'exécutera sur le terrain, ses promoteurs chercheront l'appui de la population, sa *participation*.

Le système d'aide utilise l'outil projet-programme pour obtenir à la fois une prévision des objectifs et un budget. Ce faisant, il force tous les acteurs à raisonner, puis à agir, selon un raisonnement déductif : l'objectif étant déterminé, on trouve la voie pour le réaliser, on définit les mesures d'accompagnement, on fixe le volume des moyens. Tout est ainsi fixé a priori. Or, dans les

[10] Par le Fonds d'Investissement pour le Développement Economique et Social français, par exemple.

villages, peu d'acteurs sont maîtres de leurs actions et capables de contrôler les facteurs de réussite et les événements imprévus. Plutôt que de reconnaître cela, l'agence va tenter d'organiser, dès l'avant-projet, la bonne exécution de celui-ci. Elle cherche à se rassurer en fixant les délais, en précisant les lignes budgétaires et les détails comptables, en préparant d'avance les critères et les indicateurs d'évaluation, en affectant du personnel pour le suivi et en envoyant des consultants pour revoir périodiquement les écarts entre le *prévu* et le *réalisé* .

L'outil projet-programme est aujourd'hui souvent critiqué mais sa prépondérance croît. En effet, le nombre d'acteurs dans les circuits de l'aide internationale s'étend, en particulier par l'utilisation de multiples ONG du Nord et du Sud, en lieu et place des administrations publiques et des sociétés d'Etat. Ces acteurs se procurent la majeure partie de leurs ressources grâce aux cofinancements obtenus auprès des agences publiques, lesquelles imposent l'instrument projet-programme.

La deuxième partie de ce chapitre tente de montrer comment changer d'outil de planification et de budgétisation de l'aide. Mais auparavant, citons un exemple.

■ ***Exemple d'un processus d'initiative qui est bien autre chose qu'un projet [11] : Pommes de terre d'abord, ou barrage d'abord ? (Burkina Faso, 1978).***

Retenir l'eau dans le sous-sol d'une région peuplée et en voie de désertification, comme le Yatenga au Burkina Faso, est un objectif de chacun des programmes d'aménagement. Dès 1965, l'aide extérieure avait tenté d'y parvenir par un grand projet de défense et de restauration des sols, effectué sur le terrain par des engins. De tout cela, il ne restait rien cinq ans après. Diguettes et fossés avaient disparu sous la pioche des paysans qui avaient cultivé leurs champs comme avant. En 1978, en tant que responsables d'une ONG, nous cherchions comment faire reprendre conscience de ce besoin de maîtrise de l'eau et du sol, un besoin apparemment si mal ressenti. Deux options furent

[11] LECOMTE Bernard, *L'aide par projet ; limites et alternatives*, OCDE, Paris, 1986.

émises : l'une, proposée par les planificateurs régionaux dont nous faisions alors partie, orientait l'action vers des travaux d'aménagement (diguettes, petits barrages, etc.) à réaliser par la population. L'autre, exprimée par un sociologue du lieu, proposait de mettre en valeur tout de suite quelques bas-fonds qui conservaient assez d'eau en saison sèche pour réussir une ou deux cultures maraîchères. « Ne pas planifier à partir de l'objectif final, disait-il, mais à partir du premier problème que les gens veulent résoudre ». Cette deuxième voie fut retenue.

Certains villageois(es), éprouvé(e)s par la sécheresse de l'année 1973, voulaient que la saison sèche devienne utile pour l'alimentation et fournisse d'autres produits que les fruits et racines de la cueillette destinée à relayer la réserve des greniers quand ceux-ci étaient vides. Douze villages envoyèrent des participants sur un chantier-école de maraîchage. De retour chez eux, ils construisirent clôtures et puits, cultivèrent leur premier jardin, mangèrent leur première récolte de saison sèche, apprirent à cuisiner ces légumes jusqu'alors inconnus et en particulier la pomme de terre. Les femmes de cette zone se félicitaient, disant : « Nous avons maintenant un deuxième grenier. Le grenier de saison sèche, c'est notre jardin collectif ! Grâce à lui, nous ne grimperons plus aux banalités[12] *». Effectivement, à la saison sèche suivante le maraîchage réussit bien et elles purent obtenir deux récoltes successives. Mais, à la troisième saison sèche, les pluies précédentes ayant été médiocres, la deuxième culture maraîchère échoua presque partout car, le sous-sol n'ayant plus d'eau, les puits peu profonds se tarirent. Les responsables des différents groupements maraîchers se réunirent. Ils critiquèrent l'action avec véhémence : « Il fallait commencer par barrer la route à l'eau, dirent-ils, car aujourd'hui ce que nous avons cultivé est perdu ». L'un des groupes se mit alors à l'ouvrage avec ses propres moyens, construisant à la main une première retenue d'eau. Le besoin immédiat, satisfait imparfaitement, avait révélé le besoin, jusque-là ignoré, d'une action plus fondamentale, en amont.*

[12] Le banalité est un arbre très épineux mais qui produit ses fruits à l'époque où les greniers sont parfois vides.

Dure leçon pour le planificateur que d'observer sur le terrain l'inaptitude de la logique dont il était si sûr ! Une double leçon en fait : l'objectif final poursuivi n'est pas le moteur du changement et le premier cap à franchir n'est pas celui qui se présente à l'esprit raisonneur. L'exemple montre qu'il convenait d'abandonner l'approche par déduction et prévision, pour une approche plus subtile de planification.

Mais comment faire pour se débarrasser de l'approche projet/programme habituelle ? Nous présenterons trois grappes de pistes. En premier lieu, nous chercherons comment se libérer de l'approche projet-programme sans tomber dans deux illusions : celle de compter sur la participation populaire pour compenser les défauts des outils habituels, et celle d'une simple réforme de ces derniers. Puis, nous présenterons les grands traits d'une approche différente de planification du renforcement des organisations paysannes : *l'appui à un processus*. Enfin, nous soulignerons l'importance d'adapter les instruments financiers aux différentes étapes du processus vécu par les organisations.

Des programmes de développement participatif ? Un leurre

Dans le sens commun, la participation est considérée comme un moyen de réussite des actions, et non comme une fin. Pierre Debouvry[13], praticien et chercheur, définit ainsi les deux sens du concept :

> « Le concept de *participation* peut recouvrir deux contenus antinomiques (passif et actif). Au sens passif et restrictif, il peut tout simplement signifier *avoir part à quelque chose* sans avoir pour autant accès au pouvoir qui l'impulse, voire être contraint à participer (par exemple : participer à la construction des routes dans le cadre des travaux forcés). Dans son sens actif, il sous-entend une participation exercée en vertu d'un *pouvoir possédé en propre*. »

[13] DEBOUVRY Pierre, *Réflexions prospectives sur l'histoire de l'animation et de la participation au développement rural en Afrique francophone sub-saharienne*, CNEARC, Montpellier, 1995.

La participation considérée comme un moyen ? Elle consiste alors à s'assurer de la meilleure mobilisation possible des ressources, argent et travail, des bénéficiaires de l'aide. Cette conception utilitariste est celle de décideurs. Le patron d'une entreprise a le même objectif : il cherche comment obtenir de son personnel le maximum de travail, et plus d'intelligence dans le travail. Celui qui décide souhaite la participation à son dessein, à son projet, de ceux qui sont toujours trop passifs à ses yeux. La participation comme moyen est utile pour celui qui aide. Mais, en donnant cet horizon étroit à la participation, on la limite : obtenir l'aide devient le motif de la participation du demandeur. On ne peut alors espérer que cette dernière soit durable, ni que l'action réalisée contribue en profondeur au changement social.

La participation, considérée comme une fin et non seulement comme moyen ? Cette conception est prônée en 1996 par tous les décideurs du système d'aide. Reprenant des idées portées dans les années 1960-1970 par une petite minorité d'agents nationaux et de coopérants techniques, le «développement participatif» est un concept à la mode. Vulgarisé par le Rapport sur le Développement Humain, publié chaque année par le PNUD, il a même été adopté par la Banque Mondiale, pour laquelle : « le développement participatif est un processus qui permet aux parties concernées d'influencer et de partager le contrôle sur les actions de développement et les décisions et ressources qui s'y rapportent »[14]. Déjà, en 1978, le sociologue Albert Meister[15], observant les actions de type participatif de l'époque, notait que le développement communautaire de tradition anglophone et l'animation rurale d'inspiration française en étaient réduits à devenir « des politiques de relations humaines assouplissant les interventions administratives décidées par les pouvoirs publics ». Pour quelles raisons en serait-il autrement aujourd'hui ? Parce que les grandes agences s'en mêlent ? Mamadou Cissokho explique pourquoi les organisations paysannes autonomes refusent d'entrer dans le jeu du développement

[14] BANQUE MONDIALE, op. cit.

[15] MEISTER Albert, *La participation pour le développement*, Economie et Humanisme, Les Editions Ouvrières, Paris, 1978.

participatif qu'on leur propose :

> « Depuis 30 ans, les agences d'aide, par de multiples évaluations, arrivent toujours aux mêmes conclusions : il y a peu de participation, il y a manque de débats avec les paysans. Il est sûr que nous ne voyons pas la participation populaire comme eux. Nous, nous sommes maîtres de nos activités, nous vivons ici, nous représentons un ensemble de gens. Qu'est-ce qu'ils amènent, eux ? De l'argent, ou parfois des techniques. Nous leur disons : "Nous voulons faire des choses décidées par nous et c'est vous qui devez participer à cela". Mais c'est l'inverse qu'ils imposent. »

Au Sénégal, par exemple, où des associations de paysans et de paysannes autonomes ont acquis de l'expérience et élaborent leurs propres programmes, la supplique des agents de l'aide reste identique. Mamadou Cissokho exprime ainsi ce contre-sens : « Quand ils apportent quelque chose pour appuyer nos idées, ils disent : "il faudra que vous participiez !" Cela fait rire ! ». Même parée des atours du développement participatif, l'aide reste plantée au centre du jeu. Mohamed Ag Ahmed[16], un responsable d'une organisation paysanne de Niafunké au Mali, exprime ainsi son exigence :

> « Certes, on a reçu des appuis, mais on compte d'abord sur notre force. Si le toubab[17] vient, on lui demande de s'engager sur ce que l'on est en train de faire nous-mêmes. On ne demande pas l'aumône. On n'a pas commencé le travail pour que le toubab nous vienne en aide, mais pour nous. »

Aussi longtemps que les bénéficiaires ne se seront pas organisés entre eux et en dehors de ceux qui veulent les aider, ils ne pourront assumer leurs responsabilités. Avant cette étape, leur faire croire qu'ils « partageront le contrôle sur les décisions de l'agence d'aide », comme le proclame la plaquette de la Banque Mondiale citée ci-avant, est un leurre.

---

[16] BARBEDETTE Loïc (cité par), *Regards croisés sur les organisations du monde rural au Mali*, Coopération Suisse, Berne, août 1994.

[17] Toubab signifie l'européen, le blanc.

Adapter l'outil-projet ? Une illusion

Nous avons nous-mêmes longtemps essayé d'améliorer l'instrument-projet. Pour l'un d'entre nous, deux moments paraissaient essentiels : le moment de la conception des actions à exécuter, dans l'espoir que les idées des gens puissent influencer le dessin des projets d'aide; et le moment de la programmation continue des ressources, afin de faciliter la combinaison des apports des bénéficiaires et des apports d'aide[18]. Pour l'autre, c'est durant l'ensemble du *cheminement d'une action de développement* qu'il faut impliquer les acteurs de base[19]. Tous deux, nous avons choisi, comme secteur professionnel, la fonction d'évaluation des projets mais aussi des institutions et des méthodes d'aide, l'estimant porteur d'amélioration. Nombreux sont les consultants et les chargés de programme qui cherchent dans ces mêmes directions et s'ingénient à faire passer des innovations partielles. Ces efforts sont utiles car ils rendent petit à petit conscients ceux des responsables des agences qui prêtent attention aux motifs de ces essais. Et il en existe, comme en témoignent les initiatives de certains services de la Coopération technique suisse, d'autres à la société GTZ et au ministère allemand de la coopération, d'autres au sein du Fonds des Nations Unies pour l'Environnement (FENU), etc.

Mais ces améliorations ne peuvent pas changer les deux traits qui sont l'essence même d'un projet :

L'outil-projet - en tant que schéma prévoyant un ensemble d'actions à exécuter - est, en soi, inadéquat quand les actions de changement social sont peu prévisibles et quand les rythmes et les objets des actions doivent être négociés durant la phase dite d'exécution du projet.

L'outil-projet - en tant que dispositif institutionnel - est, en soi, inadéquat car la naissance et le développement d'une dynamique sociale sont des processus endogènes. Espérer une « remise-

[18] Nous avons même enseigné à des responsables paysans l'art simplifié d'établir des dossiers de projet : "Des projets faits pour et par des ruraux", *Construire Ensemble* n° 1, CESAO, Bobo Dioulasso, 1975.

[19] BEAUDOUX Etienne, de CROMBRUGGHE Geneviève, DOUXCHAMPS Francis, GUENEAU Marie-Christine, NIEUWKERK Mark, *Cheminement d'une action de développement*, L'Harmattan, Paris, 1992.

reprise », par les villageois, d'un projet commencé par l'aide extérieure est une illusion, maintes fois prouvée.

A notre avis, l'outil-projet est indispensable et efficace seulement pour des opérations prévisibles et dépendantes d'un maître d'oeuvre unique pour leur exécution programmée (exemple : la construction d'un pont). Pour les autres opérations, il convient de changer d'outil car le projet ne peut s'adapter sans changer de nature. Il ne peut se passer ni de prévisions d'objectifs et de moyens, ni d'un maître d'oeuvre unique et il ne peut intégrer des négociations répétées, changeant les chemins prévus pour son exécution.

A la recherche d'un outil spécifique : l'appui à un processus

Dans un court article, Rosalind Eyben[20], consultante pour l'Office britannique d'aide au développement (ODA), décrit une approche d'appui à un processus ; elle la définit ainsi :

> « Cette dernière est caractérisée par un schéma prévisionnel flexible, une fonction de suivi-évaluation et au moment de la mise en oeuvre sur le terrain, par une large participation des divers acteurs au sein d'un système dispositif institutionnel adapté. »

Analysons les trois caractéristiques-clefs de cette approche: la flexibilité, la clarté du jeu des institutions et la place de la fonction de suivi-évaluation.

La flexibilité d'une intervention d'aide est nécessaire pour que les institutions locales et les groupes puissent faire progresser leur capacité à préparer et à réaliser leurs propres projets. La flexibilité est rationnelle puisque les gens agissent dans un contexte économique et social toujours changeant. L'étude initiale, *un schéma* dit l'auteur, accorde plus d'importance à la prévision des étapes à accomplir et peu d'importance à la prévision d'objectifs à réaliser à telle date. Cependant, le schéma cherche à réconcilier la

[20] EYBEN Rosalind, *The process approach*, Overseas Development Administration, London, 1993.

flexibilité et la nécessité de mesurer les résultats en prévoyant l'utilisation de points de repère[21].

L'importance accordée au jeu des institutions est la deuxième caractéristique de l'approche d'appui à un processus. Cette méthode « permet à l'agence d'aide sur le terrain de travailler comme partenaire des bénéficiaires ; ce qui signifie que les gens auront le droit de décider de quels services ils ont l'intention de bénéficier » de la part du dispositif d'aide. Au premier rang de ces services, R. Eyben place le soutien aux communautés locales pour qu'elles s'organisent elles-mêmes, identifient leurs problèmes, cherchent comment les surmonter.

Le troisième élément de l'approche d'appui à un processus est la place de la fonction suivi-évaluation. C'est elle qui rend l'approche réaliste et efficace. Elle permet de conduire une intervention d'appui en considérant que les résultats à atteindre évoluent en permanence puisqu'ils sont, en quelque sorte, des « leçons apprises à partir des activités passées ». Ce sont les résultats effectivement atteints à tel ou tel stade, estimés par des points de repère et la façon dont on les a obtenus, qui vont permettre de prévoir les résultats espérés pour demain. Si le contexte change, on n'attendra pas une mission d'évaluation du projet pour changer ce qu'il faut : la fonction du suivi-évaluation-rectification s'exerce d'une façon constante.

Cet article nous a réjouis par sa pertinence. Cependant, sa conception reste circonscrite à « la préparation et l'exécution d'une intervention d'aide ». Nous proposons d'élargir la réflexion en la centrant non sur le seul apport d'aide extérieure mais sur les dynamiques sociales.

Préparer et conduire un soutien aux dynamiques sociales

L'instrument projet-programme cherche à maîtriser ensemble quatre fonctions de planification : préparer la décision d'aider durant telle période, fixer le couple « objectifs à atteindre /

---

[21] Ceux-ci peuvent être des indicateurs quantitatifs ou des estimations qualitatives (par ex : le nombre de km de pistes améliorées mais aussi la capacité des comités villageois chargés de leur entretien). Ils peuvent être changés en cours de route s'ils se révèlent moins bien adaptés que d'autres à telle ou telle étape.

moyens à utiliser », prévoir les modalités d'exécution dont un calendrier et un budget, faciliter l'évaluation par comparaison entre prévu et réalisé.
Cherchons, fonction par fonction, par quoi remplacer en tout ou partie l'instrument projet-programme pour être mieux à même de soutenir un processus de dynamique paysanne.

Quant à la décision d'appuyer un processus

L'idée principale est de ne pas décider d'aider à partir d'une étude de faisabilité et de programmation. Ceux qui décident d'apporter un appui choisissent, en réponse à une demande d'un partenaire, d'entamer avec lui une phase qui ressemble un peu à ce que sont (ou qu'étaient !) les fiançailles. On s'est promis de coopérer à long terme, et les premiers pas effectués ensemble sont ceux d'un approfondissement de la connaissance mutuelle, du contexte, des façons de vivre des acteurs, de leurs essais pour avancer, etc. On mène alors une étude-action tout en favorisant des appuis modestes à des initiatives locales conçues comme des sortes de tests. La réussite de ces fiançailles demande aux partenaires d'admettre qu'il s'agit là, certes d'un engagement à long terme, mais qu'il convient de commencer par des petits pas sans mettre l'apport d'aide au centre et sans programmer trop tôt.

Dans l'idéal, l'équipe chargée de cette étude-action initiale sera la même que celle chargée ensuite d'accompagner l'appui au processus. Elle fonctionnera sur le terrain, en permanence, et par échange constant avec les acteurs publics et privés. C'est le savoir de ces acteurs qu'elle systématise, ou au moins ordonne, après l'avoir recueilli et analysé avec eux. On ne peut utiliser pour ce travail les services temporaires de consultants opérant par missions successives car ni le dialogue, ni l'accumulation de connaissances, ni l'élaboration continue des décisions ne seraient, dans ce cas, possibles.

Quant à la fixation d'objectifs et de moyens

« Ne pas planifier à partir de l'objectif final », disait notre ami sociologue au Yatenga.

De son côté, Joséphine Ndione explique ainsi la méthode de son association :

> « Partir des situations vécues, au jour le jour, par les gens, même pas de leurs besoins. Les gens viennent nous voir en disant : "Nous vivons telle situation". On discute alors des possibilités, des hypothèses d'actions qu'on pourrait mettre en place et c'est en fonction de cela que *leur programme* se définit petit à petit. Nous n'imposons rien, nous ne proposons rien. On chemine avec eux et au fur et à mesure qu'ils trouvent la *nécessité* de participer, par exemple, à une formation en alphabétisation ou en gestion, alors seulement nous intervenons. »

Mais comment - à ce moment précis où naît le sentiment de la *nécessité* - permettre la combinaison judicieuse des apports des gens et des ressources d'aide extérieure ? Alors qu'on ne peut ni prévoir ces dernières, opération par opération (tant de francs pour l'alphabétisation, tant pour le maraîchage ...), ni prévoir les dates d'utilisation.
Pour y arriver, il convient d'éviter d'utiliser le couple : « tel objectif à atteindre à telle date / réalisé grâce à tels moyens prévus ».
Par quoi le remplacer ? Reprenons l'idée de Julien Nyuiadzi, citée au début de ce chapitre : « Il faudrait lier entre eux le rythme de la dépense d'aide et les niveaux de capacités où sont arrivés les gens ». On remplacera donc le duo précédent par un quatuor de ce type :

Telle gamme d'activités souhaitées est prévue
Les acteurs locaux qui décident de réaliser l'une d'entre elles
Mobilisent leurs capacités et leurs apports propres
Ce qui entraîne la mobilisation immédiate de moyens d'aide

L'apport d'aide *répond* ainsi à l'initiative des acteurs locaux. Son volume et ses formes s'adaptent au rythme et aux formes des apports des groupes et des personnes.

Quant à la prévision des modalités d'exécution (calendrier et budget)

La nature des modalités de réalisation est en grande partie prévisible. Mais le recours à des calendriers prévisionnels, par contre, doit être réduit si l'on admet qu'il est raisonnable de ne fixer de dates que pour les actions et dépenses prévisibles d'une façon assez sûre. Ce qui est le cas, par exemple, pour les dépenses de fonctionnement qui peuvent être budgétées pour trois ans. Par contre, les volumes d'aide liés aux initiatives paysannes ne peuvent être fixés qu'au moment où les engagements d'apports propres sont effectifs.

Par exemple, seul le moment où les récoltes de la saison des pluies précédentes arrivent au grenier est propice à l'établissement d'un calendrier jusqu'à la récolte suivante. Car c'est le seul moment de l'année où les paysans savent de quelles ressources ils disposent. C'est pourquoi, au moins dans ceux des pays d'Afrique qui subissent une longue saison sèche, les calendriers prévisionnels ne devraient pas dépasser la période d'un semestre : par exemple pour le Sahel, le calendrier de saison sèche s'établira début novembre, et le calendrier de saison des pluies début mai. La prévision pour une plus longue période n'est que pari risqué.

Même en ne prévoyant qu'au début de semestre, on aura à faire face, durant celui-ci, à des dépenses imprévues. De multiples aléas peuvent survenir. Une prévision à court terme raisonnable comprendra donc une part de ressources non affectées pour parer immédiatement, sinon aux catastrophes, au moins aux imprévus.

Quant à l'évaluation par un suivi continu

L'évolution générale d'un processus ne peut pas se programmer par une étude préalable à l'action. On ne la devance pas par des prévisions triennales. On tente de l'observer - par le suivi - et de la comprendre - par l'évaluation.

Dans le cas d'un appui à un processus, la rigueur de l'évaluation qui compare les réalisations aux prévisions est d'autant plus utile que le schéma initial du contrat d'appui ne comporte que la gamme des activités appuyables et les modalités de réalisation. La prévision semestrielle doit donc être précise pour que les résultats atteints puissent être estimés ou mesurés au moins en fin de chaque semestre. C'est dire pourquoi nous attachons tant d'importance à la fonction de suivi. Ou plus exactement au travail de Suivi-Evaluation-Prévision (SEP), comme on le précisera au chapitre suivant.

Comment adapter les appuis et les instruments de financement aux diverses étapes d'un processus ?

Gardons à l'esprit que le mot *étape* est une simplification trompeuse car il suggère une suite ordonnée alors que la réalité est plus complexe. En considérant, pour l'exemple, quatre étapes, nous analyserons le contenu des appuis et les formes d'instruments financiers qui s'adapteront, au fur et à mesure, à l'évolution des capacités d'une union d'organisations paysannes.

Première étape : Renforcer les capacités collectives d'agir et d'évaluer

Une union fait une demande d'aide. Une réponse rationnelle et constructive de l'organisme d'aide consiste à préparer avec elle une entrée en matière destinée à mieux se connaître mutuellement : celui qui désire appuyer explique ce qu'il est, ce qu'il fait, ce qu'il cherche et quels sont ses partenaires actuels. Il propose à l'union qui a fait la demande de bien vouloir dire ce qu'elle est, les étapes qu'elle a déjà parcourues et celles qu'elle aborde dans son processus propre de développement. Il répond ainsi à une exigence habituelle des jeunes organisations paysannes que Zoungrana Wenegondy, président de la fédération paysanne Wend Yam au Burkina Faso, exprime en ces termes :

> « S'ils veulent que les paysans se développent, ils doivent vraiment travailler avec nous. Les bailleurs viendraient ici pour écrire leur dossier. A l'occasion de cette visite, ils verraient notre travail et sur cette base ils décideraient de nous financer. Ce n'est pas sur des explications contenues dans un dossier que les bailleurs doivent se décider »[22].

Si un coup de main financier s'avère justifié, il est efficace de mettre de l'argent à la disposition du demandeur sans demander un projet ni même un budget très précis. La seule condition est que ce qui sera fait, en partie grâce à cet apport extérieur, soit analysé et évalué avec précision après l'action et avant renouvellement de

[22] LAURENT Pierre Joseph (cité par), « Un "mâle" nécessaire pour le programme de la Fédération Wend Yam », *APAD Bulletin n° 6,* Marseille, octobre 1993.

l'apport d'aide. Fournir un appui immédiat puis effectuer une évaluation en apprend plus sur les capacités d'une organisation de base que toute autre méthode. Demba Keita décrit ainsi ce type d'appui, obtenu d'une ONG allemande :

> « Pour préparer un accord entre eux et nous, ils viennent nous voir. Ils ne sont jamais venus avec des programmes. Pendant leur séjour, on discute de nos préoccupations. On évalue, on fait le tour des groupements, on fait des visites de terrain et puis on essaye de voir concrètement ce que l'on peut faire ensemble. C'est à partir de ce que l'on arrête pendant la discussion qu'on élabore un document qu'on leur soumet par la suite. »

Deuxième étape : Renforcer le capital de l'union d'organisations de base et l'aider à produire des ressources propres

Que l'union arrive à constituer ses fonds propres, et non seulement à consommer l'aide financière, est le point-clef de cette étape. Pour y contribuer, l'appui extérieur prendra la forme d'un apport en capital (un fonds non affecté d'avance par exemple) dont l'utilisation sera ensuite décidée par l'union elle-même.

Avec ce capital, l'union pourra prêter aux groupes ou aux personnes membres et orienter leurs actions vers le secteur productif. En remboursant à l'union et non à l'institution d'appui, le bénéficiaire rend possible le prêt à d'autres. C'est au comité des responsables qu'il appartient de décider quelles seront -parmi les multiples actions urgentes et nécessaires pour survivre et progresser- celles qui bénéficieront de l'appui.

Nous avons constaté que les efforts propres des membres se mobilisent mieux pour des actions décidées au moment même où les divers acteurs locaux ont rassemblé les moyens de les entreprendre. On voit alors qui est prêt à faire quoi et quelles ressources locales peuvent être mises en jeu immédiatement. Précisons trois points-clefs.

Décidées « sur le champ », les actions choisies ne seront pas toujours cohérentes entre elles, mais ce critère n'est pas le principal en cette seconde étape. Ce n'est que plus tard, quand les efforts deviendront divers et importants, qu'il sera nécessaire de les faire converger.

Il ne semble pas raisonnable que tout l'argent reçu de l'agence d'aide soit un apport en capital. En effet, une union a besoin de fonds non remboursables pour, au moins, les dépenses suivantes: les actions de formation, certains aménagements collectifs et une partie de ses frais de fonctionnement. Pour ces dépenses-là, exiger des budgets et des calendriers prévisionnels puis fournir une subvention est justifié et indispensable.
Enfin, les remboursements peuvent être l'occasion de créer une épargne collective. Il suffit pour cela que l'union demande et obtienne de celui qui rembourse, non pas un intérêt -ce qui indispose en milieu musulman- mais une participation à son fonds d'épargne d'une valeur de quelques points pour cent en supplément de la somme empruntée.

Troisième étape : Financer des programmes élaborés par l'union

Abordant une troisième étape de sa croissance, l'union n'avance plus dans l'inconnu. Ce qu'elle a tenté, ses réussites comme ses échecs, lui donne une expérience suffisante pour qu'elle puisse désormais prévoir une part de son avenir en élaborant son propre programme. Par exemple, les groupements paysans d'une même union auront construit ici des diguettes contre l'érosion, là des ralentisseurs du courant d'eau et assuré ailleurs la protection des jeunes pousses d'arbres. Combinant ces expériences et les savoir-faire acquis, l'union est capable d'élaborer son programme de contrôle de l'eau et de lutte contre la destruction du sol. Elle en sait assez pour que ce programme, voulu par elle, soit étudié avec des techniciens, sans que la compréhension puis la maîtrise des actions à réaliser lui échappent.

L'union, à ce stade, dispose d'informations comptables (dépenses, journées de travail, autres apports en nature) par type d'action, ainsi que des calculs de rentabilité pour une partie au moins des activités économiques de ses membres.

Enfin, l'union est normalement devenue alors assez crédible pour être invitée à participer à des programmes préparés et conduits par des administrations ou d'autres institutions. Cependant, les pratiques des deux parties sont souvent si différentes que ces négociations seront longues et risquées pour l'union.

Quatrième étape : Faciliter aux entreprises de l'union le travail avec les banques

En quatrième étape, l'apport d'aide financière cédera la place aux crédits bancaires. En effet, dès que des organisations populaires arrivent à une taille d'action économique significative, les petits systèmes d'épargne-crédit décentralisés se révèlent insuffisants. Elles doivent alors recourir aux banques commerciales, qui ne sont ni accueillantes, ni équipées pour ces nouveaux clients.
De plus, un banquier ne se laisse pas facilement séduire par des paroles, ni même par des programmes. Sa première exigence est celle de lire le bilan de l'union et de ses entreprises ou activités. Le système d'aide prépare mal les organisations paysannes à satisfaire ce type d'exigence. Un des moyens mis en place par certaines ONG pour surmonter ces problèmes et permettre l'accès au crédit bancaire est un fonds de garantie destiné à cautionner, en partie, les crédits octroyés par une banque[23], comme nous l'avons vu au chapitre Economie.

Cette adaptation du contenu et des formes des instruments d'aide, que nous venons de schématiser selon quatre étapes, exige une capacité d'observation continue, que nous décrirons au chapitre suivant. Une observation non pas ex ante, mais in vivo. Nous partageons l'avis de l'économiste José de Carvalho[24] :

> « Les dynamiques de développement local sont sans doute beaucoup plus significatives que leur niveau à un moment donné. Il est donc essentiel de mettre en place des instruments d'observation et d'analyse qui permettent de suivre de façon

---

[23] VINCENT Fernand, CAMPBELL Piers, *Renforcer l'autonomie financière des associations du tiers-monde*, IRED, Genève, 1989.
[24] DE SEQUEIRA CARVALHO José Antonio, *La dynamisation des initiatives locales. Une force synergique de développement*, L'Harmattan, Paris, 1997.

permanente les conditions de développement des zones et des populations locales mais aussi la perception de ces dernières de leur propre état de développement. »

En conclusion de ce chapitre, nous affirmons ceci : programmer moins, suivre mieux !

Programmer moins ? En exigeant des projets ou des programmes, on donne de l'importance aux objectifs, aux calendriers, aux budgets des dépenses. Alors, l'action a bien des chances de se centrer sur les conditions et le volume de l'apport d'aide.

Suivre mieux ? En augmentant la capacité d'observation continue des situations, des résultats et des capacités, on donne de l'importance au contexte, aux évènements, aux organisations. Alors l'apport d'aide pourra se traduire par une succession de coups de main, dosés et négociés au jour le jour, et s'insérera modestement au sein des efforts propres des organisations paysannes.

Chapitre 10

POURQUOI SI PEU D'EXIGENCE DE QUALITE ?

« Evaluer, c'est revenir à l'identité.
Et l'absence de débats, c'est la perte
d'une chance d'avancer. »
Mamadou Cissokho, leader paysan sénégalais

Le système d'aide au développement, mis en oeuvre tant par les coopérations publiques que par les ONG, évolue sans mécanismes rigoureux de contrôle et de régulation de la qualité. Pourquoi si peu de rigueur ?

Une efficacité qui reste à prouver

D'un côté, les ONG du Nord et du Sud se voient de plus en plus créditées par l'opinion publique et par les bailleurs de fonds d'une efficacité... qui reste à prouver.
Rodger Wegner[1], auteur d'une bibliographie d'une soixantaine de pages sur les ONG allemandes, déplore n'avoir trouvé aucun titre sur la vérification de l'efficacité des ONG. Il souligne la grande liberté dans laquelle évoluent celles-ci :

> « Par suite d'une politique d'information restrictive et d'une grande absence de contrôle public, les oeuvres d'entraide ne se voient confrontées qu'à une pression publique relativement faible pour réformer leurs actions. »

Cela laisse rêveur lorsque l'on sait que les ONG allemandes passent pour être parmi les plus rigoureuses. Pierre Jean Roca[2], agronome et

---

[1] WEGNER Rodger, *Nichtregierungsorganisationen und Entwicklungshilfe*, Einführung und Systematische Bibliographie, Schriftent des Deutschen Ubersee-Instituts, Hambourg, 1993.

[2] ROCA Pierre Jean, *La galaxie des ONG*, document préparatoire des Journées d'Etude IRAM, Paris, 1996.

géographe, chercheur au CNRS-ORSTOM[3] fait la même remarque à propos des ONG françaises :

> « Un point touchant à la fois à la sphère du politique et à celle de la technique mérite d'être soulevé. Force est de constater le manque de régulation de l'action des ONG. Voilà des acteurs collectifs, qui sous prétexte de ne pas faire de profit, n'ont de comptes à rendre à personne. »

Même constat dressé par Ian Smillie[4], chercheur canadien, qui dans le cadre d'une étude sur les ONG des pays de l'OCDE, dénonce : « La véritable conspiration du silence qui règne dans la plupart des communautés d'ONG ». Conséquence sans surprise, les erreurs des uns ne peuvent pas servir aux autres et se reproduisent assez régulièrement.

De leur côté, les acteurs de l'aide publique ne sont pas beaucoup plus exigeants sur la qualité de leurs interventions. L'agro-anthropologue Philippe Lavigne Delville[5] souligne la faiblesse des mécanismes de contrôle et de sanction :

> « Il y a étonnamment peu de sanction par le réel et l'efficacité : quand un projet échoue à cause d'erreurs dans la conception ou la réalisation, au lieu de licencier le directeur et/ou de rayer le consultant de la confrérie des experts, on appelle d'autres experts et on fait un nouveau projet. »

Il n'existe d'ailleurs pas d'Ordre des experts du développement, contrairement à la plupart des autres professions prestataires d'études (architectes, ingénieurs, experts-comptables, médecins, avocats). Et il n'existe pas non plus de code déontologique assurant une pratique selon une éthique définie.

---

[3] Centre National de Recherche Scientifique - Institut Français de Recherche Scientifique pour le Développement en Coopération.

[4] SMILLIE Ian, *L'évolution des relations entre organismes officiels d'aide et ONG de développement*, Séminaire des 28-30 juin 1993, Centre de Développement de l'OCDE, Paris.

[5] LAVIGNE DELVILLE Philippe, « Participation paysanne, discours et pratiques : quelques réflexions sur le texte de J.P. Chauveau », in *APAD*, n° 3, septembre 1992.

Convient-il de se rassurer en évoquant le nombre élevé de missions d'évaluation des interventions ? Ce serait trop facile.
Certains bailleurs de fonds font exécuter des évaluations mais les pratiquent comme des rituels obligatoires et s'arrangent parfois pour que les projets apparaissent comme des succès et édulcorent les critiques des évaluations. Certains bureaux d'études ou consultants se prêtent au jeu, d'autres se trouvent pris au piège malgré eux et constatent avec amertume que les aspérités de leurs critiques font l'objet de censure.
Il arrive aussi que les évaluations soient utilisées comme des alibis pour fermer un projet ou pour rompre une relation de partenariat. Joseph Sène décrit le travail des évaluateurs envoyés par une ONG internationale qui finançait son association depuis deux années:

> « Ils cherchaient à nous détruire ! Parce que dans leur dossier, ils n'ont parlé en rien de l'effort de l'ARAF. Or sur ce projet, il y a eu une vingtaine de personnes qui se sont engagées bénévolement durant deux ans. Cela n'apparaît pas. Rien, aucun effort de l'ARAF n'apparaît. Par contre, toutes les faiblesses apparaissent ! Il n'y a pas un point fort, ne serait-ce qu'un seul point fort ! Ils montrent uniquement les côtés faibles des bénéficiaires pour mieux les ridiculiser. Ils cherchaient seulement à se construire, eux ! »

Les constats précédents de faible exigence des acteurs du système sur la qualité de leurs interventions et les mauvaises utilisations de l'évaluation provoquent nos coups de colère.
Pourquoi le système d'aide génère-t-il un tel laxisme ? Quelles sont les logiques institutionnelles qui y conduisent ? L'activisme des agences et le déficit d'études constituent deux axes principaux d'explication.

L'activisme de l'aide veut des résultats rapides

Pour des raisons différentes, les divers organismes d'aide sont pressés de produire des projets. Ce sont des activistes : les agents de la coopération publique ont les yeux fixés sur le chiffre d'affaires, ceux des ONG sont propulsés par une volonté de bâtir du concret.

Dans la coopération privée, celle des ONG et des collectivités locales agissant dans le cadre de la coopération décentralisée, l'activisme observé s'explique par la volonté d'agir vite. Aider est souvent considéré comme une oeuvre d'utilité publique qui suppose d'intervenir promptement pour le bien de tous. L'origine fondatrice, caritative et militante, des ONG du Nord imprègne leur éthique : il faut aider par une action rapide, et ceci dans un souci de justice pour le plus grand nombre. Par ailleurs, les ONG revendiquent leur opérationnalité et leurs brefs délais d'intervention, critiquant par là même la lenteur des coopérations publiques. Le mode d'intervention privilégié est alors une mise en oeuvre accélérée des projets et une répartition des aides dans de nombreux petits projets. De plus, la médiatisation croissante des moyens de collecte de fonds pousse à vouloir décrire aux donateurs les résultats obtenus dans les projets d'un « mailing » à l'autre.

Pour les acteurs de la coopération décentralisée, des résultats rapides sont recherchés afin de justifier de l'utilisation des fonds publics locaux. Les échéances politiques locales ajoutent parfois à l'accélération du rythme de mise en oeuvre. Par exemple, un chargé de programme d'une ONG française rapportait les contraintes qu'il subissait dans sa collaboration avec un Conseil Régional pour la réalisation d'un centre de formation au Burkina Faso : « Les élus du Conseil Régional veulent que les bâtiments du centre soient construits avant la fin de l'année afin de faire un voyage d'inauguration avant les élections ».

Dans la coopération publique, la logique du chiffre d'affaires domine souvent. Les fonctionnaires sont fréquemment notés en fonction du nombre de projets sortis dans l'année. « On dira que telle division a fait 50 projets mais que telle autre n'en a fait que 30. A la Banque Mondiale, on remarquera facilement ceux qui sortent beaucoup de projets[6] ». Un bon projet est souvent un projet dépensier. Le taux de décaissement d'un projet, c'est à dire le rythme des dépenses, est considéré comme un critère essentiel d'évaluation des résultats.

Et les Etats du Sud, de leurs côtés, font également pression pour que les projets consomment effectivement les budgets prévus afin de maximiser les sommes dépensées sur place.

---

6 LAIDI Zaki, *Enquête sur la Banque Mondiale*, Fayard, Paris, 1989.

En fin de compte, les bailleurs de fonds publics et privés, accompagnés par les Etats du Sud, se révèlent conduits par une même logique de hâte. « Tout concourt donc à l'accélération du processus de financement. Tout ce qui risque de freiner cette course - délai d'étude, réflexion - est à proscrire[7] », explique Claude Freud, ancien responsable du service d'études et d'évaluations du ministère de la Coopération française.

Cet activisme à produire des projets se traduit sur le terrain par des successions de projets qui ne sont pas toujours cohérents entre eux. Emmanuel Fauroux[8], anthropologue qui observe depuis deux décennies les opérations de développement et les comportements des villageois au Sud de Madagascar, écrit ceci :

> « Contrairement aux idées reçues, les logiques paysannes se sont révélées, à la lueur des travaux de l'équipe de recherche, comme plus massivement cohérentes que les logiques des "développeurs". En effet, les objectifs des opérations successives se contredisent fréquemment et oublient les aspects, parfois positifs et bien adaptés aux situations locales, des pratiques autochtones. Il n'est à peu près jamais tenu compte des leçons du passé, de sorte que les mêmes erreurs sont renouvelées à l'infini malgré le scepticisme des populations locales qui, elles, n'ont pas oublié. »

A ce jeu institutionnel à grande vitesse participent les missions d'experts. Les consultants disposent d'une durée moyenne de quinze jours à trois semaines pour observer sinon comprendre chaque situation, émettre un jugement et faire des propositions d'amélioration. Or, parmi les divers intermédiaires, c'est sur les épaules des consultants que repose, de plus en plus, la fonction d'étude, d'évaluation et donc d'amélioration du système d'aide.

---

[7] FREUD Claude, « Qu'attendent les bailleurs de fonds des anthropologues ? » in *Bulletin de l'APAD* n° 1, Marseille, juin 1991.

[8] FAUROUX Emmanuel, « Les transformations des populations rurales de l'ensemble méridional de Madagascar. Les applications de la recherche anthropologique fondamentale au développement rural », Contribution au 50è anniversaire de l'ORSTOM, in *Bulletin de l'Académie Malgache,* n° spécial du 50è anniversaire, Antananarivo, 1995.

Un déficit d'études

Autre facteur d'explication de la faible capacité du système d'aide à améliorer sa qualité : le peu d'études réalisées. Le nombre d'études sur les projets de développement (études préalables, évaluation, capitalisation) et l'intérêt qui leur est accordé est globalement relativement limité.
Nous distinguerons les pratiques de la coopération publique de celles des ONG, leurs contraintes et intérêts étant différents.

Dans la coopération publique française, l'essentiel des études est réalisé au moment du démarrage du projet, à l'étape de l'avant-projet. Mais, une fois la négociation entre le bailleur et l'Etat du Sud conclue, l'attention pour les résultats atteints, positifs ou négatifs, est moindre. Jean-Claude Devèze, économiste de la Caisse Française de Développement et Marie-Christine Rouvière, sociologue consultante[9], soulignent la défaillance du suivi des opérations d'appui aux organisations paysannes :

> « Le peu de temps trop souvent imparti au suivi des projets et le manque de partenaires capables de s'impliquer dans l'atteinte des objectifs fixés ne permettent pas de redresser certaines situations, ou au moins de participer à la recherche de solutions. Il est regrettable que le *suivi-évaluation*[10] soit déficient dans la plupart des projets. »

Par ailleurs, l'étape de l'évaluation des résultats est souvent négligée et certains projets ne sont jamais évalués durant toute leur existence. Basée sur l'appréciation des résultats réels des projets, l'évaluation est redoutée et subie comme un contrôle risquant de déboucher sur une sanction. Elle est ressentie comme menaçante par les différents acteurs d'une opération parce qu'elle pourrait mettre au grand jour les insuffisances des projets et conduire à fermer les robinets de l'aide. Elle est rarement perçue comme un indispensable outil de conduite et de gestion du projet.

---

[9] DEVEZE Jean-Claude et ROUVIERE Marie-Christine, « Réflexions sur l'évolution du rôle de la coopération française en matière d'appui aux organisations paysannes », *Notes et Etudes* n° 42, CCCE, Paris, 1991.

[10] Souligné par nous : certains auteurs distinguent le suivi et l'évaluation; d'autres les regroupent sous le vocable de « suivi-évaluation ».

Un facteur d'explication au peu d'enthousiasme soulevé par l'évaluation est peut-être que le type d'évaluation le plus répandu, l'évaluation externe réalisée par une mission d'experts exterieurs au projet, est un outil au service du bailleur de fonds laissant peu de marge de manoeuvre aux autres acteurs du projet. Edith Sizoo[11] souligne que le jugement de valeur qui sous-tend l'évaluation est guidé par les critères des bailleurs de fonds :

> « Evaluation, ce mot implique l'idée de valeur. Il s'agit de définir la valeur de ce qui est fait avec les fonds prodigués par le Nord. A la base des termes de référence, des normes qui encadrent l'évaluation, on trouve des concepts tels qu'efficacité, ou durée. Les effets de l'aide doivent être mesurables et contrôlables. Le centre de l'évaluation n'est finalement pas la dynamique du développement local et de sa logique propre. »

L'évaluation externe n'implique pas suffisamment les autres acteurs et en particulier l'équipe de projet. En effet, les rôles actifs sont joués par le bailleur et l'équipe d'évaluation : choix des sujets à évaluer et de la méthode de travail sur place, analyse des informations. Sur place les évaluateurs cherchent pendant la phase d'enquête à obtenir de l'équipe de projet le maximum de renseignements ; ensuite, eux seuls traitent l'information, estiment, critiquent et recommandent. Devant le rapport établi en dehors d'eux, le chef de projet et son équipe sont souvent réduits à la défensive ; et parfois ils rejettent tout, y compris des recommandations qu'ils auraient appréciées s'ils avaient pu les exprimer en partie eux-mêmes. Ils considèrent alors que l'évaluation n'est rien d'autre que « l'avis d'étrangers qui ne sont pas restés assez longtemps pour nous connaître et nous comprendre ! ». En conséquence de quoi, les recommandations restent souvent lettres mortes et finissent au cimetière des rapports.
Par ailleurs, le critère d'efficacité, c'est-à-dire la comparaison des objectifs prévus à l'origine et des résultats atteints est souvent un critère privilégié. Or, il présente le défaut de focaliser l'évaluation sur le dispositif projet et peu sur les progrès des acteurs de base.

---

[11] SIZOO Edith, « L'aide et le pouvoir », *Economie et Humanisme*, n° 325, Paris, Juin 1993.

Dans la coopération privée, la priorité donnée à la phase opérationnelle de réalisation ne laisse pas beaucoup de place aux phases d'étude. Les études préalables sont mal perçues, surtout par les petites ONG, car elles diffèrent l'acte d'aide. Elles sont souvent considérées comme un luxe de chercheurs et un gaspillage financier. Mais, il faut préciser par ailleurs que les bailleurs de fonds des ONG financent rarement les études d'avant projet et obligent ainsi les ONG qui veulent réaliser ces études à les autofinancer ; difficulté importante puisque la plupart des structures n'ont presque pas de fonds propres. C'est pourquoi beaucoup de leurs projets démarrent sur la base d'un minimum d'informations. Ceci ne constituerait pas un problème si la phase de démarrage permettait de prendre le temps de connaître précisément le milieu et de conduire les réalisations au rythme nécessaire. Mais tel n'est pas le cas puisque des résultats rapides sur le terrain sont imposés par les logiques institutionnelles décrites précédemment.
Les études des résultats obtenus, les évaluations, ne sont guère prisées non plus. Les ONG estiment, en général, n'avoir pas intérêt à donner des occasions de faire connaître leurs résultats à leurs bailleurs de fonds que sont les gouvernements et les donateurs privés. La concurrence entre les ONG est forte, suite à l'augmentation de leur nombre. Et la méthode du cofinancement par projet les oblige à faire des promesses à leurs bailleurs. Elles sont alors enfermées dans un cercle vicieux d'obligation de réussite pour conserver leurs chances de faire durer le financement. Ian Smillie[12] dénonce l'inflation du discours des ONG dans la présentation de leurs succès :

> « Souvent cette réussite est exagérée, alors que les échecs sont minimisés ou dissimulés. On ne retient pas certaines leçons ; seuls les succès - souvent conjoncturels - font l'objet d'une communication, habituellement sous une forme très "relations publiques". »

On assiste, en effet, à une sorte d'hypertrophie du paraître.

En pratique, les ONG réalisent peu d'évaluations dignes de ce nom. La plupart se contentent de missions express de supervision qui tiennent plus de l'échange d'informations avec leurs correspon-

[12] SMILLIE Ian, op. cit.

dants que d'analyses en profondeur des forces et des faiblesses des projets. En France, existe pourtant le F3E, Fonds d'Etudes préalables, d'Etudes transversales et d'Evaluations, créé pour « renforcer les compétences des acteurs non gouvernementaux [...] afin d'améliorer l'efficacité de leurs programmes d'action ». Financé par les pouvoirs publics, le F3E permet à ses membres d'obtenir une étude subventionnée à 75 %. Une évaluation revient en moyenne à 157 000 francs dont seulement 39 250 francs sont payés par l'ONG[13]. Mais les ONG ne se bousculent pas pour autant au portillon du F3E : celui-ci est sous-utilisé. Depuis sa création en 1991, il ne compte que 36 adhérents et a financé moins d'une quarantaine d'études, surtout au bénéfice de quelques ONG, grosses utilisatrices.

« L'obtention de financements ne suffit pas à persuader les ONG de l'intérêt de réaliser une évaluation » souligne le F3E dans une étude récente[14]. Cependant, des évolutions apparaissent et l'évaluation commence à être mieux connue, un peu moins redoutée et un peu plus pratiquée, en particulier par les grandes ONG.

Diagnostic

En résumé, le système d'aide se montre faiblement exigeant envers lui-même. Chacun des acteurs n'est pas toujours suffisamment guidé par une recherche de qualité mais par la volonté de ne pas fermer le robinet de la manne financière. Et, parmi ces acteurs, les gouvernements du Sud ne sont pas en reste : ils s'intéressent surtout au volume d'aide consommé. Ne sont-ils pas souvent les premiers à édulcorer les critiques ? Tout ceci conduit à un activisme qui cherche des résultats concrets rapides et, en l'absence d'analyses en profondeur, à un pilotage à vue dans la conduite des projets. Quelques acteurs du système cherchent à acquérir une véritable connaissance du milieu et de l'impact des projets de développement : ils étudient, évaluent, tirent les leçons de leur expérience. Les autres se drapent dans un pragmatisme au dos large. Mais sans analyse des performances, comment progresser ?

---

[13] FONTENEAU Anne, *Rapport d'activité, Mai 1996 à Mai 1997*, F3E.

[14] QUINET Bertrand, *Quelles perspectives pour le F3E aujourd'hui ?* Paris, Mai 1997.

Les outils d'analyse existants, comme l'évaluation, sont conçus et monopolisés au profit d'un seul acteur : le bailleur de fonds. Mais celui-ci est aussi le seul parmi tous les acteurs qui s'intéresse - un peu - aux résultats des interventions et ose, parfois, publier les critiques. Malheureusement, cette audace porte essentiellement sur le travail des autres acteurs et se limite trop à une analyse projet par projet ; elle remet rarement en cause les instruments et les procédures de mise en œuvre de l'aide elle-même.

Comment amorcer une rupture et promouvoir un système moins laxiste ? Les voies pour le faire sont, pour certaines, bien connues mais sous-utilisées. Elles seront présentées dans la deuxième partie de ce chapitre.

Mais, auparavant, voyons l'exemple d'une évaluation qui a permis aux acteurs locaux d'exprimer leur point de vue.

■ ***Une autoévaluation par des villageois, dans le cercle de Kita au Mali.***

Cet exemple montre comment il est possible d'impliquer dans l'évaluation les acteurs principaux que sont les villageois. On s'attachera ici à exposer la méthode employée et non les résultats de l'évaluation en terme de contenu.

Depuis 1987, le projet d'Aménagement des Ressources Forestières accompagne la mise en valeur des ressources forestières dans 35 villages du cercle de Kita au centre du Mali[15]*. Les appuis proposés par le projet visent à conserver les ressources naturelles grâce à des améliorations techniques d'exploitation et à mieux exploiter ces ressources grâce à l'organisation du commerce du bois. Les villageois sont responsables de la gestion de certaines parties du domaine forestier, la « forêt protégée », mais ne doivent pas exploiter la « forêt classée », propriété de l'Etat. Cependant la forêt classée de Tinienko a fait l'objet de convoitises et de pillages, en particulier de la part d'urbains de la ville de Kita. C'est pour défendre cette forêt que les présidents de 13*

[15] Financé par le PNUD et la Coopération norvégienne, ce projet reçoit l'appui du Bureau International du Travail (BIT); il est attaché à la Direction Nationale des Ressources Forestières, Halieutiques et Fauniques. Exemple rapporté par M.H. PIERRET RIEUCAUD.

associations villageoises concernées ont récemment fondé une fédération.

Le projet arrivant à une fin de phase, une évaluation conjointe entre l'administration malienne et le BIT devait avoir lieu; le chef de projet a souhaité que celle-ci soit précédée d'une autoévaluation. L'objectif de l'autoévaluation était double : recueillir l'avis des villageois sur la gestion des ressources forestières et obtenir leur évaluation de l'impact du projet depuis 1990. L'autoévaluation a été animée et guidée sur le plan méthodologique par une consultante externe à l'équipe du projet dans le cadre de deux missions courtes fin 1996. Le travail s'est déroulé en trois étapes réparties sur un trimestre. Il a porté sur un échantillon de six villages.

La première étape est celle de la construction de l'outil d'autoévaluation. Une cinquantaine de délégués, hommes et femmes, de six villages ont défini les thèmes à évaluer, les critères d'évaluation par thème et les indicateurs. Ce travail a été réalisé par des débats, en bambara, lors de deux rencontres animées par la consultante, à Kita. Quatre thèmes d'évaluation ont été choisis par les délégués : l'entente au village, l'amélioration des conditions de vie, la conservation de la forêt et la situation des femmes et des jeunes. Plusieurs critères et indicateurs pour chacun de ces quatre thèmes ont été ensuite élaborés par des groupes de travail. Au total, 20 indicateurs quantitatifs et 28 échelles d'estimation qualitative.

La deuxième étape est celle du recueil de l'information dans les villages. Les délégués ont choisi parmi eux trois personnes par village (un jeune homme, une femme, un ancien) soit un total de 18 délégués chargés d'animer des réunions au village afin de recueillir les informations requises. L'outil d'évaluation (six pages) avait été transcrit en bambara. Cette étape s'est déroulée sur un mois, entièrement entre les villageois sans l'appui de la consultante qui n'était pas au Mali à cette période. L'équipe du projet a été sollicitée quelques fois par les délégués villageois pour répondre à des questions d'ordre méthodologique.

La troisième étape est celle de l'analyse des informations. Les 18 délégués ont dépouillé, comparé et analysé les renseignements recueillis. Puis, dans chaque village, ils ont présenté et

discuté les résultats du travail, à l'aide de tableaux qu'ils avaient élaborés. Ensuite, une comparaison entre villages a été faite et a suscité beaucoup d'intérêt. Enfin, deux journées ont permis aux délégués, et à des présidents d'association, d'établir une sorte de diagnostic d'ensemble, une appréciation de l'impact du projet. Ce travail-là s'est fait en présence des responsables du projet. Un accent particulier a été porté aux rôles et aux contributions respectives des quatre acteurs : les associations villageoises, leur fédération, le projet et les autres acteurs, telle que la Compagnie Malienne de Développement des Textiles (CMDT).
Le rôle de la consultante, au cours de cette troisième étape, a été d'animer l'analyse des paysans et de les aider à élaborer des tableaux de présentation des résultats. Elle n'a communiqué sa propre analyse des performances du projet qu'aux responsables du projet.

Quelques semaines après la fin de l'autoévaluation, une équipe d'évaluateurs externes est arrivée pour mener un travail d'évaluation classique. Les principaux acteurs de ce projet, villageois, équipe de projet, et bailleur ont ainsi pu être impliqués grâce à des modes d'évaluation adaptés.

Après cet exemple, analysons les voies d'amélioration que notre expérience nous conduit à considérer comme porteuses. Nous ne prétendons pas pour autant apporter des solutions à tous les dysfonctionnements relevés mais simplement présenter les leçons principales de nos pratiques. Elles se rapportent à trois axes de propositions : insister sur l'évaluation en lui donnant un vrai rôle de conduite de l'action, mettre en place un outil de pilotage en continu et mieux articuler la recherche et l'action.

Pourquoi insister sur l'évaluation ?

L'évaluation peut être un remarquable outil de réflexion, de dynamisation et d'amélioration si elle implique l'ensemble des acteurs concernés par une action de développement : bailleurs de fonds, intermédiaires d'appui, mais surtout organisations paysannes, collectivités locales et équipe de projet.
Elle peut être un temps fort de réflexion et de débats d'idées sur les objectifs, les résultats et la stratégie non seulement du projet mais de

tous les acteurs directs[16]. Pour chacun d'eux, elle constitue un outil de gestion et de pilotage. Elle peut devenir aussi un outil de large dialogue grâce à l'information des différentes institutions impliquées indirectement dans l'action : l'administration locale, les services techniques, les autres projets de coopération privée ou publique, sans oublier les bailleurs de fonds. Pour ces derniers, l'évaluation sert aussi à contrôler. Même si ce n'est pas la fonction la plus riche de l'évaluation, le contrôle est indispensable. Il n'est inacceptable par les évalués que si les critères de jugement sont cachés aux intéressés.

La confiance au partenaire souvent mise en avant par les ONG comme argument justifiant de ne pas évaluer, est, en réalité, une solution de facilité juste bonne à éviter la rigueur du face à face. L'évaluation enclenche un processus d'amélioration du travail d'appui au développement, c'est un acte de recherche de qualité et de sens.

Nous étudierons le travail d'évaluation sous deux angles: celui de l'autoévaluation et celui de l'évaluation externe.

L'autoévaluation comme outil au service des acteurs du terrain

La démarche d'appui à l'autoévaluation que l'un d'entre nous pratique depuis 1975, est née des limites de l'évaluation externe et de l'observation des pratiques des associations paysannes.

Constatant les maigres résultats de notre travail d'évaluateur externe, nous nous posions, entre autres, deux questions. Comment dépasser la simple comparaison entre résultats atteints et objectifs inscrits dans les avant-projets ? Et, comment rendre un travail d'évaluation utile pour les acteurs du terrain que sont les organisations rurales et l'équipe de projet ?

De leur côté, à la fin des années 70, les premières associations paysannes autonomes menaient d'intenses discussions durant leur période de fondation :

> « Certaines des associations sont, en quelque sorte, nées à partir d'une autoévaluation en discutant, en faisant le point, en

[16] Comme le montrent, depuis longtemps, les groupes d'adultes qui pratiquent l'autoévaluation de leurs stages de formation. Voir Guy LE BOTERF, *Formation et autogestion,* Les éditions ESF, Entreprise Moderne d'édition, Paris, 1974.

critiquant. Par exemple à Bamba Thialène, le thème du gaspillage. Les villageois ont passé des jours et des nuits à critiquer leur passé, à dire : "On ne peut plus continuer comme cela." C'est philosophique, c'est une recherche de sens. Et désormais, chaque fois qu'il y a un problème, ils disent : "Il faut qu'on recommence à nous critiquer comme nous l'avons fait au départ". »

Mais toutes les naissances ne sont pas aussi constructives que celle décrite ci-dessus par Mamadou Cissokho, qui ajoute :

> « Par contre, ceux qui sont venus au mouvement d'une autre manière, rencontrent plus de problèmes pour l'autoévaluation parce que leurs responsables la voient comme des jugements qu'on leur porte. Mais pour moi, évaluer c'est revenir à ce qui fait la raison d'exister ensemble. Evaluer, c'est l'identité. Et l'absence de débat, c'est la perte d'une chance d'avancer. »

L'autoévaluation donne aux organisations paysannes le moyen de mener une analyse en commun sur leurs finalités, leurs méthodes de travail et leurs résultats. Utilisée au-delà des seules organisations paysannes, elle consiste à faire opérer les étapes classiques de l'évaluation par les acteurs eux-mêmes, au premier rang desquels les bénéficiaires espérés d'une intervention d'aide. Travaillant d'abord chacun de leur côté, les responsables paysans, les agents du projet, les permanents d'une ONG, etc., construisent leurs outils d'évaluation selon leurs propres besoins et critères[17]. Puis, ils utilisent ces outils pour faire s'exprimer les estimations et les analyses des personnes intéressés de leur propre groupe, c'est-à-dire chacun avec ses collègues. Enfin, une analyse comparée des travaux de chacun des groupes permet de confronter les diverses estimations, les analyses, les jugements et les propositions.

Deux contraintes de la démarche d'autoévaluation doivent être cependant mises en évidence. D'abord, elle consomme du temps : pour intéresser, former, faire travailler les divers groupes. Il n'est pas sûr que les résultats et les comptes-rendus soient prêts

[17] Pour plus d'information sur la démarche d'autoévaluation des organisations paysannes, consulter par exemple, PIERRET-RIEUCAUD Marie-Hélène, KWAN KAI HONG, LECOMTE Bernard, *Cinq outils pour l'autoévaluation*, DDA Berne, GRAD Bonneville, 1994.

pour le jour prévu. Ensuite, une autre contrainte de l'autoévaluation, et non la moindre, est son effet souvent radical de remise en question des objectifs et des méthodes. Une évaluation externe n'a pas cette capacité de décapage : produit à l'extérieur du groupe, son contenu peut facilement être relativisé, minimisé ou même rejeté par les partenaires. Le processus interne de l'autoévaluation par contre, marque les acteurs qui l'ont vécu car il démasque les positions, les sous-entendus, les consensus restreints entre acteurs dominants. Si les acteurs qui contrôlent le jeu n'acceptent pas de voir critiquer ce qui est de leur domaine, l'autoévaluation tournera court et produira plus d'amertume désabusée que de confiance mutuelle. C'est donc une méthode délicate à utiliser quand il y a conflit interne, ouvert ou latent entre les membres d'une organisation paysanne ou au sein d'une équipe de projet.

Comment rendre l'évaluation externe moins externe ?

Abordons maintenant le deuxième volet, celui de l'évaluation externe.

Impliquer l'ensemble des acteurs d'une opération lors de son évaluation par une équipe externe devrait être une règle d'or. Rendre l'évaluation utile aux acteurs de terrain, oblige à reconnaître le rôle clé des responsables paysans et de l'équipe de projet dans l'exercice d'évaluation externe lui-même. Aussi, les éléments constitutifs de l'évaluation ne devraient-ils pas être imposés par le bailleur de fonds mais négociés avec l'équipe de projet et les responsables paysans : les sujets à évaluer, les critères d'évaluation, le moment et la durée, le choix des évaluateurs, la méthode de recueil des informations, l'analyse des données, le jugement, la forme et le contenu des restitutions, et enfin les recommandations.

Par ailleurs, l'équipe d'évaluation ne devrait pas être constituée uniquement de consultants mais pourrait inclure quelques leaders paysans et quelques membres de l'équipe de projet. Les consultants externes ne devraient pas être trop nombreux, un occidental et un national par exemple, et avoir de bonnes qualités d'animation d'équipe et de pédagogie afin de jouer un rôle de chef d'orchestre. La négociation des divers éléments constitutifs de l'évaluation entre les partenaires d'une action réclame, bien sûr, du temps et suppose donc que l'évaluation ne soit pas conçue comme une opération commando.

De plus, l'évaluation externe devrait mettre plus d'accent sur l'impact de l'intervention et en particulier sur la progression des capacités des acteurs locaux. Ceci suppose d'adapter les critères d'évaluation afin qu'ils soient plus illustratifs de la nature de chaque programme comme l'estime Jean Eudes Beuret[18], coopérant et chercheur :

> « Un programme d'appui aux groupements paysans ne peut être évalué selon les mêmes critères qu'un projet classique. Si l'évaluation porte seulement sur les réalisations immédiates, un programme d'appui sera généralement moins efficace qu'un projet classique : face à cela, certains opérateurs de programme d'appui "démissionnent" en glissant vers une démarche classique, dans le but d'avoir des réalisations concrètes à exposer et ainsi de satisfaire les critères normaux d'évaluation. Cette réaction doit être évitée en conduisant l'évaluation sur la base de critères nouveaux, adaptés, basés sur la teneur de la relation d'appui et l'évolution du potentiel propre de l'organisation locale. »

Par exemple, un programme d'appui aux organisations paysannes devrait être évalué sur la base de critères concernant l'évolution des capacités des organisations. Peuvent ainsi être distingués : des critères de progression des capacités de gestion financière, de maîtrise technique, d'organisation interne, d'accroissement des capitaux propres, de négociation... Ils seront ensuite explicités grâce à des indicateurs quantitatifs et qualitatifs.

L'évaluation représente un facteur puissant d'amélioration de la qualité si elle permet à tous les acteurs de l'intervention d'être impliqués dans l'exercice et si les critères et les méthodes de travail utilisés ne sont pas plaqués mais adaptés à la nature du programme. C'est pourquoi l'évaluation externe et l'autoévaluation ne devraient pas être considérées comme exclusives l'une de l'autre, mais au contraire comme complémentaires, et pouvant être utilisées sous une forme articulée. Faire précéder une évaluation externe par une autoévaluation permettrait de confronter les points de vue des

---

[18] BEURET Jean Eudes, *L'appui aux organisations locales : enjeux et écueils*, IUED/PADC, Genève, 1992.

responsables paysans et des consultants extérieurs. Ceci constituerait non seulement un échange enrichissant pour les deux parties mais, de plus, obligerait l'équipe externe qui ne dispose pas toujours suffisamment de temps, ni de volonté, à connaître les analyses des dirigeants paysans et, dans le cadre d'une évaluation classique, à prendre en compte le point de vue des paysans.

Mais pour être efficace, l'évaluation ne peut pas intervenir ex nihilo et doit s'appuyer sur un dispositif d'information.

Un outil de pilotage en continu : le Suivi-Evaluation-Prévision

Le deuxième axe d'amélioration proposé consiste dans la mise en place d'un système d'information au sein d'une équipe de projet ou d'une fédération d'organisations paysannes. L'objectif d'un tel système est de suivre, d'évaluer et de programmer les activités d'une façon continue.

Qu'est-ce que cet outil sinon celui qu'emploient ceux qui, comme les dirigeants d'entreprises, ont besoin de savoir en permanence où ils en sont, grâce à des chiffres rassemblés chaque soir, des soldes calculés chaque mois, des analyses de comportement effectuées chaque trimestre, des bilans comptables établis chaque année ?

Souligner la nécessité de mettre en place un système de suivi-évaluation-prévision n'est pas nouveau en soi. Mais, les difficultés constatées sur le terrain dans la plupart des projets et des organisations paysannes nous incitent à insister sur son importance.

Un bon système de suivi-évaluation-prévision devrait présenter trois caractéristiques essentielles[19]. Tout d'abord, être léger c'est-à-dire ciblé sur un nombre raisonnable de données retraçant l'essentiel de l'action. En effet, il ne sert à rien de tomber dans un excès de zèle qui consiste à recueillir des informations tellement nombreuses que leur traitement est si lourd qu'il finit par être ajourné.

Deuxième caractéristique souhaitable : être conçu par les principaux utilisateurs intéressés que sont les organisations paysannes et les

[19] Voir en particulier GUENEAU Marie-Christine et alii, *Cheminement d'une action de développement, L'Harmattan,* 1992; MERCOIRET Marie-Rose, *Appui aux producteurs ruraux*, Karthala, 1995; FINO Daniel, *Le système de Programmation - suivi - Evaluation (PSE) dans une démarche d'appui institutionnel,* Pratique et réflexion n° 7, IUED, 1996.

équipes de projet. En effet, les dispositifs d'information conçus par des consultants externes et livrés clés en main à leurs utilisateurs sont difficilement appropriés. Il est préférable que les consultants conduisent une démarche participative qui limite leur rôle à celui d'animateur méthodologique et laisse une large part de conception aux acteurs de terrain.
Enfin, dernière caractéristique : allier des informations quantitatives et qualitatives. En effet, aux données quantitatives classiques, il est nécessaire d'ajouter des données plus qualitatives permettant de juger par exemple, la progression des compétences des organisations paysannes. Des échelles de valeur peuvent être utilisées, elles permettent de décrire différents niveaux de compétence.

Indispensable à une bonne visibilité de l'action, un système de suivi-évaluation-prévision (SEP) est néanmoins difficile à mettre en place. La régularité de l'enregistrement des faits rebute bon nombre d'organismes d'aide et d'organisations paysannes.
Décrivons le cas de l'Amicale des Agriculteurs du Walo, au Sénégal. Engagés, de leurs propres initiatives et dès 1973, dans la culture du riz irrigué (coûteuse en travaux et en intrants), les membres des Foyers ont mis deux décennies pour commencer à estimer, avec des chiffres comptables, la rentabilité de leurs exploitations qui intéressent pourtant des milliers de familles. Tant que la culture du riz a été menée collectivement, les surfaces cultivées et les volumes récoltés servaient de seule référence. On ignorait les coûts, les prix de revient, etc. Vint le temps, 1989, où l'exploitation collective fut remplacée par des quantités de GIE. Ni les Foyers ni l'Amicale n'ont alors réussi à rassembler par écrit les éléments chiffrés, bien que les alphabétisés soient nombreux. Seule une poignée de GIE ont fait des calculs et ont établi des comptes d'exploitation pour l'année 1993. Or, un tiers de ces GIE perdait de l'argent sans s'en rendre vraiment compte. Pourtant, un bon nombre de responsables paysans avait appris les bases d'un travail de suivi et de comptabilité et certains parlaient de la fonction suivi-évaluation-prévision avec aisance . Vint 1995 et le désastre dès non remboursements cumulés d'une année sur l'autre. Un désastre que les dirigeants de l'Amicale comme les banquiers pouvaient prévoir depuis des années.

Mais bien maîtriser la rigueur d'un dispositif de suivi-évaluation-prévision est un travail de longue haleine et une fonction coûteuse. Plus encore, c'est une discipline difficile à introduire quand les acteurs sont organisés pour ne pas conjuguer leurs efforts. Par exemple, dans le cas du Walo, la banque prêtait à un GIE sans exiger la présentation préalable des comptes d'exploitation des années précédentes, l'agent de l'Etat ne vérifiait pas le nombre d'hectares effectivement aménagés, l'Amicale ne sanctionnait pas les groupements qui ne tenaient pas de comptabilité d'exploitation et les membres - sauf exception - refusaient une discipline collective.

Articuler le travail des chercheurs et celui des développeurs

Le dernier axe de propositions vise à connaître en profondeur le contexte et l'impact des interventions d'aide. Les missions d'experts ne disposent pas de suffisamment de temps pour conduire des analyses en profondeur et il est nécessaire de trouver des moyens d'augmenter les recherches longues et approfondies. Une meilleure articulation avec les travaux des chercheurs permettrait aux agents d'aide d'avoir accès à une connaissance plus fine des milieux où ils interviennent.

Les travaux récents de l'anthropologie du développement, notamment en France ceux de l'APAD[20], montrent tout l'intérêt de connaître les stratégies des acteurs et en particulier les logiques paysannes face aux logiques des projets d'aide. L'anthropologue Emmanuel Fauroux[21] met l'accent sur l'importance de l'analyse des écarts de point de vue entre les acteurs :

> « La recherche anthropologique peut faire apparaître clairement l'écart existant entre les logiques qui sous-tendent les innovations proposées (par une intervention d'aide) et les logiques paysannes locales concrètes. »

Ses confrères Jean-Pierre Olivier de Sardan[22] et Emmanuel Ndione[23] insistent sur la connaissance des déviations et détournements des

[20] Association euro-africaine Pour l'Anthropologie du changement social et du Développement.
[21] FAUROUX Emmanuel, op. cit.
[22] Olivier DE SARDAN Jean-Pierre, *Anthropologie et Développement*, Karthala, Paris, 1995.
[23] NDIONE Emmanuel (sous la direction), *Réinventer le présent, quelques jalons pour l'action*, Enda Graf, Dakar, 1994.

projets par les populations. Olivier de Sardan écrit :

> « La description, la compréhension et l'interprétation des différentes dérives que subissent les interventions en développement peuvent permettre à ces interventions de se réajuster et de s'adapter à leur tour aux sélections et détournements que les populations leur font subir, appuyant ainsi les dynamiques locales, qui sont en l'occurrence autant réactives qu'endogènes. »

Enfin, les travaux des instituts de recherche du Sud devraient être mieux connus au Nord afin d'éclairer la lanterne des experts et des bailleurs de fonds. L'exemple de l'IUED[24] à Genève est intéressant : des trimestres de cours sont donnés par des chercheurs praticiens africains comme Emmanuel Ndione et des historiens comme Mamadou Diouf.

En conclusion de ce chapitre, il apparaît que le système d'aide des ONG, mais aussi des coopérations publiques, est dominé par des logiques institutionnelles qui privilégient la rapidité et le renouvellement des interventions et se dispensent de mécanismes de contrôle de la qualité. De plus, le principal outil d'analyse des résultats, l'évaluation, est aux mains du couple bailleur de fonds-consultant, au détriment des autres acteurs des interventions.
De notre expérience, nous retirons la conviction qu'une clé principale d'amélioration de la qualité des interventions réside dans l'analyse en profondeur des résultats atteints grâce à la rencontre autour d'une même table des personnes concernées, chacune acceptant sans faux semblant de disséquer ses propres pratiques. Mieux encore si cette confrontation a été précédée par des travaux de « SEP » et d'autoévaluation conçus et menés par chacune des catégories d'acteurs, et si elle bénéficie des apports de chercheurs.

[24] Institut Universitaire d'Etudes du Développement.

Chapitre 11.

ET TOUT CELA SANS L'ETAT ?

« Alors que l'hivernage s'installe dans le pays, les paysans se fâchent et réclament des négociations »[1].

Le vent de la libéralisation gonfle les voiles de bien des navigateurs depuis le milieu des années 1980. Les agences d'aide brûlent ce qu'elles ont adoré : le tout-Etat. Certaines choyent aujourd'hui celles qu'elles ignoraient hier : les collectivités locales. Cette bise, venue du Nord, présente-t-elle plus de chances que de risques pour la population rurale ? Un Etat central efficace n'est-il pas un atout majeur pour le développement ?

L'Etat démuni et déconsidéré

Aujourd'hui, dans les pays d'Afrique au Sud du Sahara, les services publics n'ont pas assez de moyens pour fonctionner et disparaissent du terrain. En 1995, un paysan burkinabé explique :

> « Maintenant pour nos enfants, nous devons tout acheter. Presque tous les jours, si tu veux mettre ton enfant à l'école, tu dois apporter de l'argent. Même à l'école de l'Etat, tu paies maintenant pour mettre ton enfant là-bas. Et puis, c'est la même chose pour les dispensaires. Tu vois les consultations, si ce n'est l'infirmier qui est gratuit, tout le reste est payant. Avant ce n'était pas comme cela. On te faisait les premiers soins et pour les produits qui ne se trouvaient pas sur place, on te disait d'aller payer. Mais maintenant même l'alcool, il faut l'acheter. Il faut aller à la pharmacie privée »[2].

[1] Titre du journal *Sud-Quotidien*, Dakar, 14 juin 1996

[2] LAURENT Pierre-Jo (cité par), op. cit.

Au Sénégal, explique Demba Keita, la pauvreté des administrations locales et des services techniques (agriculture, élevage, etc.) est telle que :

> « Les associations paysannes ont souvent plus de moyens financiers que le sous-préfet. Lui n'a rien. Les agents des CER [Centres d'Expansion Rurale] non plus, même pas d'essence pour bouger, bien qu'il existe la volonté de mieux collaborer de la part des agents. »

Les ruraux constatent la faiblesse des moyens et des prestations des administrations locales. Ils entendent parler des réformes de l'Etat et ne refusent pas d'y coopérer mais, comme l'exprime ce paysan malien, ils attendent pour y croire :

> « Il y a des changements dans le pays, mais on peut aimer une chose et ne pas croire à la chose. On dit : "On tend vers la décentralisation, l'administration va rester avec nous comme appui-conseil ; nous devons travailler, et l'administration collaborera avec nous". Quand quelqu'un nous dit cela, on est content, mais on ne croit pas que la chose puisse se réaliser »[3].

Des chercheurs observant, en 1993, l'administration locale au Burkina Faso, notent ceci :

> « Dans les faits, les autorités locales ne jouissent pas d'une légitimité suffisante pour intervenir dans le domaine du développement. Sauf exception, l'intervention de l'aide externe et des ONG renforce ce problème. Chacun de ces intervenants tendant à fonctionner de manière indépendante pour ne se rencontrer qu'épisodiquement, à l'occasion de visites de villages »[4].

Chacun joue sa propre partie, sans que le représentant de l'Etat n'ait la force de jouer la sienne.

---

[3] MAMORY Sangaré, cité par Loïc Barbedette, op. cit.
[4] JACOB et MARGOT, op. cit.

Place aux privés, et au marché !

Désargenté et déconsidéré, l'Etat parvient difficilement à convaincre ou à contraindre les agences d'aide à collaborer avec ses services. Dans les secteurs de la santé et des services sociaux, les ONG, les églises et les agences internationales occupent le terrain ; et leurs multiples initiatives créent de confuses concurrences et provoquent un désengagement plus étendu des agents de l'Etat. En voici un exemple rapporté par des observateurs britanniques en Afrique de l'Est, mais qui vaut pour l'Afrique de l'Ouest :

> « Quand elles découvrent, comme au Mozambique, qu'il n'existe pas d'ONG locales, beaucoup d'ONG du Nord réagissent en créant leur propre système au lieu de coopérer et de renforcer les services publics. Ceci est un processus d'affaiblissement des institutions existantes ! Les ONG vident les ministères de leur personnel qualifié en les salariant en monnaie forte. Elles diront plus tard qu'elles ont été "obligées de s'occuper elles-mêmes de tout à cause de la faiblesse des services publics" »[5].

Faiblesse commode pour justifier de faire place aux acteurs privés ! Car, il est de mode, aujourd'hui, de condamner les services publics. Est-ce pour assurer, grâce à l'aide extérieure, la bonne gestion des affaires publiques ? Il semble que ce soit plutôt parce que chaque donateur semble désormais considérer comme une vérité cette hypothèse, émise en 1993 lors d'une réunion entre bailleurs :

> « Au fil du temps, un mode de développement orienté par le marché conduit bien souvent à la mise en place de gouvernements qui savent être à l'écoute de la population et débouche sur un plus grand pluralisme »[6].

---

[5] ROSSITER Jenny, PALMER Robin, "Northern Ngos : some heretical thoughts", *Refugee Participation Networks n° 10*, Oxford, UK, mai 1991.

[6] Comité d'Aide au Développement (CAD), *Orientation du CAD sur le développement participatif et la bonne gestion des affaires publiques*, OCDE, Paris, décembre 1993.

Jusqu'où le marché va-t-il exercer ses vertus ! Toujours est-il que de nombreuses forces sont à l'oeuvre pour détruire le peu qui existait, en fait, d'Etat. Rappelons quelques éléments d'histoire.

L'administration : un quart de siècle de toute-puissance

Juste après les indépendances, un grand espoir était placé dans les administrations nationales. Nous-mêmes, en 1960, à l'occasion d'une étude de planification à long terme coordonnée par L.J. Lebret, écrivions alors ceci à propos du Sénégal :

> « La classe des fonctionnaires a fourni, durant les dernières années, le meilleur de l'élite politique du pays, démontrant qu'elle était capable de susciter des responsables et des leaders, dans la perspective de la nation indépendante. Cette même classe, pourvu qu'elle prenne totalement conscience du fait que la désaliénation politique sera sans retentissement sur l'aliénation économique si elle ne change pas son attitude vis-à-vis de *l'économique*, devrait pouvoir fournir l'élite dure, entreprenante et austère, qui assumera les charges du développement agricole et industriel »[7].

On voit là un consultant prendre ses désirs pour des réalités ! Mais quels acteurs nationaux autres que les rares fonctionnaires pouvaient-ils, à l'époque, être le pilier de l'effort de développement ? Trente années plus tard, le chercheur Jérome Lombard notait :

> « Depuis l'indépendance, l'Etat [sénégalais] a voulu s'imposer comme le seul interlocuteur du monde rural. D'inspiration socialiste, le régime en place a toujours cherché à organiser le monde rural [...]. L'Etat a considéré implicitement le monde rural comme étant en retard et donc voué à des programmes de développement. Un autre but visé a été de chercher à contrôler au maximum les paysans, qui représentent la base politique sûre et indispensable au parti socialiste, en s'immisçant dans la vie économique, sociale et politique des campagnes »[8].

---

[7] CINAM-SERESA, op. cit.

[8] LOMBARD Jérôme, *Acteurs et enjeux dans le bassin arachidier sénégalais,* in Chantal Blanc-Pamard (sous la coordination de).

Depuis les indépendances jusqu'au milieu des années 80, dans les divers pays du Sahel, les fonctionnaires et les autres agents publics n'ont pas douté de leur pouvoir sur les paysans. Leur tâche était double : inculquer des pratiques de productivité agricole, pour l'arachide ici, pour le coton là, et maintenir passive la clientèle paysanne des partis uniques.

Certes, il fallait construire l'Etat. Et en même temps, veiller à ce que les nouvelles nations vivent, sans trop de divisions internes, au sein de leurs frontières artificielles héritées des colonisateurs. Par ailleurs, cet héritage ne comportait ni entrepreneurs africains, ni cadres sahéliens habitués aux tâches ministérielles. Le monde rural d'alors craignait l'autorité des administrateurs locaux et ignorait la pratique du dialogue avec les représentants de l'Etat. C'était l'époque où *changer les mentalités* semblait être le premier pas vers la modernisation. Une modernisation que des plans nationaux de développement, arme et symbole du rôle central des Etats, étaient chargés d'organiser[9].

Des plans que les agences d'aide extérieure contribuèrent à détruire... à coups de projets ! Les budgets publics nationaux ne parvenant à couvrir qu'en partie les dépenses de fonctionnement, la quasi-totalité des investissements publics sont réalisés par les apports d'aide des bailleurs de fonds. Ceux-ci ne cofinancent pas un pourcentage du plan mais picorent dans le document-plan les projets qui les intéressent. Ce faisant, ils réduisent à néant la double utilité d'un plan : guider la synergie des efforts et obtenir la réalisation du noyau de quelques objectifs prioritaires. Les Etats étaient trop faibles pour refuser la négociation projet par projet : ils ont ainsi perdu, dès les années 1960, le pouvoir de planifier eux-mêmes l'allocation des ressources rares.

L'Etat et l'aide extérieure : vers la fin du tête-à-tête ?

Tout en détruisant les cohérences possibles des politiques nationales, le système d'aide extérieure a rendu viables, de 1960 à 1985, les tendances à la fois centralisatrices et sectorielles des jeunes administrations africaines. Il a contribué à en accentuer les

[9] Le premier plan du Sénégal, par exemple, a été voté dès 1961.

traits jusqu'à l'échec. L'agronome Marc Dufumier décrit cette déformation :

> « Priorité fut donnée à la création de structures administratives nationales chargées de promouvoir ou infléchir le développement agricole [...]. Les agences de financement étrangères imposèrent alors aux Etats de concevoir et mettre en oeuvre de véritables projets dans lesquels l'ensemble des actions prises en charge par les diverses catégories d'agents concernés devait être soigneusement planifié [...] Mais de tels projets "clés en main " présentèrent l'inconvénient de ne permettre aucune adaptation progressive : le rythme soutenu et le volume important des dépenses incitèrent les financiers à imposer un contrôle tatillon sur l'emploi des fonds accordés [...]. La logique strictement comptable l'a emporté, et les projets perdirent toute souplesse dans leur réalisation »[10].

Logique comptable des financiers, certes. Mais volonté de pouvoir aussi. La logique de puissance des sociétés françaises d'assistance technique a créé les sociétés parapubliques d'encadrement des paysans et, du même coup, a strictement limité le champ de travail, les rôles et les moyens des administrations décentralisées, par exemple au Sénégal, les CER (Centres d'Expansion Rurale). A partir de 1964, cette logique s'appliquera à tous les pays francophones d'Afrique de l'Ouest, pratiquement sous les mêmes formes institutionnelles. Des formes inventées et mises en place par des équipes étrangères. La relève de ces dernières par des cadres nationaux et l'accès à l'autonomie des paysans qu'elles encadraient étaient difficiles à réussir puisque ces systèmes avaient été « conçus et créés non seulement par l'assistance technique mais pour l'assistance technique »[11].
Le tête-à-tête ou le coude-à-coude entre l'administration centrale et l'aide extérieure était le dispositif dominant dans la grande majorité des projets d'aide. Ce dispositif relègue les autres acteurs au rang d'exécutants de décisions prises en dehors d'eux. Tout se passe

---

[10] DUFUMIER Marc, *Politiques agricoles et initiatives locales. Adversaires ou partenaires*, in Chantal Blanc-Pamard (sous la coordination de), op. cit.
[11] LECOMTE Bernard, « Eléments pour une recherche sur l'organisation de l'aide (interne et externe) au développement rural », *Développement et Civilisations n° 38*, Paris, juin 1969.

alors comme si l'Etat, épaulé sinon guidé par l'agence d'aide, était le seul acteur habilité à prévoir, organiser, décider.

De leur côté, les ONG du Nord qui apportaient leur aide étaient peu nombreuses jusqu'à la sécheresse de 1973. Elles se méfiaient généralement des Etats. Jalouses de leur autonomie et fortes de l'excuse : *l'administration est corrompue, mieux vaut l'ignorer*, elles créaient des îlots de services techniques, souvent novateurs. Parfois méprisantes envers les fonctionnaires locaux qui ne disposaient ni des moyens financiers ni de liberté politique, bien des ONG ne s'intéressaient à eux que lorsqu'éclatait un conflit entre elles et les populations, pour un problème foncier par exemple. Ou bien, à la fin du financement de leurs projets, elles se tournaient vers les services publics pour assurer la pérennité de leur action : elles demandaient alors à l'Etat d'embaucher leurs agents, parfois excellents mais qui n'avaient pas toujours les diplômes qui convenaient, et laissaient à sa charge des dispensaires ou des équipements qui n'étaient jusqu'alors pas prévus dans les budgets publics.

Plusieurs courants, dès les années 1970, vont troubler le tête-à-tête Etats/Agences d'aide. Au niveau local, à partir de la sécheresse de 1973, on voit naître des réactions paysannes : la constitution de groupements et d'associations autonomes puis la revendication par quelques leaders de la place que doivent avoir les paysans au sein des nations. Au niveau international, en 1981, la Banque Mondiale publie une étude qui secoue tout l'édifice ; Elliot Berg y critique les défauts de l'étatisme et prône la libéralisation[12].

Alors, l'aide extérieure rejette, à partir de 1984, ce qu'elle a contribué à construire durant 25 ans, en particulier les sociétés d'Etat chargées du développement d'une production agricole ou d'une région. Le nouvel aménagement de la stratégie de l'aide autour des programmes d'ajustement structurel tend à réduire le rôle du secteur public et impose une libéralisation des économies et la promotion du secteur privé. Ces diktats s'accompagnent d'exigences en matière de démocratisation à l'occidentale et de décentralisation de l'Etat. Les Etats eux-mêmes réduisent leurs propres voilures et lâchent du lest ; ceux d'entre eux qui ont été longtemps opposés à

[12] World Bank, *Accelerated Development in Sub-Saharan Africa : An Agenda for Action*, Washington, D.C., 1981.

l'émergence d'organisations populaires autonomes évoluent, ne serait-ce que pour réussir le *transfert* !

Les ambiguïtés du transfert des responsabilités de l'Etat

Avant, on encadrait. Depuis 1984, on transfère. Encadrer qui ? Les paysans. Transférer à qui ? Aux paysans. Analysant les directives des projets de réhabilitation des périmètres irrigués, Christian Castellanet écrit :

> « Les paysans doivent s'organiser entre eux, créer leur propre filière et chercher les moyens de s'autofinancer. La concertation devient le *mot d'ordre*, mais aussi l'indispensable condition de la réussite : dialogue entre l'Etat, les organisations paysannes, les bureaux d'études, les sociétés de développement devenues prestataires de services, les organismes de crédit »[13].

Quelle volte-face ! Mais, dialoguer exige des divers acteurs qu'ils reconnaissent l'autonomie de chacun d'entre eux, établissent ensemble des règles du jeu et mettent en place le contrôle de ces règles. Que se passe-t-il en réalité ?

Prenons le cas du Walo, la zone irriguée du delta du fleuve Sénégal au début des années 1990. Au moment même où cette concertation est absolument nécessaire, l'Etat se tait, les agences d'aide se retirent, les prix des produits importés (fuel, engrais) s'envolent[14], le cours du paddy produit sur place n'est plus garanti aux producteurs. Ces derniers, craignant que les surfaces irrigables soient affectées à des fonctionnaires ou à des entreprises, pratiquent la fuite en avant : ils cultivent des surfaces trop importantes. Hommes et femmes s'endettent à tout va. De dialogue, point. Seulement le désordre : ce qui avait été tenté, depuis plus de 20 ans, par les organisations paysannes autonomes est alors détruit.

---

[13] CASTELLANET Christian, « Les périmètres irrigués », *La Lettre du Réseau Recherche-Développement n° 31*, Paris, juin 1991.

[14] Du fait de la dévaluation en janvier 1994.

Le secrétaire exécutif de la plus ancienne d'entre elles, l'ASESCAW[15], exprime ceci :

> « A première vue, le résultat est un désastre. Par exemple, pour le village de Ronkh : 3 000 ha cultivés en 1991 et aujourd'hui, en 1995, à peine 1 000. Pour l'ensemble des Groupements d'Intérêt Economique (GIE) de l'Amicale, le passage a été de 9.000 ha à 2.000 ha durant la même période. Les tracteurs et les moissonneuses-batteuses sont arrêtés faute de pièces de rechange. Les usines de petite taille [une vingtaine fondées depuis 93 financées par l'Etat, l'aide extérieure, des privés, des militaires même] sont aujourd'hui sous-employées ou en faillite. En 1995, aucun des 120 "anciens" GIE de Ronkh n'a reçu de crédit de la CNCAS (Caisse Nationale de Crédit Agricole du Sénégal). Seules les sections villageoises de la coopérative en ont eu. Ceux d'entre nous qui sommes devenus coopérateurs, après la mort de nos pères, en ont bénéficié. Alors ceux qui n'ont rien ou trop peu se sont regroupés à une vingtaine, entre eux, sans question de GIE ; chacun a apporté 20 000 CFA[16] et ils exploitent ensemble une parcelle aménagée. On fait le travail tout à la main et à la faucille »[17].

Conduire une opération de transfert demande un ensemble de mesures d'accompagnement d'ordre économique, technique et institutionnel. « Un des paradoxes d'un tel processus est que la réussite du désengagement demande un surcroît d'intervention et de financement »[18]. Plus paradoxale encore nous paraît être la décision de confier la responsabilité de cette réussite à la société d'Etat ... en place depuis les années 1960, habituée à ordonner et à décider sans partage. Les agences d'aide et l'Etat ont cru bon d'organiser au sein de celle-ci deux fonctions difficilement compatibles : licencier une partie des agents et mener les opérations de transfert des anciennes responsabilités de ceux-ci vers les paysans. Espérait-on que le

---

[15] ASESCAW : Amicale Sociale, Economique, Sportive et Culturelle des Agriculteurs du Walo, fondée en 1973.

[16] 20 000 CFA = 200 FF.

[17] DIOP Birahim, secrétaire exécutif de l'ASESCAW, interviewé en décembre 1996.

[18] LAVIGNE-DELVILLE Philippe, *Les paradoxes du désengagement. Les aménagements hydroagricoles au Sénégal*, in Chantal Blanc Pamard (sous la coordination de), op. cit.

transfert se fasse dans une continuité harmonieuse entre des organisations paysannes sous tutelle et ces mêmes organisations paysannes *responsabilisées* par la même autorité de tutelle ?

Nous sommes loin de ce que laissait espérer le président du Sénégal, Abdou Diouf, en 1984[19] :

> « La Nouvelle Politique Agricole créera le cadre propice à l'évolution harmonieuse des structures paysannes que constituent les coopératives et leurs sections villageoises ainsi que les groupements de producteurs [...] en les rendant maîtres de leur destin. »

1997 : Une cacophonie : Babel au Sahel !

Les Etats sont amenés, bon gré, mal gré, à composer avec un nombre de plus en plus élevé d'acteurs, tous plus ou moins intermédiaires du système d'aide. Les ONG, du Nord et du Sud, sont de plus en plus nombreuses. De leur côté, les agences d'aide multi- et bi-latérales multiplient en ordre dispersé leurs interventions directes dans les villages et dans les villes, sous couvert d'appui aux collectivités locales qu'elles ignoraient complètement jusqu'au début des années 1990. Les unes le font sous le pavillon de la décentralisation (« Enracinons la démocratie », disent celles-ci), les autres sous la bannière du développement local (« Epaulons les initiatives de base », disent celles-là).

De leur côté, certaines organisations paysannes critiquent publiquement les politiques de leur gouvernement. Elles souhaitent un Etat plus attentif à leurs problèmes de ruraux et moins polarisé par les consommateurs urbains. Elles réclament l'application des lois et le respect des promesses faites lors des discours officiels. Elles veulent être des forces de proposition. Elles savent que l'Etat a ses prérogatives et ses rites et qu'il est nécessaire de lui montrer fidélité tout en recherchant l'autonomie. C'est dire qu'elles ne se situent pas comme des ONG dont beaucoup ne voient dans l'Etat que corruption, tracasseries administratives et abus de pouvoir. Les leaders paysans sont, eux aussi, bien conscients de ces vices mais ils ne voient pas que cela et n'en rejettent pas pour autant l'Etat.

[19] Préface du président DIOUF à la Nouvelle Politique Agricole, citée par LAVIGNE-DELVILLE Philippe, op. cit.

Nombreux sont ceux qui construisent de nouvelles relations, tant avec les administrations qu'avec les élus.

Ainsi, sur le terrain, les joueurs locaux ou étrangers abondent. De même, se multiplient les règles du jeu car il n'y a pas d'arbitre. Les directions des ministères sont submergées par les conditions imposées par les uns et les mesures d'accompagnement dictées par les autres. L'Etat central, constitué il y a moins de trente ans, perd aujourd'hui ses droits et n'exerce plus guère ses devoirs. Il perd aussi ses cadres, happés par des institutions étrangères bien mieux dotées que lui pour les rémunérer. Et ceux qui restent, comment pourraient-ils ne pas perdre le moral quand leurs moyens propres et leur liberté d'action s'amenuisent ?

Diagnostic

Dans de nombreux pays d'Afrique francophone, les capacités des administrations centrales et locales sont en voie de destruction rapide. La tendance à l'affaiblissement de certains services étatiques constitue un handicap pour les populations, par exemple en matière de santé publique, de transport, de sécurité. Moins d'une génération après les indépendances, les Etats sont malades et maintenus en vie par perfusion. Les gouvernants paient aujourd'hui le prix du laxisme de leurs prédécesseurs, eux-mêmes parfois ! Le prix de ce que l'ingénieur-économiste Mamadou Lamine Diallo appelle *l'économie rentière* : « une économie où les acteurs cherchent à se constituer des rentes de situation sans commune mesure avec le travail ou le capital investi »[20]. C'est une logique du moindre effort et du prélévement maximum. Une logique qui a fini par priver les gouvernements de leur autonomie.
Alors, aujourd'hui, tous acteurs sauf l'Etat ? Du moins, sauf l'Etat central ? *Non !* disent les responsables paysans avec tous ceux pour lesquels la maîtrise des choix politiques ne doit pas être laissée aux seules lois du marché.

La deuxième partie de ce chapitre s'ouvre sur une description des efforts faits par les organisations paysannes pour être reconnues jusqu'au sommet des Etats. Certes, l'objet de notre

[20] DIALLO Lamine Mamadou, *Les Africains sauveront-ils l'Afrique ?*, Karthala, Paris, 1996.

travail n'est pas l'Etat central. Cependant, rien ne peut progresser en milieu rural si les politiques nationales (celles des prix des produits agricoles, du foncier, du crédit, etc.) ne sont pas conçues pour faciliter la croissance durable des revenus des exploitations familiales. Jusqu'aux années 1990, la voix des organisations paysannes était trop faible pour peser sur les décisions des gouvernements. Ceci est en train de changer : dans un premier ensemble de paragraphes nous décrivons comment les organisations paysannes du Sénégal ont conquis le droit à la parole et l'espoir d'influencer désormais les politiques nationales.
Les paragraphes suivants portent sur les nouveaux rôles exercés par les paysans dans des domaines *publics*, au niveau local et régional.
Les derniers paragraphes concernent la place des acteurs de l'aide extérieure, dont celle des ONG, dans ce contexte d'évolution des fonctions des Etats.

Le rôle politique des mouvements paysans

Les organisations paysannes s'organisent de plus en plus pour peser sur les décisions politiques des Etats. Mamadou Cissokho affirmait, en 1993 :

> « Les paysans sont les seules couches sociales qui n'ont pas de porte-parole autorisé. Notre mouvement cherche la parole pour pouvoir se situer dans un débat national. Nous nous organisons pour pouvoir nous exprimer en toute liberté. »

Comment s'y prennent-ils ? Au premier abord, en coopérant tous azimuts comme le caméléon. C'est bien ce comportement que constatent les chercheurs J.P. Jacob et F. Margot au Burkina Faso, en 1993 :

> « Le flou est entretenu par les divers acteurs -y compris les membres des organisations paysannes- quant à la détermination de la véritable nature de celles-ci. Ce flou [...] permet la poursuite de toutes les stratégies : celle de l'Etat qui continue à voir les organisations paysannes comme des institutions visant essentiellement des améliorations sectorielles, celle des ONG ou des coopérations étrangères qui les perçoivent comme repré-

sentants potentiels de la société civile, celle des organisations paysannes qui se redéfinissent en fonction des intervenants »[21].

Ceci est juste et vérifiable partout en Afrique de l'Ouest. Mais cette ambiguïté des organisations paysannes peut aussi être perçue comme une stratégie de reconnaissance, prudente et adaptée. Pour illustrer cette hypothèse, observons ce qui s'est passé au Sénégal depuis 1973 quant aux relations entre les organisations paysannes et l'Etat. Nous choisissons 1973 (année de grande sécheresse) car c'est alors que les premières associations autonomes furent fondées.

■ *Exemple : L'histoire de la prise de parole du mouvement paysan au Sénégal (1973 - 1997)*

De 1973 à 1978, qu'elles soient formelles ou encore informelles, les jeunes associations ne firent guère de bruit, sinon pour se faire accepter par les autorités locales, aux yeux desquelles elles paraissent parfois incongrues : tel ce sous-préfet qui met les gendarmes, tôt le matin, aux trousses[22] des paysans venus participer à la première assemblée générale de l'Association des Jeunes Agriculteurs de Casamance (AJAC) en 1977... Parfois admirées aussi : au Walo, les anciens de l'ASESCAW se souviennent du directeur général de la société d'Etat venu, « dans sa 404 », féliciter les jeunes du Foyer de Ronkh ; ceux-ci avaient, en 1973, creusé un canal à la main pour irriguer leurs propres parcelles hors des périmètres réservés aux coopératives encadrées par la société d'Etat !

Dès 1974, les jeunes associations tiennent congrès entre elles et en 1978, à l'initiative d'une ONG sénégalaise qui avait pignon sur rue (les Maisons Familiales Rurales), douze associations fondent leur Fédération. Celle-ci prend le nom de Fédération des ONG Sénégalaises (FONGS), statut ambigu à souhait : il permet de ne pas souligner leur caractéristique d'organisations paysannes et leur procure une place spécifique au sein

---

[21] JACOB Jean-Pierre et MARGOT François, op. cit.

[22] Sous couvert de vérifier si leurs vélos disposaient de la sonnette et du phare réglementaire. Toute infraction était punie par une journée de prison à effectuer le jour même !

de la Coordination nationale promue par un ensemble disparate d'ONG du Nord et du Sénégal.

A partir de 1984, la Nouvelle Politique Agricole donne l'occasion aux associations de négocier directement avec la Caisse Nationale de Crédit Agricole du Sénégal et d'essuyer les plâtres de la politique de transfert. Parallèlement elles cherchent, pas toujours avec succès, l'appui des ONG du Nord.

En 1993, constatant les carences des politiques de l'Etat et l'abandon du monde rural, la FONGS organise à Dakar un Forum, ouvert par le premier ministre. 200 responsables d'associations et de coopératives y discutent avec les directeurs des ministères concernés. Leurs doléances et propositions font l'objet, dans la semaine qui suit, d'une rencontre entre le premier ministre et leur délégués. Ces derniers proviennent d'organisations variées, pour la plupart issues de 30 années de pratique du « en rangs par quatre » du système d'encadrement : unions nationales des coopératives (agriculteurs, éleveurs, pêcheurs, horticulteurs et forestiers) qui secouent ainsi le poids des tutelles administratives ; fédération des associations féminines fondées naguère pour soutenir le parti au pouvoir ; FONGS, bien entendu.

En 1994, dans la foulée du Forum, ces organisations fondent le Conseil National de Concertation et de Coopération des Ruraux (CNCR). Dès 1994, le CNCR participe aux discussions entre le gouvernement et les agences internationales sur le Programme d'Ajustement Structurel Agricole (PASA).

En décembre 1995, un nouveau Forum réunit, à Kaolack, 500 délégués qui s'inquiètent du retard de la mise en place, par l'Etat et les agences d'aide, des moyens financiers pour exécuter le PASA.

En juin 1996, aucun moyen n'étant encore en place, « alors que l'hivernage s'installe dans le pays, les paysans se fâchent et réclament des négociations »[23]. Parmi leurs revendications, ils demandent que leur organisme représentatif, le CNCR, soit reconnu comme interlocuteur permanent de l'Etat.

En février 1997, une délégation de 150 responsables ruraux est reçue par le chef de l'Etat entouré des membres du gouvernement, durant cinq heures d'horloge. Il est décidé alors

---

[23] Titre du journal *Sud-Quotidien*, Dakar, 14 juin 1996

que le CNCR fera le point chaque semestre avec le gouvernement, au même titre que les organisations patronales et les syndicats de travailleurs.

De 1973 à 1997, près de 25 ans auront été nécessaires pour que les paysans sénégalais puissent « se situer dans les débats nationaux ». Cette victoire, ils l'ont obtenue, entre autres causes, par leur travail avec les administrations décentralisées et les collectivités locales.

Les paysans, acteurs du développement local et de la décentralisation

Ce qui regarde le bien public n'est plus le monopole du sous-préfet et des chefs de villages. Jouer un rôle dans ce domaine concerne aujourd'hui beaucoup d'acteurs autres que les seules autorités. Ce changement est né, durant les années 70, de villageois qui cherchent à freiner leur exil vers la ville et à éviter la mort de leurs villages. Ils ont l'audace d'aller en groupe voir les agents de l'Etat pour exprimer leurs attentes. Décrivant les effets de la sécheresse de 1973-74, une animatrice du Burkina Faso nous expliquait à l'époque ceci :

> « Tout à coup, les gens ont éprouvé le besoin de se connaître. Au point de départ, il y a eu la nécessité d'accepter d'aller vers les autres pour s'entraider à cause des difficultés. Jusqu'alors, les gens avaient peur de parler. C'est qu'ils avaient peur d'être dénoncés par les autres aux autorités. La colonisation était restée. Alors, il y a eu la sécheresse. Les gens se sont concertés pour voir comment leurs ancêtres faisaient et pour oser aller ensemble voir les autorités »[24].

En 1996, cette audace s'étend désormais à tous les pays d'Afrique francophone. Après la longue période de monologue des administrations, les paysans commencent à se faire entendre.

---

[24] Interview de Madame Ramata SAWADOGO par Bernard Lecomte, à Ouahigouya, Burkina Faso.

L'un d'entre eux explique ainsi pourquoi ils le font :

> « Pourquoi sommes-nous aujourd'hui [en 1995] réunis pour te parler ? C'est parce que nous connaissons les problèmes des paysans dans le département de Sapouy. Quelqu'un ne peut pas venir d'ailleurs et être capable de parler de ces problèmes. Il faut une liberté pour pouvoir rechercher la solution à des problèmes. Si un tel qui travaille dans un bureau arrive ici et dit : "Voilà ce qu'il faut faire", cela ne résoudra rien. Nous voulons une liberté pour faire une association, afin de faire ce que nous pensons et nous donner nos propres règles. Elle sera ouverte à toutes les ethnies »[25].

Les associations paysannes ont pris de nombreuses initiatives à caractère public : elles assument la construction des adductions d'eau, elles gèrent des centres d'expérimentation, des écoles, des dispensaires. Par leurs activités, elles acquièrent le droit d'être présentes dans des instances officielles, comme les comités locaux de dévelopement constitués autour de l'administrateur local. Demba Keita explique ceci pour l'arrondissement de Nyassia, au Sénégal :

> « Quand il y a des rencontres au niveau de l'arrondissement, si cela doit nous intéresser, le sous-préfet nous invite. Mais aussi notre association invite. On a organisé, en 1995, deux réunions avec les conseillers et les présidents des communautés rurales, le sous-préfet et le chef de CER, pour voir les problèmes d'attribution des terres. Nous avons organisé la première réunion et la deuxième a été organisée par le sous-préfet. »

Observons, dans le cas du Sénégal, comment s'est construit cet accès des responsables paysans aux affaires publiques locales. Le président Léopold Sédar Senghor avait, dès 1973, posé la première pierre de ce qui est aujourd'hui la mode au sein des agences d'aide : la décentralisation. Instituant des conseils de communautés rurales, avec élection des conseillers, un budget et un certain nombre de pouvoirs en particulier sur l'attribution des terres, cette réforme ouvrait la voie. Jusqu'aux années 1990, elle n'a cependant eu que bien peu d'effets : les sous-préfets ont géré les

[25] Propos recueillis par LAURENT Pierre-Jo, op. cit.

micro-budgets des communautés rurales sans arriver à en faire le noyau mobilisateur des apports des autres intervenants ; et ces derniers, généralement, ont continué à ignorer les communautés rurales, sinon pour leur cofinancer quelques micro-réalisations. Même les organisations paysannes autonomes ont mis du temps à s'y intéresser. Devenir conseiller rural a d'abord été l'affaire des notables liés au parti au pouvoir. Une exception cependant : premier responsable d'une organisation autonome à se présenter aux élections locales en 1978, le fondateur de l'ASESCAW a été élu président de la communauté rurale de Rosso où les enjeux fonciers étaient essentiels.

C'est seulement à partir de 1990 que beaucoup d'unions de groupements ont décidé de s'intéresser aux élections locales. Désormais, les membres des organisations paysannes autonomes sont parfois majoritaires parmi les élus des conseils des communautés rurales. Ainsi, à Fissel, arrondissement de la région de Fatick, où l'association paysanne Jig-Jam a près de vingt ans en 1995, ses membres dirigent les assemblées locales. Et au-dessus du niveau des trois communautés rurales, Jig-Jam a créé une commission de coordination des acteurs de développement où se discutent les interventions de la vingtaine d'organisations publiques et privées qui agissent dans l'arrondissement. Le sous-préfet reconnaît cette structure et coopère avec elle pour planifier et répartir les investissements des différents intervenants.

Cette façon de faire nous semble préfigurer les nouveaux rapports, entre les paysans et les paysannes organisés, les divers intervenants et l'administration locale, qui se construisent dans bien des divers pays de l'Afrique de l'Ouest. Mais le système d'aide respectera-t-il cette évolution endogène ?

La place des acteurs de l'aide extérieure dans le contexte d'évolution du rôle de l'Etat

Sur qui compter pour apporter de l'aide sans conduire à encore plus d'abandon de l'Etat et sans freiner l'évolution des organisations paysannes ?

Compter sur les ONG, comme certains bailleurs ont entrepris de le faire ? Les agences d'aide sont tentées de troquer sur le terrain l'administration contre le dernier acteur à la mode : les

ONG. En lâchant brutalement les sociétés d'Etat et les services publics qu'elles ont longuement et massivement soutenus, elles provoquent volontairement le démantèlement de l'administration publique. Or, en milieu rural, cette dernière a un tout autre rôle que celui des ONG : elle a la mission d'apporter un ensemble de services cohérents, durables et disponibles pour tous les citoyens. Un pêle-mêle d'ONG, plus ou moins concurrentes entre elles et appuyées par des dispositifs d'aide discontinus et anarchiques, ne peut remplacer une administration publique locale même faiblement dotée en ressources. Laisser faire cela serait lâcher la proie pour l'ombre.

Alors, miser sur les collectivités locales ? Depuis le début des années 1990, les politiques de décentralisation offrent aux bailleurs de fonds l'occasion de trouver de nouveaux partenaires au profil attirant. Nombreuses et dispersées, autonomes et plus faciles à influencer que les administrations centrales, pauvres et avides d'équipements, désormais légitimées par des élections locales, les institutions publiques décentralisées présentent en effet d'attrayantes capacités d'absorption d'aide financière et d'assistance technique. Comment maîtriser cet attrait bénéfique et dangereux ? Comment feront les Etats centraux pour éviter que ne se développe, entre les collectivités locales, une grande inégalité, fruit des appuis accordés par des agences agissant en concurrence ? Comment parviendront-ils à faire respecter le principe, prôné par la Commission Nationale de Décentralisation (CND) du Burkina Faso, selon lequel :

> « L'autonomie des collectivités décentralisées ne saurait s'apparenter à une quelconque indépendance de celles-ci. Cette autonomie s'inscrit plutôt dans une stratégie de valorisation des richesses et valeurs locales dans le sens du renforcement de la cohésion nationale nourrie du principe : l'unité dans la diversité »[26].

Or, que constate-t-on dans le même Burkina Faso, en 1996 ? Seules les agences d'aide suisse, hollandaise et scandinave financent les activités et les projets de la CND mise en place par l'Etat central, tandis que les autres agences bilatérales et multilatérales négocient un appui direct à telle ou telle collectivité de leur choix.

---

[26] « Action Collective », *Bulletin bimestriel de liaison de la Commission Nationale de Décentralisation*, Ouagadougou, Burkina Faso, décembre 1996.

Comment construire, dans la continuité, de nouvelles relations entre tous les acteurs aux niveaux local et régional ? Nous illustrons l'enjeu et les difficultés d'un travail de ce type par un exemple actuel.

■ ***Exemple : tous autour de la table pour la réforme de la politique forestière, Madagascar (1995-1997)***

Depuis la période coloniale, l'administration forestière a été instituée gestionnaire exclusif des ressources forestières (forêt naturelle) décrétées propriété de l'Etat. Elle a été dotée de tous les pouvoirs nécessaires à l'exercice de sa fonction, axée sur la préservation de ce patrimoine, et notamment du pouvoir de répression. Cette réalité juridique, qui s'est maintenue jusqu'à aujourd'hui, est devenue une fiction sur le terrain, tant la situation y est anarchique. Faute de moyens financiers et humains, d'autorité, de crédibilité et de motivation, l'administration forestière n'a plus la capacité de contrôler l'accès aux ressources, désormais livrées aux intérêts des conquêtes foncières et de l'exploitation illicite. De nombreuses ONG internationales et nationales se substituent à elle dans ce qui fut longtemps son champ d'intervention exclusif. Les bailleurs de fonds l'ont largement contournée en créant des structures parallèles et en la dépouillant d'une partie de ses prérogatives régaliennes.

Pour faire face à cette situation, l'administration mène depuis 1995 un ample processus de concertation avec les différentes catégories d'acteurs concernés (privés, populations rurales, ONG, projets, services techniques) tant au niveau régional que national voire international. Son but est d'élaborer une plateforme commune portant sur le choix des orientations d'action et sur la redéfinition des rôles respectifs. Le résultat prend la forme d'une nouvelle politique forestière nationale, accompagnée d'un plan d'action à cinq ans et d'une révision de la législation forestière. Un grand pas semble déjà avoir été franchi au niveau des conditions cadre, notamment en ce qui concerne l'implication des acteurs locaux dans la gestion des ressources forestières. Quelques expériences de gestion participative des ressources forestières, s'appuyant sur des plans d'aménagement, sont en cours. Elles esquissent de nouvelles formes de relation, entre Etat central, collectivités décentralisées, opérateurs privés et populations, respectant mieux les intérêts de chacun.

Mais, sous la houlette de la Banque Mondiale, l'aide extérieure prend les dispositions pour orchestrer elle-même le tout, sous couvert de la mise en oeuvre d'une nouvelle phase du Plan d'Action Environnemental. Pour le moment, plusieurs agences ont fait de la gestion locale des ressources naturelles la clé de voûte de leur stratégie d'action. Des objectifs ambitieux sont fixés et les procédures de transfert de la gestion des forêts sont définies d'avance par des consultants étrangers. Or, l'aide extérieure croit devoir aller vite pour pouvoir montrer des résultats opérationnels significatifs. Cela se fera nécessairement au détriment d'un processus de réajustement en profondeur des rôles entre les acteurs nationaux[27].

Amener une administration à changer fondamentalement d'attitude et de rôle n'est pas une chose aisée et prendra du temps. Le secteur privé, dont une grande partie s'épanouit dans les circuits informels, n'est pas prêt à prendre la relève pour les activités à caractère productif. Rares sont les initiatives venant de la base qui concernent la gestion à long terme des ressources naturelles, sans doute parce que dans un contexte général de paupérisation, chaque famille rurale a bien d'autres préoccupations urgentes. Maîtriser les rythmes du changement est capital.

Conjuguer les deux courants est-il du ressort de l'aide extérieure ?

La réforme de l'Etat, d'un côté, et la prise de responsabilité des acteurs locaux et régionaux, de l'autre, gagnent à aller de pair. Ces deux courants, s'ils se rejoignent, peuvent créer une nouvelle répartition des rôles. Laquelle résulterait alors, non pas de la seule décision juridique de l'Etat mais de « l'extension du champ de compétences d'organisations issues de la base dans des domaines antérieurement gérés par le pouvoir central, ou délaissés par lui »[28]. Effectivement, les initiatives endogènes enracinent le processus de

---

[27] Cas rapporté par KWAN KAI HONG, consultant pour la Coopération technique suisse (Intercoopération, Berne).

[28] MARCHANT Claude, *Nord-Sud : de l'aide au contrat, pour un développement équitable,* FPH, Syros, Paris, 1991.

réforme des rôles des agents locaux et régionaux de l'Etat, libèrent la prise de responsabilité de citoyens et esquissent de nouveaux modes de gestion des collectivités locales. Mais pour épauler cette mosaïque de pratiques sociales nouvelles, il ne s'agit ni d'imposer un modèle d'organisation, ni de légiférer depuis la capitale.

En ce domaine, une agence d'aide pourrait faire autant de dégâts que l'éléphant dans le magasin de porcelaines. Par exemple, pour agir, elle va devoir d'abord négocier des règles avec les administrations centrales et ce processus descendant préalable risque d'être incohérent, sinon bloquant pour l'ensemble des initiatives ascendantes potentielles. Dominique Gentil et Bernard Husson, praticiens et chercheurs, affirment la priorité à donner à ces dernières :

> « Il faut partir des problèmes concrets, la création et la gestion des écoles, des dispensaires, des points d'eaux, des pistes, des marchés ... et voir les formes d'organisation les plus adéquates pour résoudre ces problèmes et non pas créer une organisation a priori pour les résoudre. Toutes les expériences, échecs ou réussites, en matière d'organisations paysannes depuis les indépendances, viennent confirmer cette orientation »[29].

Nous partageons cet avis ; la hâte des agences publiques du Nord pour aider ces processus nous inspire peu de confiance. Moins le système d'aide poussera les Etats à légiférer sur ces sujets, mieux s'épanouiront les évolutions en cours.

Par contre, il est utile de fournir aux Etats centraux les moyens de recenser, analyser puis conforter les diverses initiatives populaires reconnues. Il convient aussi de financer des voyages d'étude et des ateliers pour faciliter la réflexion et la connaissance mutuelle des divers protagonistes d'une même zone géographique. Ceci, discrètement, sans l'appareil d'un projet d'aide et avec aussi peu d'agents étrangers que possible. La construction de l'Etat n'est pas de même nature que la construction d'une route ...

De leur côté, les ONG peuvent contribuer à construire l'Etat, tant au niveau local qu'au niveau national. Il leur est possible de se concerter avec les autres intervenants, de favoriser la

---

[29] GENTIL Dominique, HUSSON Bernard, « La décentralisation contre le développement local ? », *Journées d'Etudes IRAM*, Paris, août 1995.

répartition des ressources au-delà du petit groupe de leurs bénéficiaires et d'informer ceux-ci sur leurs droits et leurs devoirs de citoyens. Le feront-elles si les agences publiques les flattent trop ? Le feront-elles si les ministères et les administrations décentralisées leur laissent la bride sur le cou ?

Pour résumer les propos de ce chapitre, nous ferons nôtre cette conclusion de Lamine Mamadou Diallo[30] :

> « La création d'une fonction publique compétente capable de concevoir des politiques économiques, de les évaluer et au besoin de les rectifier, est indispensable pour réussir un programme de création d'une économie compétitive. »

Et cela, seule la volonté politique des dirigeants africains pourra l'obtenir. L'obtiendront-ils sans se mobiliser pour refuser d'être, eux aussi, des subordonnés du système d'aide ?

---

[30] DIALLO Lamine Mamadou, op. cit.

En guise de conclusion

SUR QUI COMPTER POUR CHANGER ?

L'apparition d'organisations paysannes diverses et vivantes, fait récent du développement rural en Afrique de l'Ouest, va-t-elle conforter, sinon provoquer, un changement des pratiques des multiples acteurs du système d'aide internationale ? Ou, au contraire, les politiques et les méthodes souvent uniformes des agences publiques et des ONG vont-elles réduire leurs nouveaux interlocuteurs à n'être que les bénéficiaires de projets ? Deux tendances récentes au sein de la communauté des décideurs des agences publiques donnent une chance, nous semble-t-il, à l'hypothèse d'un changement des pratiques. Elle pourrait ne pas être si utopique qu'il n'y paraît.

Les années 1990 ont vu fleurir les analyses critiques de l'aide. Cette première tendance n'est pas le fruit des seules évaluations de projet dont nous avons souligné le caractère confidentiel et souvent formel. Des études en profondeur, des bilans et des diagnostics rigoureux, portant sur les vingt-cinq années de travail des agences bilatérales unies au sein du Club du Sahel, ont été menées à bien[1]. De son côté, l'Union Européenne a amorcé une réflexion décapante, accompagnée de propositions alternatives, publiée sous forme d'un « livre vert »[2]. Ces deux exemples montrent que critiquer la façon dont le système fonctionne n'est plus un tabou.

L'autre tendance, apparemment négative, est la réduction des volumes d'aide, publique comme privée, déjà en cours dans tous les pays donateurs, à l'exception des pays scandinaves.

---

[1] CLUB DU SAHEL, *L'intendance ne suit pas*, OCDE, Paris, 1996.

[2] UNION EUROPEENNE, *Livre Vert sur les relations entre l'Union Européenne et les pays ACP à l'aube du XXIè siècle. Défis et options pour un nouveau partenariat*, Bruxelles, Luxembourg, 1997.

Quels changements construire sous les auspices de ces facteurs favorables : l'existence d'organisations paysannes, le doute des agences publiques d'aide et la réduction des volumes d'aide ?

En premier lieu, remettre l'apport d'aide extérieure à sa place. Une place seconde. Aujourd'hui, les flux d'aide publique et privée sont devenus l'épine dorsale du financement des investissements dans les villages. L'aide se trouve placée là où elle ne devrait pas être : au centre. Or, elle est par nature exogène et inconstant ; qui plus est, la façon dont elle est aujourd'hui distribuée, par à coups et par de multiples canaux, crée une incohérence à tous les niveaux. Changer la place de l'aide exige de vérifier qu'une demande effective d'aide préexiste à l'offre d'aide. Mais, cette démarche nécessaire est insuffisante car la demande potentielle est immense, si on la regarde sous le seul angle des besoins. Réussir la maîtrise de l'offre d'aide exige de limiter le flux disponible et de le libérer au moment où l'initiative locale est réelle.

Cette façon de faire est encore trop peu pratiquée. Certes, beaucoup d'agences et d'ONG adaptent désormais leur offre aux besoins exprimés par les organisations paysannes. Mais ce faisant, elles stimulent la seule demande d'aide et pas nécessairement les ressources propres des paysannes et des paysans. On constate actuellement qu'un grand nombre d'initiatives de la base sont uniquement entreprises pour attirer la rente espérée ou le cadeau temporaire.

Par ce biais, l'on peut certes implanter un puits ou un périmètre irrigué de plus. Mais le développement n'est pas l'équipement ni l'aménagement. Il est le fruit d'un progrès des capacités propres des organisations paysannes. Il est nécessairement centré sur leurs ressources et leur effort propre. Il faut donc épauler les initiatives en dosant l'apport d'aide et en l'ajustant en permanence. Non pas pour respecter la capacité d'absorption car celle-ci est grande si on équipe seulement. Mais pour que le volume d'aide et l'appui technique n'étouffent pas l'initiative elle-même. Ce dosage peut difficilement s'obtenir dans le cadre de programmes et de projets, même si ceux-ci sont désormais parfois élaborés avec la participation des acteurs locaux. Un changement des outils de mise en oeuvre de l'aide est nécessaire pour maîtriser l'offre d'aide.

En deuxième lieu, limiter l'offre d'aide tout en rendant l'appui durable. Le progrès des organisations paysannes n'est réalisable que sur le long terme. L'apport d'aide extérieure, maintenu aussi minime et adaptable que possible, doit donc pouvoir durer plusieurs années. La difficulté est d'en faire un apport sur lequel on puisse vraiment compter mais qui ne soit pas l'essentiel, afin d'éviter que les organisations paysannes n'en dépendent. C'est pourquoi la constitution d'un capital propre aux familles, aux groupements et aux entreprises paysannes devrait être considérée par les acteurs du système d'aide comme un axe de travail essentiel. Quitter l'approche de satisfaction des besoins pour une approche de renforcement des ressources internes des acteurs locaux est une démarche exigeante pour ceux qui sont habitués, comme beaucoup d'ONG, à l'idée de soulager la misère.

Ce qui signifie, en troisième lieu, que l'une des tâches de l'aide extérieure est de permettre l'accès aux instruments de développement que sont les banques, les commerçants et les entreprises. Or, celui qui aide, qu'il soit agent du secteur public ou responsable d'une ONG, n'est pas bien placé pour réussir cette introduction des bénéficiaires de son aide vers ces acteurs économiques « normaux ». C'est finalement le bénéficiaire lui-même qui peut le mieux réussir ce passage, mais encore faut-il que l'espoir d'être aidé sans fin ne lui soit pas chevillé au corps. Le système d'aide est ainsi fait aujourd'hui, au niveau des villages, qu'il paraît toujours possible à celui qui est aidé de trouver un autre donateur. Et ainsi, la cohérence d'une stratégie d'appui qui aurait été élaborée pour préparer la fin d'un apport d'aide risque de se trouver détruite par la concurrence entre les divers agents de l'aide extérieure. La tâche d'organiser la mise en oeuvre de l'aide extérieure, en particulier pour assurer la fin de l'aide dans une zone donnée, exige d'établir non seulement une coordination entre les différents opérateurs d'aide, mais de faciliter l'expression des conflits, la recherche de solutions et la négociation entre toutes les organisations : privées et publiques, nationales et étrangères. Ce troisième changement nous semble être le plus difficile à obtenir en Afrique de l'Ouest aujourd'hui, car il touche aux intérêts à court terme de chacun des acteurs.

Qui, parmi ces derniers, pourrait porter une part de l'effort de changement proposé ?

Chaque acteur est normalement intéressé par sa propre survie au sein du système d'aide. L'aide extérieure polarise vers elle les énergies. Chacun cherche à se placer sur son chemin. On la consomme sans trop se préoccuper de mobiliser d'autres ressources. Et pour en profiter avec plus de sécurité et de durée, mieux vaut être intermédiaire que bénéficiaire final. Le projet-type aujourd'hui de l'acteur profitant du système est un intermédiaire, que ce soit un service administratif, une ONG ou un consultant, discipliné et respectueux des méthodes et des pratiques habituelles des agences donatrices. Cet acteur-là peut-il contribuer au changement ? Il faut bien reconnaître que la façon dont le système fonctionne convient à la majorité des acteurs du Nord et du Sud. Alors, où trouver les acteurs capables d'exiger un changement et de le construire ?

Certains portent un espoir aujourd'hui vers les ONG du Nord bien qu'elles soient, pour une bonne partie d'entre elles, très dépendantes du financement par les pouvoirs publics. Mais combien sont-elles à épauler durablement les fédérations d'organisations paysannes ? Plutôt que de s'aventurer à leurs côtés, ne sont-elles pas plutôt tentées par la multiplication du nombre de leurs partenaires, en général des ONG du Sud ? Elles sont amenées à travailler ainsi pour limiter les risques d'agir directement et aussi pour diversifier l'objet de leurs appels à la générosité du grand public. Beaucoup d'entre elles, nous l'avons vu, deviennent alors de plus en plus compétentes en négociation de programmes d'aide avec un ou plusieurs cofinanceurs mais pas toujours meilleures connaisseuses des milieux où elles interviennent.

Est-ce alors un rôle pour les ONG du Sud ? Si la manne internationale continue à se déverser sur elles, certaines vont effectivement acquérir du poids en assumant, de fait, une partie des fonctions des services de l'administration. Mais leur logique pourra dépasser celle de distributeurs ? Car leur influence et leur survie dépendent de leur capacité à obtenir puis à répartir le flux d'aide. Celui-ci, hélas, se capte plus facilement par des programmes classiques qui ne considèrent ni le long terme ni le progrès des ressources et des capacités paysannes.

Parmi les ONG, du Nord comme du Sud, existe cependant un petit noyau qui refusent de n'être que des intermédiaires. Repérer celles qui manifestent une conscience politique est possible en observant comment elles se comportent vis-à-vis des collectivités locales et des organisations paysannes. Considèrent-elles celles-ci comme leur chasse gardée sinon leur garde-manger personnel, ou bien cherchent-elles à faire progresser les capacités et les autonomies de leurs partenaires ?

Finalement, la force de changer ne viendra-t-elle pas plutôt des deux bouts de la chaîne des acteurs : les bénéficiaires finaux et les donateurs ?

Du côté des bénéficiaires : plus concernés par leur propre autonomie que les ONG, les organisations paysannes peuvent contribuer au changement. Beaucoup d'entre elles ont conscience d'avoir été jusqu'à présent écartées des bénéfices du système d'aide. Leurs revendications deviendront-elles simplement d'être, à leur tour, des consommateurs du même système ? En leur sein existent des acteurs désireux de modifier le rôle et les pratiques de l'aide. Mais, elles-mêmes sont-elles capables de refuser de composer avec le système tel qu'il existe actuellement ? Et suffisamment fortes sur le plan politique, et exigeantes sur le plan technique, pour obtenir d'autres méthodes d'aide des Etats et des Agences ? Elles pourront l'être plus facilement si les intermédiaires classiques - dont les ONG et les consultants au premier chef - respectent leurs refus et accompagnent leurs essais, sans jouer le rôle de porte-parole ni de tuteur.

Du côté des donateurs : d'une part, de grandes agences semblent prêtes à poursuivre l'autocritique, à se mettre d'accord entre elles sur les diagnostics et à s'engager sur la voie pragmatique des réformes. Obtiendront-elles un accord des Etats africains ? Nous le pensons, à condition que les premiers pas des réformes soient une indication claire qu'il ne s'agit pas de manoeuvres.

D'autre part, les opinions publiques au Nord, et au Sud, peuvent être plus actives pour exiger le changement de l'aide. Tout commence par l'information. L'opinion publique peut soutenir des réformes au sein du système d'aide, dans la mesure où les bilans des agences et les livres, de toutes les couleurs, feront l'objet de discussions publiques et ne resteront pas des histoires d'experts.

Dans la mesure surtout où les militants des mouvements paysans et de certaines ONG du Nord et du Sud assumeront un travail essentiel : obtenir que les remises en question ne soient pas qu'apparence de réforme, camouflant un retour en arrière vers plus de directivité. Eux doivent délaisser la tentation du chacun pour soi et refuser de rejeter la responsabilité sur le *système*.

SOMMAIRE

Préambule 9
Présentation des responsables africains interviewés 11
Introduction : **PANORAMA DU SYSTEME D'AIDE** 13

Première partie
QUI AIDE T-ON ?

Chapitre 1. **UN MYTHE PROFITABLE : LES PLUS PAUVRES** **21**

Le discours sur les plus pauvres fait fortune 21
Pour bénéficier de l'aide, il faut d'abord payer 24
Pour bénéficier de l'aide, il faut pouvoir prendre des risques 25
Pour bénéficier de l'aide, il faut être ouvert et membre d'un groupe 26
Mais, au fond, être pauvre, c'est quoi ? 27
Diagnostic 31
L'exemple d'une banque accessible aux pauvres : le projet Crédit Agricole et Rural de Guinée 32
Appuyer les forces sociales de changement 34
Comment favoriser la prise d'initiative ? 35
Protéger les groupes sociaux dominés 38
Tout en travaillant avec les détenteurs de pouvoir 39

Chapitre 2. **FEMMES EN PROMOTION ?** **43**

Le folklore encore bien vivant de la couture 43
Pourtant, la réflexion théorique a bien progressé 45
Les petits projets ordinaires pour bonnes ménagères 48
Une aide pas totalement inutile mais mal conçue 49
Diagnostic 50
L'exemple du projet d'appui aux organisations de paysans et de paysannes au Mayo Kebbi, Tchad 51
Considérer les femmes comme des acteurs à part entière 53
Des projets globaux, mais en y préparant les femmes 54
Des projets spécifiques, mais sans isoler les femmes 55
Mais surtout, avoir la volonté politique de renforcer le pouvoir des femmes 57

L'organisation et l'économie : une alliance motrice d'évolution ... 58
Encourager l'arrivée de chercheurs et d'animateurs masculins ... 60

Chapitre 3. « **EN RANGS, PAR QUATRE !** » ... **63**

Celui qui aide aime organiser ses bénéficiaires ... 63
Le prolongement de la tutelle coloniale ... 65
Les organisations d'usagers du système d'aide ... 66
Les deux types d'organisations nées en dehors du système d'aide ... 68
La force destructrice des modes imposées ... 70
Les réticences des agents d'aide devant les unions de groupements paysans ... 72
Diagnostic ... 74
Exemple d'une ONG internationale : SIX S, conçue comme un appui aux organisations existantes ... 75
Oser travailler avec les unions de groupements ... 77
Epauler les innovateurs et les leaders ... 81

Deuxième partie
DE L'AIDE POUR QUOI FAIRE ?

Chapitre 4. **LEURS BESOINS OU NOS PROPRES INTERETS ?** **87**

La projection de fantasmes ... 87
Une vieille approche qui a la vie dure ... 89
Des besoins fondamentaux faussement universels ... 89
Un manque de vision stratégique ... 91
Un mépris de l'effort propre ... 92
L'offre d'aide comme une vente sur catalogue ... 94
« Projet sexy, projet financé » ou le marché de la mode ... 96
Les bouches maladroites ou les mésaventures des techniques d'enquête ... 97
Les bouches adroites ou les paysans experts du jargon ... 99
Diagnostic ... 100
Exemple d'un appui conçu comme un coup de pouce : le GRAIF, dans la région de Thiès (Sénégal) ... 101
Laisser les gens définir leur dessein ... 103
Laissez-les choisir leur stratégie ... 104

Décortiquer les intérêts afin de mieux appuyer les initiatives ... 105
« Lave-toi le ventre, on te lavera le dos » ou l'effort propre d'abord ... 108

Chapitre 5. **LES APPRENTIS SORCIERS DE L'ECONOMIE** **111**

« Vous ne parlez que d'argent ! » ... 111
L'économie, une préoccupation d'actualité ... 113
Les organisations populaires écartelées entre rentabilité et solidarité ... 115
Enfermées dans un tête à tête jaloux ... 117
Les commerçants, victimes d'a priori idéologiques ... 119
Le « projet » contre un bon fonctionnement économique ... 119
Des pratiques économiques hybrides ... 121
Diagnostic ... 123
L'exemple d'une entreprise commerciale paysanne : Carrefour située en Gambie ... 124
Sortir du tête à tête pour jouer un rôle d'interface ... 126
Des financements plus proches du marché ... 127
Améliorer la gestion en distinguant entre entreprises et associations ... 128
Mieux connaître et prendre en compte l'économie relationnelle ... 130

Chapitre 6. **DES ENCADREURS, NON MERCI !** ... **133**

Le ras-le-bol d'être encadrés ... 133
Brève histoire de l'encadrement ... 135
L'échec de la vulgarisation ... 137
Les voies de l'apprentissage ... 139
Diagnostic ... 141
Mettre en évidence les savoirs des paysans ... 142
Exemple : Les cartes mentales des villageois de la région de Mayahi, au Niger ... 142
Faciliter des formations actives, entre paysans, au-delà du village ... 144
Combiner les deux savoirs ... 146
Favoriser la diffusion des informations et leur production au village ... 151

Troisième partie

PAR QUI ARRIVE L'AIDE ?

Chapitre 7. **TOUS INTERMEDIAIRES, TOUS SUBORDONNES ? 157**

Une cascade d'acteurs 157
Les missionnaires 159
Les volontaires 159
Les coopérants 162
Les chargés de programmes 163
Les consultants 164
Les acteurs locaux 165
De l'intermédiation à la subordination 166
Diagnostic 169
Exemple d'un appui respectueux de l'autonomie des artisans de Sokodé, au Togo 170
Comment l'équipe d'un projet d'aide peut-elle respecter l'autonomie des bénéficiaires ? 172
Comment sauvegarder sa propre autonomie ? 174

Chapitre 8. **VOUS AVEZ DIT « PARTENAIRES » ? 179**

Des colères rentrées 179
Au Nord, des partenaires inconstants, ou trop constants 181
Le saupoudrage 184
Concentrations et déserts 185
Des partenaires dominateurs et envahissants 186
Des partenaires du Nord qui vont jusqu'à vous refuser une chaise ! 187
Des partenaires qui font attendre l'argent promis 188
Diagnostic 189
Exemple et analyse comparée des deux pôles extrêmes de la relation d'aide 191
Programme d'un donateur 192
Convention de partenariat 193
S'engager durablement sans créer la dépendance 194
Articuler entre eux le respect de la demande et la possibilité de l'offre 196
Limiter le nombre de partenaires 197
Travailler avec les autres partenaires de nos partenaires du Sud 198

Quatrième partie

COMMENT AIDE-T-ON ?

Chapitre 9. **DEMANDEZ LE PROGRAMME !**........................ **203**

« Suivez notre programme, participez à notre projet »........... 203
Les trois défauts de la méthode projet.................................. 205
Les projets des gens singent les projets d'aide........................ 207
Un outil inadapté, mais qui a la vie dure !............................. 209
Diagnostic.. 210
Exemple d'un processus d'initiative qui est bien autre chose qu'un projet. Pommes de terre d'abord, ou barrage d'abord ? (Burkina Faso, 1978).............................. 211
Des programmes de développement participatif ? Un leurre 213
Adapter l'outil-projet ? Une illusion...................................... 216
A la recherche d'un outil spécifique : l'appui à un processus 217
Préparer et conduire un soutien aux dynamiques sociales........ 218
Comment adapter les appuis et les instruments de financement aux diverses étapes d'un processus ?.............. 222

Chapitre 10. **POURQUOI SI PEU D'EXIGENCE DE QUALITE ? 227**

Une efficacité qui reste à prouver.. 227
L'activisme de l'aide veut des résultats rapides...................... 229
Un déficit d'études... 232
Diagnostic.. 235
Une autoévaluation par des villageois, dans le cercle de Kita au Mali.. 236
Pourquoi insister sur l'évaluation ?.. 238
L'autoévaluation comme un outil au service des acteurs du terrain... 239
Comment rendre l'évaluation externe moins externe ?........... 241
Un outil de pilotage en continu : le Suivi-Evaluation-Prévision.. 243
Articuler le travail des chercheurs et celui des développeurs... 245

Chapitre 11. ET TOUT CELA SANS L'ETAT ? **247**

L'Etat démuni et déconsidéré 247
Place aux privés, et au marché ! 249
L'administration : un quart de siècle de toute-puissance 250
L'Etat et l'aide extérieure : vers la fin du tête-à-tête ? 251
Les ambiguïtés du transfert des responsabilités de l'Etat 254
1997 : une cacophonie : Babel au Sahel ! 256
Diagnostic 257
Le rôle politique des mouvements paysans 258
Exemple : L'histoire de la prise de parole du mouvement paysan au Sénégal (1973 - 1997) 259
Les paysans, acteurs du développement local et de la décentralisation 261
La place des acteurs de l'aide extérieure dans le contexte d'évolution du rôle de l'Etat 263
Exemple : tous autour de la table pour la réforme de la politique forestière, Madagascar (1995-1997) 265
Conjuguer les deux courants est-il du ressort de l'aide extérieure ? 266

En guise de conclusion
SUR QUI COMPTER POUR CHANGER ? **269**

598812 - Février 2015
Achevé d'imprimer par